批评的维度

——近年批评实践与理论研究踪迹

詹艾斌 著

科 学 出 版 社
北 京

内 容 简 介

本书是作者从事文艺批评理论研究及其实践成果的阶段性呈现。这些研究心得，也是一道“踪迹”——个人批评活动所留下的可察觉、可描述的具有历时性质的行迹。本书总体上包含两个方面的内容：一是批评理论研究；二是批评实践。它们之间存在密切的内在联系。批评的理论研究聚焦的是马克思主义文学批评、文学批评基本问题与当代文学批评形态。当然，其也是有选择的，是总体问题中颇具价值的局部性问题的探讨。批评实践具体关注的，一是文学文本与文学现象，二是当代艺术与当代文化。根据其意义指向，本书将以上个人的诸种批评活动意向称为批评的维度。

本书可供文艺批评理论研究者与在校相关专业研究生、本科生及广大的文艺批评实践者阅读。

图书在版编目（CIP）数据

批评的维度：近年批评实践与理论研究踪迹 / 詹艾斌著. —北京：科学出版社，2019.9

ISBN 978-7-03-058896-8

Ⅰ. ①批… Ⅱ. ①詹… Ⅲ. ①文学批评－文集 Ⅳ. ①I06-53

中国版本图书馆 CIP 数据核字（2018）第 217423 号

责任编辑：杨 英 / 责任校对：严 娜
责任印制：李 彤 / 封面设计：铭轩堂

科学出版社出版
北京东黄城根北街 16 号
邮政编码：100717
http://www.sciencep.com
北京虎彩文化传播有限公司印刷
科学出版社发行 各地新华书店经销
*
2019 年 9 月第 一 版 开本：720×1000 B5
2019 年 9 月第一次印刷 印张：16 1/2
字数：292 000

定价：88.00 元

（如有印装质量问题，我社负责调换）

序　社会转型语境中的多元与相对

——20世纪90年代后中国文学批评与文化状况的一种描述

在笔者的用词和理解中，“20世纪90年代后”紧承“后文化大革命时期”。把“后”字作为一个前缀词来使用，笔者一直是谨慎的。法国思想家利奥塔说：“‘后’字意味着一种类似转换的东西：从以前的方向转到一个新方向。”[①]这揭示了“后”字的转折性意义。在上海文艺出版社2001年出版的《艰难的选择》一书的“后记”中，赵园把“后文化大革命时期”指称为激情的20世纪80年代。一定程度上受此启发，笔者所说的“后文化大革命时期”大致是指从中国共产党十一届三中全会至20世纪80年代末这十几年的时间，因而它首先是一个历史分期概念，同时它更标志着在这一时期的中国思想和知识状况出现了裂变，与20世纪90年代之后的思想和知识状况相比也呈现出巨大的差异。在笔者看来，这一时期不同于单纯地指涉中国当代文学（文化）史分期的“后新时期”概念的使用[②]，但有点类似于既用于政治分期、也用于文学分期的“新时期”概念的命名。如前所说，这一时期的中国思想和知识状况缺乏一种内在的统一性，用任何一种具有相对特定蕴含的名称来为它命名都是困难的。在这里，笔者致力于对20世纪90年代后中国文学批评与文化的总体状况进行一种理论描述。

---

① [法]让-弗朗索瓦·利奥塔：《后现代性与公正游戏——利奥塔访谈、书信录》，谈瀛洲译，上海人民出版社，1997年，第143页。

② 参见王宁：《后新时期与后现代》，《文学自由谈》，1994年第3期，第53-55页。

一、当下中国社会结构的深刻变动及其文化特质

在《美学》一书中，黑格尔在讨论到“理想的定性”问题时指出，艺术理想形象的影响因素首先是一般世界状况，其次是“情境”。“一般地说，情境一方面是总的世界情况经过特殊化而具有定性，另一方面它既具有这种定性，就是一种推动力，使艺术所要表现的那种内容得到有定性的表现。”① 黑格尔的这种哲学观与艺术思想观具有充分的合理性。受此启发并以之作为一种方法论依据，笔者对20世纪90年代后的中国文学批评与文化态势进行一种理论描述，也从考察当下中国的一般世界状况和20世纪90年代以来批评的具体情境出发进行考察。

考察当下中国的一般世界状况这一复杂问题，视角的选择极为重要。B. 费伊指出：视角主义是当代理智生活的占统治地位的认识论方式。在视角主义者看来，一切知识在本质上都是带有视角性的，也就是说，知识的要求和知识的评价总是发生在一种框架之内，这种框架提供概念手段。在这些概念手段中，世界得到了描述和解释。按照视角主义的观点，任何人都不可能直接观察到作为实在本身的实在，而只是以他们自己的倾向性来接近实在，其中必然包含个人的假定和先入之见②。采取不同的视角，人们关于其研究对象的认识自然会产生差异性的表现。在此，我们对以上问题的考察从当下中国社会结构的变动这一视角切入。显然，这一考察不可能完备，但无疑又是可行的。

人类社会结构在更为丰富的意义上大致可以分为两个世界、三个领域。两个世界，也就是日常生活世界和非日常生活世界。日常生活世界又可以称为日常生活领域，非日常生活世界则包含社会活动领域和人类精神与知识领域。人类社会结构中最基础的领域是以个体的衣食住行、婚丧嫁娶、饮食男女、言谈交往为主要内涵的日常生活世界。中间领域是由政治、经济、技术操作、经营管理、公共事务、社会化大生产等所组成的非日常的社会活动领域，由于这一领域直接涉及社会的体制、规范等内容，

---

① [德]黑格尔：《美学》（第1卷），朱光潜译，商务印书馆，1979年，第254页。

② [美]约翰·塞尔：《心灵、语言和社会：实在世界中的哲学》，李步楼译，上海译文出版社，2001年，第21页。

所以又可称为制度化领域。人类社会结构所赖以构成的最高领域是由科学、艺术和哲学等构成的非日常的、自觉的人类精神和知识领域。通常意义上所说的经济基础和上层建筑主要是指后两个领域，即由有组织的社会活动和自觉的精神生产所构成的非日常生活世界。在这样的基本认识和划分之下，我们说一个国家的社会变革应至少从四个层面体现出来：生产工具的变革，体制的变革，人们日常生活世界的凸显，价值观念和思维方式的变革。然而，考察 1949 年以来的当代中国社会史，我们却可以看到，人们对 1978 年以前的当代中国社会总体发展的衡量集中于对人类社会结构中的非日常生活世界，尤其是非日常生活世界中的制度化领域所显示出来的发展指数的评判。众所周知，为了完成对宏大叙事的历史构造，在 20 世纪的中国，日常生活一度成为现代社会矢志不渝的改造对象。这样，在一定的历史阶段，人们的日常生活就被整合进或神圣化、理想化、诗化进了波澜壮阔的社会政治运动和文学世界之中。在如此的社会文化状况下，人们创造着自己的历史，然而却又是一个没有或基本没有日常生活世界的残损的历史，人们的日常生活世界被非日常生活世界的巨大“光晕”所掩盖。由是，我们可以认为，在一定意义上，20 世纪 80 年代末之前中国社会的总体发展，是以将人们的日常生活世界视为一个隐在的背景世界而加以漠视为代价的。然而，在此之后，随着中国社会现代化进程的加快，政治经济领域的一系列深刻变革，以及在更大程度上由于这种变革所带来的人们的价值观念与思维方式上的巨大变化，人们的日常生活世界凸显出来，而且在外部生活的急剧变化中人们的心理机制也随之或快或慢地发生了根本的改变。就这样，个体的生命体验与经验等都渐渐地被无可置疑地确认为有意义的事件或进入意义的领域。但是，我们同时也注意到，体验与经验日益被重视，却也给人们带来了一种尴尬：越是强调体验与经验的意义和价值，在这样的时代大变动中就越是会迅捷地意识到个体的以往经验与历史瞬间的生命体验在某一个由时空确立的临界点可能突然失效，甚至于个体试图做出体验与赢得经验的努力本身的失败和无意义。可以认为，对“新奇”的追求是我们这个时代以及时代文化、艺术的基本特征，也是一个在一定程度上可以说是对人类而言的重大劫难。其实，这种“追求”又何尝不包含着人们的被动与无奈。就这样，人们的日常生活世界与非日常生活世界的被改造共同推进着中国社会结构的深刻变动，伴随着这一深刻变动给人们带来的真切感受之一却是以上所说的现实地存在着的尴尬。由是，它也就不可避免地引致人们在体验上产生“震惊”（shock）状态。

“震惊”是德国学者瓦尔特·本雅明提出的重要批评范畴。在他看来，震惊意味着个体意识吸收和同化外界刺激的失败，意味着经验肌体的崩溃。本雅明认为，震惊是现代社会的标准体验，也是现代艺术的艺术经验。震惊发生时，经验便陷入一种瘫痪状态，人在经受外界刺激的打击时面对着意识的虚无。本雅明依据自己的分析，将机械生产、现代化战争、城市大众和街道交通、商品和时尚、新闻报道广告、电影以及其他现代城市生活的内容作为导致震惊的基本因素①。就本雅明对“震惊”的理解和界定而论，我们可以说，20 世纪 90 年代后中国的一般世界状况确实也将人们置入一个类似于“震惊”的生存境遇之中。当我们不是将发生在个体体验上的连续不断的震惊狭隘地看成一个个孤立事件时，就会分明地认识到个体一连串的震惊过程必然内含着一种渴望克服震惊本身的焦虑。出于对克服这种焦虑的需要，个体就自然会做出对于单维的体验与经验的突围努力而证实体验与经验的多元在这个时代的相对有效性。确乎此，也正是这样的“震惊”至少是在心理、体验与经验上将我们带入一个思想和文化选择的多元化时代、一个在多元化基础上的由前现代而现代（或说现代化进程中）的相对性时代。就根本而言，这是当下中国社会结构的深刻变动所导致的基本结果。也正是在这样的社会与思想语境中，20 世纪 90 年代后的中国文学批评与文化出现了显明的相对性特征。

二、多元思想与文化语境中的相对性批评态势

考察中华人民共和国成立以来的文学批评史，我们不难发现：伴随着现实主义从一个文学流派、一种创作方法演变成为关于文学的世界观、认识论和方法论的理论规范，即在后来各种文学教科书中所说的“创作原则”，在一段相当长的时间内，中国文学批评界一直崇尚的是单一的社会历史批评；而历史进入 20 世纪 90 年代以后，这种局面业已成为一种过去。20 世纪 80 年代的批评家，在从事人道主义批评的同时，也表现出一份更多的是由于受到西方现代批评理论影响的对于文学的“文学性”批评的执着和艰难努力，当然还存在着其他诸多的批评倾向。看得出来，批评的多维

① 乐黛云等主编：《世界诗学大辞典》，春风文艺出版社，1993 年，第 763 页。

视野在那时已然出现；应该说，这是批评的正常现象。因为批评所蕴含的深邃的逻辑品格之一就在于克服任何单一式的批评理论模态而寻求自身多向度发展的可能性。20 世纪 90 年代以来，这种现象就更为触目了。要求批评固守某一个倾向和某一种方法已经不再可能，批评似乎是出于历史和逻辑的必然而开始了对多元倾向与方法的追求。在这样一个社会文化转型期，任何形式的曾经声势浩大的思想和知识（包括批评）主流已经渐趋消解甚至分崩离析，习惯于单一想象与思维的人已经踩不着精神上的支撑点。当脚下的土地已经开始松动而其人却依然眷恋那片土地曾经拥有的辉煌时，我们钦赞其为人的痴情与坚韧；然而，在此之外，我们又不得不叹息其性格深处的迂执。批评就这样处于无可选择而事实上却也是历史地展开的多元的情境之中。

与这种批评情境密切相关的是文学批评尺度的相对性倾向。个体的知识、经验与体验排斥着普遍性原则。举例来说，其一，著名主持人杨澜的《凭海临风》一书于 1996 年由上海文艺出版社出版，曾一度被媒体炒得火热；其中的缘由之一是这部著作全文区区几万字却被印刷成 200 多页。围绕这一现象，批评界发生了一场不大不小的争论。一些人批评这部书空白过多，是“注水猪肉”，而针锋相对地“捍卫”杨澜的名流们则认为，如何包装一部书纯属个人自由。这样的争论最终自然是没有什么结果的，双方的评价和看法之间不可通约。其二，在20世纪90年代，中国文学界出现了以刘醒龙、何申、谈歌、关仁山等为代表的关注基层生活，尤其是农村基层生活的写作潮流，批评界有人称之为“现实主义回流”或“现实主义冲击波”现象，并将这些写作者的文本称为现实主义作品。有的批评者则完全持相反的批评意见，认为这些作家的作品并不是现实主义的。批评家丁帆说，这批“现实主义”作家的主体意识中缺少批判现实主义的魂魄，即悲剧精神；“我从来不认为 20 世纪的中国文学真正有过现实主义，尤其是批判现实主义”。邵健更直接地指出，“那几个反映工厂的中篇奉持的是什么主义呢？据我看来至少是‘煽情主义’，而且这种煽情又搞得很做作”，“今天，谁要撇开批判意识和精神却侈谈什么现实主义，打死我，我也不信”。而且，即使是认可这些作家的文本是现实主义作品的批评者的意见也是相对的。完全认定这种现象是现实主义回流的批评者的观点就不提了，在这里我们且看看那些一方面认可这是现实主义而另一方面却又颇见微词的批评。王彬彬认为，并非所有以现实生活为描写对象的作品都堪称现实主义的作品。仅仅只在某种层面上关注了现实，是一件再容易不过的事情了，而现实主义却意味着比这多得多的东西。在他看来，现实主义“冲击波”中的大多数作品，充其量还只是一种肤浅的现实主义。陆建华则说，《分享艰难》《大厂》《年前年后》等一批高举现实主义大旗的作品出现之后，人们有一种久别重逢的喜悦，他本人也欢迎这些作品，但并不把这些作品就说成现实主义的精品，也不简单地认为这就是现实主义的回归。对于这些作品，他最为看重的是它们关注现实的热情和努力丰富与发展现实的探索精神①。由此，我们不难分辨出以上批评中其尺度的兼具在二元悖反和多元论基础之上的相对性倾向。近些年来，多样化、多元化的批评态势更趋明显，甚至可以说出现了一种繁杂而混乱的局面，如口红式批评、谩骂式批评、学院式批评、帮派式批评、媒体式批评等批评样式和情态相继产生并且日益盛行。20世纪90年代后期提出相对主义批评论的代表人物葛红兵曾这样说：“批评的绝对客观性观念在我们这个时代几乎已经土崩瓦解了”，“90 年代是一个以个体为主导文化的时代，在这样一个时代试图使整个时代的批评统一于一尊，立足于一个超个人的大叙事的可能已经不存在了”②。抛开葛红兵认为20世纪90年代的文化是个体文化的观点是否正确暂且不论，其中对20世纪90年代后文学批评状况的总体概括却还是基本合理的；建基于一定的现实土壤之上，多元思想与文化语境中的相对性批评作为一种显豁的实践事实就这样确已在我们这个时代存在着。

三、社会转型期的当下并非个体文化时代

然而，必须明确说明的是，20世纪90年代后的中国文学批评呈现出明显的多元思想与文化语境下的相对性特征，但笔者并不认为这就应该成为倡导和推进相对主义文学批评的内在理由，更不认可建立在多元论哲学基础——范钦林说：“我们提倡的相对主义批评立场是多元主义的批评立

---

① 以上对“现实主义冲击波”现象批评文字的引述参阅了《钟山》杂志1997年第1期刊载的“近期小说笔谈”中的一组文章。

② 葛红兵：《相对主义：批评的可能立场——对批评现状的一个思考》，《作家报》，1997年2月15日，第5版。

场。”[①]——上的相对主义批评论者的一些思想主张。其实，多元思想与文化语境下的相对性的批评状况在20世纪90年代后中国的出现是一种较为正常的现象，它也敦促我们展开对当下文学批评存在的可能性问题的思考。无可否认，相对主义批评观在我们这个时代的出现具有一定的合理性，这与相对主义认识的历史进步性密切相关。但批评的可能立场与批评的方法却并不就是且只能是相对主义的，这关涉笔者对相对主义认识的局限性的基本理解和对相对主义批评论者关于20世纪90年代后中国文化时代特征的判断的评价等问题。

相对主义作为客观主义的对立面，它提出了人的认识的可能与限度问题，并认可个体认识的一定的有效性。它力图确立知识领域里的平等，其中包含着一种合理性诉求以及对于“相对”这一现象在思想文化中的意义的确认。此外，相对主义这一历史性的认识也在一定意义上符合当下这个时代的要求与认识水平。然而，我们必须认识到，相对主义认识的进步性仅仅是相对主义这一历史中的哲学观、文化观与批评观的一个方面的表现，同时，其在认识论上的局限性也是明显的。择要而论，其一，相对主义夸大知识的相对性，否认相对真理中包含着绝对真理的因素，否认真理的客观内容，从而最终否认了人有认识客观世界的可能性。这样，相对主义也就从一个方面引致了自身的不合理性。文学批评中的相对主义同样存在这种自己损坏自己的基础的危险。其二，相对主义认识论还存在一个如何限制主体的问题。相对主义批评的主体观是一种显明的以个体为本位的主体论态度和倾向。它无法对主体做出有效的限制，其主观主义倾向十分显明。这正如列宁所深刻指出的：“把相对主义作为认识论的基础，就必然使自己不是陷入绝对怀疑论、不可知论和诡辩，就是陷入主观主义。……从赤裸裸的相对主义的观点出发，可以证明任何诡辩都是正确的。”[②]

我们需要看到，相对主义批评论者确立以批评个体为本位的主体观的一个根本前提是出于他们对 20 世纪 90 年代中国文化时代特征的判断。他们认为，一段时期以来人们在观念上深情呼唤的个体文化伴随着市场经济在中国的建立而已经来临。葛红兵说：“90 年代的文化转型奠基于市场经济的基础之上。市场经济的诞生意味着社会生活以阶层为单位逐渐演变为以独立个体

---

① 范钦林等：《关于相对主义批评观的讨论》，《文艺争鸣》，1998 年第 1 期，第 53 页。

② [俄]列宁：《列宁全集》（第 18 卷），人民出版社，1988 年，第 137-138 页。

为基本单位，落实到文化领域便形成了个体本位文化，个体本位文化使超级主体不存在，强调任何人都是平等个体，都是相对的有它的限度，因而不能成为绝对仲裁。个体本位文化的显著特征就是消灭超级主体和群体的二分法，上帝没有了，人们从‘群众’中回到自己的‘家’，成为那个独立的一个人”①；“90年代是一个以个体为主导文化的时代……在这样一个时代试图使整个时代的批评统一于一尊，立足于一个超个人的大叙事的可能已经不存在了”，“批评的绝对客观性观念在我们这个时代几乎已经土崩瓦解了”②。既然我们已经幸运地不期然地处于个体文化时代，那么在这个时代的批评策略理所当然地也就是个体主义的了。在相对主义批评论者看来，这至少在逻辑推论上是一件顺理成章的事情。然而，我们需要思考的问题却是：相对主义批评论者对20世纪90年代后中国文化时代特征的判断是否正确？也就是说，社会主义市场经济的建立所带来的果真是如同他们所确认的个体主义的文化时代吗？

中国是一个后发的现代化国家，当代中国正处于一个现代化的历史变迁进程之中。相比于由国家统一计划调节国民经济运行的计划经济体制，社会主义市场经济体制的建立更为顺应20世纪90年代以来我国经济社会发展的要求。建立市场经济体制符合社会演进、发展的必然性。人类历史是持续发展变化的，从人类历史进程的宏大视角中我们可以认识到，以市场经济为基础的社会形态是人类历史进程的过渡阶段。这样，在现阶段我国建立起来的社会主义市场经济体制就只是我国经济体制变革中的一个基本环节。我们清楚，我国当前的经济体制改革是在西方资本主义市场经济先行发展的国际环境下进行的，它区别于其他国家的经济体制而具有鲜明的中国特色；也就是说，我国所建立起来的社会主义市场经济不同于世界上任何国家的自由主义市场经济，在这样的社会形态下，个人的创造性和法定的个人权利受到尊重，但是在价值观念上则明确反对个人主义而倡导集体主义。它的“个人”是现实的人，是社会关系中的人，社会主义市场经济的基本目标是实现共同富裕。“物质生活的生产方式制约着整个社会生活、政治生活和精神生活的过程。不是人们的意识决定人们的存在，相反，是人们的社会存在决定人们

① 葛红兵：《第三种批评：个体文化时代的批评策略》，《文论报》，1997年8月1日，第3版。

② 葛红兵：《相对主义：批评的可能立场——对批评现状的一个思考》，《作家报》，1997年2月15日，第5版。

的意识。”[①]因而，这样的一种经济体制的确立所带来的文化上的变革就不可能是相对主义批评论者所称谓的以个体为本位的个体主义的文化形态的出现，我们并没有进入个体主义的文化时代。个体主义，也称个人主义（individualism），该词法文为 individualisme，源于拉丁文 individuum，意为“个体”“不可分割的东西”，由法国社会学家托克维尔（1805—1859）最早使用。作为一种价值体系，个体主义主张一切价值以个人为中心，个人本身具有最高价值；作为一种对于政治、经济、社会、宗教行为的总的态度，它包括高度评价个人自信、个人私生活和对个人的尊重，反对权威和对个人的各种支配；作为一种伦理原则，它与集体主义相对立，一切从个人需要出发，以追求个人利益满足为行为的价值方针，反对统一的维护集体利益的社会道德标准[②]。可以看出，个体主义的基本诉求与社会主义社会的意识形态要求相距甚远。当然，相对主义批评论者也很敏锐地看到在当下的中国社会状况中人的个体性相较于宏大叙事年代远为突出这一精神现象。人的个体性的被强调是社会进步发展的一种基本表现，如前所论，它也是当前中国社会结构发生深刻变动的合理结果。我们尊重人的个体性选择，把个体的生命体验和经验置于有意义的领域之中；但是，我们并不认可个体主义的精神态度和价值取向。这是我们在面对处于社会转型期的20世纪90年代后的中国文学批评与文化出现多元化与相对性状况时应该予以明确的基本立场。

四、结语

从特定的视角出发，对20世纪90年代后的中国文学批评与文化状况进行一种理论描述，这自身固然就存在一种必要性；然而，我们更需要形成一种共识：这是期望在整体把握当下社会、文化与文学批评发展总体格局的前提下，更为顺畅地就文学批评的当下建构问题开展颇具针对性的深度探讨。

---

① [德]马克思、恩格斯：《马克思恩格斯选集》（第2卷），人民出版社，1995年，第32页。
② 冯契主编：《哲学大辞典》（修订本），上海辞书出版社，2001年，第434页。

目　　录

上篇　文学文本与现象批评

中篇　文学批评的理论研究

下篇 当代艺术与文化评价

附　录

上篇

文学文本与现象批评

第一章　作家创作与文学现象评价

对于一个文学批评家或者以文学批评为业的人来说，关注作家创作的文学文本以及在很大程度上由此而衍生或引发的文学现象是一种基本的需要。也只有这样，当其在进行具体的文学批评实践时，方能进入纷繁复杂的研究对象的内在肌理，并可望循此着手开展必要的批评理论建构。

第一节　生长中的当代文学与文学批评

2015年10月15日，习近平总书记在文艺工作座谈会上的讲话全文公开发表；随后，中共中央《关于繁荣发展社会主义文艺的意见》也正式见诸各大报刊与其他现代媒介。很显然，有力推进文学艺术的发展和繁荣已经成为一个民族的共识，其中也体现出一种时代性精神文化创新发展的基本诉求。无可置疑的是，它也是一种文化和价值观的当下呈现。国家、社会、时代需要文学与文学批评的发展，文学、文学批评也需要在发展中提高，它们理应成为时代性的先进文化。

在这样一种当下社会文化境遇中，江西文学与文学批评自然需要积极参与国家时代性精神文化创新发展的“合奏”，《长江丛刊》的江西中青年作家、批评家专号无疑就是当下江西文学与文学批评业绩的一种别样的集中性展示了。当积极而有效的组织者同时也是一位文学的热忱者李贤平兄将文稿发送过来时，笔者的内心萌发一种无须掩饰的欣慰和感动；认真阅读之后，也产生或者强化了一些思考，择其要者，在此主要谈谈两个方面的话题。

一、生命评价理应生长成为一种基本的文学事实

什么是真正的好文学？这是当下的文学创作与批评者必须加以深刻思考的一个大问题，如是，才能明确并有效、合理地确立个人创作与批评的根本方向。

笔者能够感受到，江西中青年作家、批评家专号所收集的作品中，生活、情感、生命等是几个颇受关注的写作和探讨的对象。何香兰、胡粤泉、金权、罗启晁等的诗，王小林、丁艳的组诗，邓涛、罗鸣等的散文，罗咏琳的小小说，等等，都表现出诸如此类的鲜明的精神意向。这是可贵的，也是让文学能够灵动、产生出温暖和美丽的有力支撑点。由此，笔者更期望也更愿意去深入探讨的是，当下的文学写作者应该在自己的文字呈现中有意识地传达出一个怎样的生活、情感与生命图景。无疑，其关涉的不仅是一个基本的文学观念问题，它还会在更深层次的意义上体现出写作者的思想格局及其韵致。在文学创作与批评中，我们需要有效地克服这种文化与价值上的相对主义态度，而去积极地寻求共同的价值、目标、理想与信念。笔者不否认从某种意义上说，文学首先也是个人的，小生活、小情感、小生命当然也是真实的生命与生活状态，也是现实生活中人的感动抑或心绪悸动的诗意表达，简单的幸福也能够带来精神的安慰，甚至是某种程度上的充盈之感，但是，我们需要明确认识到的是，正因为其“个人”化和“小”，也就让这种状态的“我”与鲜活而繁复的世界、社会之间似乎长期横亘着一道无形而又真实存在的屏障，它局限了我们的视野与生命的深度。一己的生活与生命静好，须体味其中的磨难与曲折、多样与深邃，砥砺前行，阔大世界，方有亮丽的前景与未来繁花的绽放。或许，我们可以在张少华的散文《最后一寸江南》、李佩文的散文《内蒙古旅行散记》等作品中更多地触摸和感受到这种可能。

说到这里，我们集中谈一谈作品中存在的一种颇为突出的书写现象，即对生命孤独状态的文学关注。

旷胡兰在散文《与孤独共舞》中这样说：“身体的孤独，虽然给人带来不安和痛苦，甚至让人感受到生活的艰辛，然而，心灵的孤独才可怕。而如果某个人的孤独，或如梭罗一般，那么，这不仅是个人的悲哀，更是时代的悲哀。”“鲁院的文学课上，我们探讨过孤独和人生的话题，讨论过孤独和文学的关系。老师告诉我们，正如哲人所言，孤独和寂寞，是生命的特征，

也是文学永恒的主题。我也深感，文学，让孤独栖身，也让孤独绽放。”“人生的路有无数条，生活的滋味万千种。而唯一不变的，是生命中那一份孤独，一份与生俱来而又伴随一生的或深或浅的孤独。如果，你有着一颗敏感的心，又有着一双如鹰一般敏锐的眼，那么，你的孤独，注定要比别人多。”[①]吴红铁的诗《听水滴的孤独》写道：“深夜/我在阳台上抽一支孤独的烟/听着楼上水滴的声音/它一滴落就破碎/我想每一滴水都可能是海/昏暗的灯下/无人彷徨在寂静的路上/我还想再抽一支烟/再听一听水滴在夜晚的呼吸/我突然感到它比我更孤独。”[②]在他的另一篇作品《奔跑，为另一个原野》中的一头狼，也“奔跑在孤独的路上”，当然，它的眼睛注视的是“前方”。此外，在彭路、雁飞的诗歌及相关作者的文本中我们也不难体味和感受到因岁月侵袭而至的生命的孤独与忧伤。

生命的孤独无疑是文学书写的一个有效的切入点，孤独固然也确实是生命的一种基本状态，然而，它显然并非生命的华章，它是可以被克服和超越的，“孤独”这个词可以被“删掉”（丁群：《入山的时候，树林缀满黄叶》）。人需要在对孤独的感受与体认中前行，让孤独成长为一种生命的力量，一种有支撑感的、丰盈的力量。在丰富的社会生活的参与中，人，因孤独而成长乃至伟大，这才是现实生命的应有节律，也应该成为生命的必然性成长。如是，当生命、生命中的孤独成为文学的基本维度或元素时，我们也就可以更好、更丰富地理解河南作家邵丽在其中篇小说《刘万福案件》中提出的一个命题：文学是一种生命评价的形式。无疑，这是对文学本质问题的一种积极的回应。

在笔者看来，坚持“文学作为生命评价的形式”这一观念，存在明确的意义指向：其一，通过文学进行生命评价，也就可以更为深刻地认识生命的本质、理解生命的意义、创造生命的价值，这是人的生命形态和特征的本质要求；其二，在评价中关注生命、关注他人的生命，对于文学创作和批评者而言也是一种必要的德性要求和体现，利于在公共生活的参与中，激发情感与心灵，涵养智慧，培植公共理性，塑造现代国家公民；其三，坚持这一观念，其实也体现出一种应有的文学价值观。注重生命体味与体验，利于摆脱和避免单纯的确定性的文学知识化理解，让文学创作与批评在更为关注价值方面有一种切实的可能。如是，文学读者、创作者、批评者积极关注自身生

① 旷胡兰：《与孤独共舞》，《鲁院之约》，百花洲文艺出版社，2018 年 4 月。

② 吴红铁：《听水滴的孤独》，http://blog.sina.com.cn/s/blog_b3e17a220102vgc4.html，2015 年 4 月 2 日。

命形态的构建也就可望成为一种常态，从而更好地体味生命、评价生命、温暖生命。这样，我们也就可以认同罗鸣在散文《舅舅的村庄》中所说的，生命的年轮里存在成长的轨迹，也可以在阅读谢倩霓的短篇小说《日子》时更为深刻地意识到：日子的延伸与更迭，在最为根本的意义上，是生命与生命形态的成长和更新。

其实，如上对于文学的基本理解来源于笔者的一种核心的文学观念：文学是人学，是社会现实中从事实际生活活动的人的“精神分析”学，是唯物史观视野下由人参与其中并构筑而成的流动着的社会存在的基本反映和体现，是人实现其自由自觉特性和确证其本质力量的基本方式；依凭它，人类可以艺术地掌握世界，而它也实践和呈现着人性的多样性和丰富性的展开；在漫长的人类文明发展进程中，文学已然渗透到我们的日常生活和精神生活之中，它构造着我们的社会生活、政治生活乃至于经济生活世界，也塑造着我们的身体、思想与灵魂。我想，这样的对于文学的理解需要在更大范围内形成共识。

赖大仁先生在2011年11月7日的《光明日报》撰文指出：现实关怀与人文关怀、创新与超越是当今时代“好文学”的两大品质。这里的意蕴是丰厚的，它更多的是对于当下文学发展的一种整体性“打量”，也是一种对于未来文学发展的价值期许。我们在前文所谈的一个根本点，也正是期待当下文学与文学批评包括当下江西文学与文学批评，能够在进行充分的现实关怀的基础上对社会生活中的人的生命及其形态予以足够而深刻的关注，生命评价理应生长成为一种基本的文学事实。然而，毋庸讳言的是，就此而论，我们的文学创作与批评还在成长的路途中。

二、写作的独立性与文学的“民间立场”？

从第一个话题内在和延伸而来，稍加留意，我们就会注意到，当下的一些文学写作者限于“眼力”，惯性地书写一己的经验与情感，却还径直美其名曰在此之中其保持一个写作者的“独立性”，并由此出发，将个人的写作称为“民间立场”。在此情形之下，“文学的民间立场”也就俨然成了一种标签、一种精神姿态、一种价值取向。然而，这样的“文学的民间立场”究竟意味着什么呢？无疑，这是一个在当前的文学创作与批评中颇为值得重视的问题，它直接影响和制约着当代文学创作与批评的基本质地的生成。

1994年，陈思和发表了《民间的还原》《民间的沉浮——从抗战到文革文学史的一个尝试性解释》这两篇较为重要的文章，推出其关于中国现当代文学的一种由“庙堂”到“广场”再还原为“民间”的文学史观，并对其提出的“民间”概念进行了较为明晰的界定。由此，文学的“民间立场”“民间价值”渐渐成为一种文学研究尤其是 20 世纪中国文学研究的重要理论视角。在此期间，也有研究者试图对陈思和理论中的“民间”概念进行必要的补充、说明和修正。但我们必须注意到的是，在知识界对“文学的民间立场”这一命题进行不断解读的过程中，它同时也渐次成为部分知识者的一种相对执拗的精神姿态，甚至是一种政治态度。这就是径直把“民间”指称为“与权力形态相对立的非精英文化形态的文化视界与空间”，从而，“民间立场”也就被相对单一而且是强制性地理解为自我理论阐释之下的主流意识形态与精英意识形态之外的一种文化意识形态，统称为逍遥、独立的“民间”意识形态。可以认为，这是很多并不愿意去深度考量与挖掘“民间立场”这一术语的丰富性内涵却又乐此不疲甚至竭力地去追求它的人的基本共识。

其实，正如有的论者所指出的，“民间”原本是一个复杂的、笼统的、难以把握的泛指性概念。部分知识者的以上阐述不能不说是一种简单化的理解、一种颇具倾向性的理解。我们需要追问的是，在当下中国，到底存不存在这样的一种与权力形态相对立的非精英文化形态的文化视界与空间？对此做出肯定回答的人究竟是坚持一种什么样的文化立场和政治态度？哪怕我们在此问题上暂时无法形成一致性的意见，但对它进行尝试性的学理探讨显然又是必要的。当然，在此笔者也更多的只是提出这一问题，并期望知识界能够正视这一问题的存在。

在法社会学中，“民间立场”一般是指学者在研究中，倾向于从普通社会民众的角度或视野来提出问题、观察问题、探讨问题和解决问题，它是相对于传统法学所采取的自上而下的官方立场而言的。而在文学批评领域，对“民间立场”问题的理解却与之存在较大的差异。王光东在发表于 2003 年第 6 期《中国社会科学》杂志上的《“民间”的现代价值》一文中指出，“民间”的核心内涵是“自由—自在”。而部分文学创作与批评者更是由此出发或者说亦持有并发展这一观念，将“民间”“民间立场”理解为一种文学实践的姿态，一种文学实践的价值认定，它更是精神的，与强化文学创作与批评者个体的独立性、主体性、创作自由以及疏离政治等思想倾向密切相关。

在现代社会，文学创作与批评者个体的独立性、主体性与创作自由显然是需要肯定的，也是需要得到切实保障的；然而，文学创作与批评者个体独立性、主体性与创作自由的获得就必然以其疏离政治、疏离主流政治为前提吗？我们必须认真而明确地思考这一问题，因为其中隐含一种思想倾向或者说存在一种思想流向，即文学可以非意识形态化，文学可以疏离政治，文学可以与政治无关，甚至文学可以去政治化。

而事实上，文学是不可能脱离政治的，文学批评同样也是不可能脱离政治的。我们可以理解，部分文学知识者不愿意谈论文学与政治之间关系的话题，这主要是由于在特定历史阶段赋予了文学活动太多的社会功能；但同时我们也更需要认识到，关注社会现实、关注国家政治及其发展，确立明确而合理的文化政治立场，其实正是文学活动者的社会责任感的体现，也是作为一个现代国家公民的基本要求，当下的文学创作与批评者理应具备现代公民社会所要求的公共理性与公共精神。社会责任并不来自某个政治集团的强制性规定，而是整个社会对文学和文学活动者提出的要求与期许，也应该成为文学及其活动者的内在使命。公民意识、公共意识对于当下文学创作和批评者而言是不可或缺的基本品质，作家与文学批评家理应成为一个现代公共知识分子。而对于文学活动者的创作自由与其政治性、人民性立场以及社会责任的统一实现的问题，在马克思主义经典作家那里早就充分地论述过了。其实，当文学创作与批评者的政治立场、文学文化理念、人格理想、美学倾向与社会进步的趋势相一致时，当他的个人利益诉求与社会利益取向相一致时，创作自由与社会责任、公共情怀在其个人身上也就自然地、和谐地统一起来了。责任和义务并不会限制文学活动者的自由，而且只有通过责任和义务，文学活动者才能达到真正的自由。

央视综合频道 2012 年播放的电视剧《感动生命》，旨在铸造和谐社会理念、确立当代核心价值观、再塑崇高精神品格。人的崇高在于其身上呈现出来的道德力量，从根本上说，它是一种德性、一种伦理观、一种价值观，对于我们今天而言，更是核心价值观的体现。这无疑是和谐社会所倡导的，也是当下中国主流政治的需要，其实，它又何尝不是文学艺术和文化在今天理应确立的基本价值诉求与意义认同呢？

诗人韩东说："民间立场就是坚持独立精神和自由创造的品质。"[①]这不能不说是一种颇有见地的看法，它强调诗人的独立性、主体性与创造性。其实，如果真的有一种"民间立场"的话，那么，"民间立场"的含义，除了

① 韩东：《论民间》，《芙蓉》，2000 年第 1 期，第 147-148 页。

韩东所说的“独立精神和自由创造的品质”之外，还可以而且应当加上当下文学知识者的民间情怀、民众观念、民间价值诉求。关注民间，书写民间与民众，人在民间里，为了民间与民众而写作和实践。这种民间情怀、民众观念、民间价值诉求与韩东所说的独立精神、自由创造品质有效地融合起来，才是值得我们去探讨也值得肯定的“民间立场”。在笔者看来，其中正体现出一种必要的文学伦理，而且它也并不和当下的文学创作与批评者应有的政治性品格与态度或者说文化政治立场相冲突。“文学伦理”一词在此具有多重意味：其一，它表明文学是一种关系性存在，它存在于与其书写和实践的对象尤其是人之间的关系中，由是，“文学的民间立场”这一命题也就相应地蕴含着一种文学存在于与民间、民众的关系之中这样的观念，换句话说，只有通过民间与民众，文学才能更为确证自己的存在。其二，“伦理”不仅是用来指称一种关系，它同时还用于指称处理这种关系的准则和规范，这样，“文学伦理”也就意味着对文学基本观念与文学发展的一种规范性要求。我们说，更为合理的“文学的民间立场”其中体现出一种必要的文学伦理，主要是指，我们需要从文学的民间价值取向、文学的民间价值取向的高低来评价和规范当下文学及其发展。其三，在这里，“文学伦理”还意味着文学的道德诉求尤其是对文学的道德标准的诉求，或者说，文学需要有一种应然的道德诉求。道德，显然是文学的一个重要维度，“文学的民间立场”需要表现出它应有的德性关注。当下文学创作与批评者从社会现实和国家当下发展的需要出发，独立地、创造性地关注、书写民间与民众，就表明他们身上存在一种可贵的德性与责任。而无可置疑地，以上论及的所有这些都是与当下文学创作与批评者应有的而又潜在的文化政治立场构成密切关联的。

在今天，文学知识者需要历史地、辩证地探索和确立新形势下的文学态度与立场。当我们在探讨“文学的民间立场”这一命题时，需要审慎地思考。没有真正明确地对“文学的民间立场”命题做出必要而合理的探究和界定，而仅仅是强化如上所说的一种精神姿态，那么，“文学的民间立场”就构成一个问题，一个需要我们有勇气坦然面对并积极寻求有效解决方式的问题。在这个问题上，文学知识者尤其是青年一代更需要在理性审视当下文学、文化生态的基础上，响应国家当下文化建设及其未来发展的基本情势和要求，确立一种必要而应然的文化自觉。

就此而言，一个确定性的认识是，当下文学与文学批评还处于且正处于生长之中，江西文学与文学批评也处于生长之时。

第二节 新写实小说的现代性价值诉求

差异作为一种历史性的持久的现象存在于人类世界之中，尤其是在进入现代社会之后，差异更是得到显著的强调，在此过程中，它也就同时强化了自身存在的合法性。在关于新写实小说的发端问题上，学界的判断也是存在差异的；这如同当年这种创作潮流兴起之时，人们争相对它予以差异性的命名一样。当然，差异的存在并不能从根本上妨碍人们做出统一性的思考并由此得出普遍性的看法的可能。人们普遍认为，与像《创业史》这样的当代写实小说强调“典型化”和表现历史本质的观念与主张不同，新写实小说关注的是世俗化进程中平庸的社会现实和普通人逼仄的日常生活，它“是在商品经济大潮掀起，进一步引发人们对自身生存状态与社会进步发展的深切思考的情势下产生的。同时，也是对 20 世纪 80 年代中后期文坛的‘现代派’、‘新启蒙’、‘反传统’思潮的反思，力求在继承和超越现实主义文学传统的新变中，重建当代文学发展的价值基点”[①]。这一评价显然为我们解读新写实小说提供了一种重要的视角。视角的选择是具体评价的基础和根本出发点。正如 B. 费伊所指出的，视角主义是当代理智生活的占统治地位的认识论方式。“视角主义”认为“一切知识本质上都是带有视角性的，也就是说，知识的要求和知识的评价总是发生在一种框架之内，这种框架提供概念手段，在这些概念手段中，并通过这些概念手段，世界得到了描述和解释。按照视角主义的观点，任何人都不会直接观察到作为实在本身的实在，而以他们自己的倾向性来接近实在，其中含有他们自己的假定和先入之见”[②]。在此，我们选取的是现代性视角；我们祈求在这一视角下对新写实小说做出不同于他人的差异性的读解。

人们对“现代性”的认识显然也存在差异。然而，我们对于作为关涉现代社会生活最抽象最深刻层面，即价值观念层面的现代性，还是可以进行一些尝试性的界定的。相较于“前现代性”和“后现代性”而言，作为现代社会世俗化进程中的价值体系的“现代性”体现出一些显豁的主导性价值，诸

---

① 陈传才：《中国 20 世纪后 20 年文学思潮》，中国人民大学出版社，2001 年，第 200 页。

② [美]约翰·塞尔：《心灵、语言和社会——实在世界中的哲学》，李步楼译，上海译文出版社，2001 年，第 21 页。

如独立、自由、民主、平等、正义、个人本位、主体意识、崇尚理性等①。这样来理解现代性问题并以此作为基本的理论参照，我们认为，新写实小说表现出了明确的现代性价值诉求倾向。

一、个体意识与世俗意识：参与重构社会历史的文化支点

人类社会结构在更为丰富的意义上大致可以分为日常生活世界和非日常生活世界。人类的日常生活事件是构成人类整体历史的重要组成部分。新写实小说文本呈示着一种真实的中国社会世俗化进程中人们的日常生活世界的图景。从历史角度来说，这种肯定世俗生活的意向表明了它与传统的革命化政治化作品在历史观上存在着显著的差异；同时，这也为我们通过小说文本认识现代中国史提供了足够的启示。

这样，我们也就看到，顺应现代中国社会结构的深刻变动和文学自身发展的要求，与以革命和政治叙事遮蔽人们的日常生活世界的特定历史阶段的文学传统形成对立式的差异，新写实小说为历史提供了一种弥足珍贵的一定时期的中国人的日常生活世界图景。张扬世俗主义似乎已然成为新写实小说家潜在的创作理念。当我们充分肯定20世纪80年代中后期以来中国社会对人们日常生活意义的确立时，我们就无法也不能漠视新写实小说的历史性功绩。其实，新写实小说正是在中国社会的世俗化进程中以日常生活世界图景的多样呈示来积极参与着重构社会历史的书写努力。

新写实小说以日常生活世界图景的完整呈示替代传统文本中由主流意识形态所推导出来的生活世界的人为的“辉煌”与“诗化”。这本身就是一种在现代世界里才能确立起来的文学态度。《烦恼人生》《风景》《狗日的粮食》《一地鸡毛》等新写实代表作品都流淌着日常生活的原汁原液，其自身就构成一个个世俗意味丰盈的艺术整体，从而与由虚假和理想谎言所支撑起来的文学文本大相径庭。从中，我们触目所及的是曾经被主流意识形态所遗忘的由日常生活事件构成的真实历史图像。把被遗忘的日常生活事件还给历史自身，这是现代世界的一项基本要求；新写实小说为此做出了自己的努力，这一努力隐含了小说家们深层的文学精神的选择。也正是从这里，我们可以看出新写实小说重构社会历史的文化支点。

---

① 俞吾金：《现代性现象学》，《江海学刊》，2003年第2期，第12页。

新写实小说是以现代的个体意识与世俗意识作为重构社会历史的文化支点的。它们主要是启蒙时代的创制及其积极遗产。后现代主义批评家认为新写实小说不再构筑意识形态的想象与话语，从而导致了“集体想象”的失落①。倘若这里的意识形态专指主流意识形态，那么后现代主义批评家的判断倒是没有问题的。新写实小说正是以这样的面貌来呈现其与革命化政治化文学文本的差异。但是，“集体想象”的失落只是表明新写实小说对这一创作传统的摒弃，而并不意味着其文化艺术精神的丧失。新写实小说不再遵循传统历史塑造“大写的人”的原则，而是更多地植入了现代观念，将个体作为一个世俗时代的主体来加以确认和张扬。斯特文·卢卡斯在其《个体主义》一书中这样来确定个体主义这一概念的本质：对人的尊严的尊重；自律（或自我指导）；私人性和自我发展。这些原则被称为“个体主义的核心价值”，也被说成“平等与自由观念”的变种②。与这样的文化支点相关，新写实小说确实不再塑造典型，它们更多关注现代社会中生存的个体。现在的时代是一个“人”的时代，池莉以自己的创作做出这样的宣告。她笔下的印家厚就是现代社会中的个体，但他又是一个具有普遍意义的隐喻象征。《风景》中的七哥同样如此。这些人物是现代中国社会特定时期的客观存在，他们被作家挖掘出一种被社会规范所掩盖的个体品质。它主要体现为在社会变动时期，人们的个体身份认同并由此生发开去的追求自我价值与个体生活意义的原初冲动和稚态热情。就这样，新写实小说以确认和张扬世俗社会中个体存在的合法性这一现代精神来置换传统宏伟叙事中的“集体想象”，从而在其重构社会历史的过程中完成了体现现代性某些内质的新的文化艺术品性的塑造。当然，新写实小说对这种品性的塑造也并不是完整与彻底的，这可以由具体的文本来证实。可以说，这是在当代中国追求现代性的境遇中新写实小说留给我们的些许遗憾，它所认可和追求的现代性价值由于受到历史条件的制约表现出“年轻”的特征。同时，我们还要注意到，新写实小说选择这样的一种文化支点作为其重构社会历史的书写努力从而体现出来的新的文化艺术品性也许并不完美，但是，我们要说，一种文化艺术品性的选择与铸造并不在于它的高度完美，而在于它是否合乎一个民族现实与长远发展的需

① 陈晓明：《反抗危机：论“新写实”》，《文学评论》，1993 年第 2 期，第 88-91 页。

② [美]弗莱德·R. 多尔迈：《主体性的黄昏》，万俊人等译，上海人民出版社，1992 年，第 3 页。

要[①]。新写实小说的如是书写无疑更有利于把人们带进现代。

二、“还原”书写：作为伸张隐态的主体意识的叙事策略

新写实小说“还原”现实生活原生形态的叙述方式引起了基于后现代主义批评视角的评论家的指责。有人说新写实小说家力图揭示情感与意义的“零度”，《风景》于是成了一个“不动声色”的叙事范本[②]。有评论者移植法国“新小说”理论作为其评价新写实小说的基本前提，理直气壮地宣判，“‘还原’实际上就是主体的逃避和化解，或者说是主体的‘退出’”，“主体的‘退出’，其结果必然是零度叙事的出现”。他甚至还说“如果把主体精神的有无或强弱作为现代性和后现代性相区别的一个重要向度”，那么，“新写实小说对主体性的消解，重返物质的姿态则带有 20 世纪后期的某种后现代特征，或可在某种程度上称之为‘后现代性的现实主义’”[③]。

我们先把这些评价搁置起来，从新写实小说家的一些创作自述出发去思考问题。刘恒这样阐明自己写作兴趣的真正所在：生活里到处充满了具体而卑琐、生动而灿烂的人生召唤，我必须行动，必须写作。刘恒如此洞悉生活的辩证法，又怎会轻易放弃对生活的理想？！刘震云的思考带着沉重、孤独、自我叩问与愤懑的体验。他说，生活像一个宏大的虎口在吞噬我们。于是，写作成了他与生活抗争的方式。在 1992 年为《刘震云文集》出版而写的简短的“作者的话”中说，面对前人，“我越来越感到中外历史上许多人物的伟大。你们留下了许多生命感应点的生命密码。你们本来应该活着，但你们去了，留下糊涂无知的我们……面对自己的书籍，我常常感到羞愧：我对这个世界的感受，到底有几分呢？”[④]有了如是的对于生活、生命和世界的感触，他又怎么可能在自己的创作中不寻求意义和注入情感？在发表于 1988 年第2期《小说选刊》杂志上的《我写〈烦恼人生〉》一文中，池莉说，“现实是无情的”，“生活，何止是烦恼的”，它还充斥着“总有一刻会使人感到不胜重负的”“犹如一声轻微的叹息”般让人不易察觉的“悲哀”；然而，

① 张景超：《一种误读：后现代对新写实》，《文艺评论》，1993 年第 6 期，第 38 页。
② 陈晓明：《反抗危机：论“新写实”》，《文学评论》，1993 年第 2 期，第 91 页。
③ 尹昌龙：《1985：延伸与转折》，山东教育出版社，1998 年，第 197 页。
④ 刘震云：《刘震云文集》，江苏文艺出版社，1996 年，“前言”第 1 页。

她的许多小说还是写得实实在在，只因为，在她看来，“中国不需要矫情”[①]，它更需要的是立足于现实的理性的参与和建设。这样清醒、理智、成熟的姿态难道没有个体的主体性作为其强大的内在支撑？每一个社会个体在一定意义上都是特定世界场景中的人。新写实小说家的生存结构和历史处境影响甚至决定着他们的文化选择。文本叙述方式的处理只是他们一种共同的写作策略，这并不能排除他们对于世界的热情和理想。印家厚在对“梦”的向往和期待中安然入睡，谁又能说这不是作家本人的希冀呢？有论者的观点无疑是值得参考的：一个时隐时现的目标在吸引着新写实小说家，即以写实来催化一个理想世界的成熟[②]。如是，我们只能质疑后现代主义批评视角对于新写实小说评价的合理性了。

米兰·昆德拉在为自己的小说《生活在别处》所写的序言中对其文学观做了这样明确的表达：“对小说家来说，一个特定的历史状况就是一个人类学的实验室，在这个实验室里，他探索他的基本问题：人类的生存是什么？”[③]其实，呈示世俗化进程中人们的日常生活世界图景、“还原”现实生活的原生形态正反映出新写实小说家在一个基本层面上对人的生存问题的深切关注。而且，在这一关注中，他们还选择和保持了作为现代人对于现代生活的一定的批判姿态。在《风景》的原始、粗鄙、简陋与传统小说的叙述样态形成尖锐的对立中，从小八子这个死魂灵目光的执着、犀冷及其自我激赏的态度里，我们分明感受到了新写实小说文本对传统小说叙述模式尤其是对人的现实生存境况的批判性力量。把“认识自我”作为哲学探究的最高目标的恩斯特·卡西尔说，他从柏拉图的《理想国》中获得了对于“人是什么”这一问题的新的、间接的答案：“人被宣称为应当是不断探究他自身的存在物——一个在他生存的每时每刻都必须查问和审视他的生存状况的存在物。人类生活的真正价值，恰恰就在于这种对人类生活的批判态度中。”[④]是的，新写实小说家构筑日常生活图像作为小说文本深度批判意义的载体，传达的其实是他们自己对于生活的批判态度。在这里，我们似乎依稀看到了西方启蒙主义时代的精神，我们的时代需要培植它、发扬它、壮大它。

然而，我们更需要明白的是，这种关切和批判的姿态是以世俗时代本真

---

① 池莉：《中国不需要矫情》，《中篇小说选刊》，1992 年第 5 期，第 15 页。

② 张景超：《一种误读：后现代对新写实》，《文艺评论》，1993 年第 6 期，第 35 页。

③ [捷]米兰·昆德拉：《生活在别处》，景凯旋等译，作家出版社，1989 年，第 5 页。

④ [德]恩斯特·卡西尔：《人论》，甘阳译，上海译文出版社，1985 年，第 8 页。

的主体意识隐性地作为其内在基础的。新写实小说家从自身的生存结构和历史境遇出发理性地通过选择伸张隐态的主体意识的叙事策略来确立自身的主体性。应该说，这是中国状况下“年轻”的现代性书写的可喜收获。小说家们和淡地保持了作为现代性根基的主体性观念，顽强地捍卫着个体选择生活甚至是改造生活的权利，从而平实地体验着生命美学的灿烂。于是，我们不难理解，从文本叙述的表面上看，作者们似乎是局外人，其实他们呈示人们日常生活世界图景、“还原”现实生活的原生形态正表露出他们对于生活理想与意义的追寻以及对于现代中国世俗化进程中个体生命的关爱。小说家们理解生命的价值、捕捉生命的光亮、珍视世俗日常生活中人的抗争及其美丽。后现代主义批评家对新写实小说及其作者们的“误读”，至少表明他们缺乏对于新写实小说追寻深度意义的认识，缺少对于生命的理解和敬畏，缺少对于其他生命存在意义的认可。电视剧《重返石库门》的主人公之一赵景坤向人讲述起自己在雪地里被一“反革命”救护的情景，他问“反革命”救他的原因，“反革命”回答：我救你的理由很原始也很简单，只因为你是一条生命。生命需要在差异中相互支撑。其实，这也是对在中国社会世俗化进程中日益体现民主、自由、尊重差异、平等、正义等价值的“年轻”的现代性的极好注解。由此，我们没有理由不高度评价新写实小说现代性书写的重大伦理实践意义。

坚持进行现代性价值诉求的文学书写依然是当下中国作家应有的选择。至少，它也是作为人学的文学以及关注生命和追求进步的人们的热诚期待。

第三节　“现实主义回流”现象审视

20世纪90年代，刘醒龙、何申、谈歌、关仁山等以积极介入现实、关注农村和大中型企业基层生活以及人的基本生存状态的写作方式活跃在中国文坛上。这样，中国文学界出现了瞩目的“现实主义回流”现象，它已成为一种不争的文学事实。尽管由于历史时间的缘故，我们“此刻”对于它的理解和评判显然存在着诸多困难，但是对于这种文学现象的关注却无疑是很有必要的。由此，本书拟从河北“三驾马车”的创作实践出发，对“现实主义回流”现象做出一定的文学判断，并在此基础上，揭示“现实主义回流”现象的文学意义。

一、"现实主义回流"现象的文学判断

何申、谈歌、关仁山被誉为河北的"三驾马车"，这表明三人的创作意向有着相似的目的性、倾向性和文学可能世界的趣味性。这样一种现象的产生，存在一定的历史决定论因素，正如关仁山在一次"关于当前现实主义文学创作问题座谈会"上所说："我和何申、谈歌老见面，但从来没有商量怎么写，却都不约而同地写了这么一批作品，什么原因？我想是因为中国的工农业改革到了关口了，有许多工人开不出工资了，有的农民很苦，我们要写他们的现状，为他们说句话，在描述这种艰难时，还要给他们力量，让他们挺过去，这力量不是我们附加的，也决不是粉饰。"[①]除了这样一种历史机缘之外，那种现象的产生固然也与他们的文学态度有关。他们的文学态度集中表现为社会写作与社会关怀的创作倾向，他们的作品充溢着显明的社会群体意识，作者自觉地对"当下"社会现实状态表示出一定的理想主义关怀。这样一种文学旨趣与新生代作家重视个人写作表现自我的创作倾向相比无疑是两极的存在。他们的代表性作品，如关仁山的《醉鼓》与《大雪无乡》，前者采取全知叙述性写作方式，表现了老鼓头和鼓生两代人之间的矛盾与价值选择的冲突，这一冲突是历史地生成的，属于这整个时代，它具有典型的现实性和现实的真实性。后者的故事发生在福镇，雪乡无雪一反常年，在发展乡镇经济的规划中与错综复杂的利益角逐中，女镇长陈凤珍、宋书记、潘老五之间的心理矛盾与现实冲突在文本中明晰地表露出来。谈歌的代表性作品有《大厂》《〈大厂〉续篇》《年底》等。《〈大厂〉续篇》写的是红旗厂与环宇厂两厂之间"当下"境况的鲜明对比以及由之而体现出的许建国厂长与章东民厂长的生存状态。《年底》写的是将近年关厂家的窘迫状况以及人们的众生相。何申的代表作则为《穷县》《年前年后》等。《穷县》开篇即点明题旨："穷县日子难过，穷县年末的日子更难过。"有论者指出，关仁山的创作是从对立的生存观念矛盾组构成故事，以生命投影的对立展现而反映现实，故而含纳着曲婉的美学色彩；谈歌的创作则是从正面揭示出"当下"工厂企业中人们的生存状态，同时他又朴素地再现与表现现实，给人的是沉实的美学品格。何申在把人物性格写准写活时，是从侧面透射出"当

① 这次座谈会众人发言的整理稿发表在1996年7月20日的《文论报》上。

下”现实生活图景，从而散发出幽默的美学情趣[①]。相形之下，笔者尤为肯定的是何申的《年前年后》。《年前年后》是一篇出色的关注现实的文学作品，它的“当下”现实的呈示无疑带着一种批判色彩。李德林乡长被“挤压”境况具有一种典型性，它不仅包含生活的真实，同时也体现艺术的真实，就连他的性爱欲望的表述也同样是真实的。何申的笔下没有羞羞答答的姿态，他有一种直接介入现实的勇气，尽管他是以一种写作的方式来表明他的介入。何申没有直接地倾吐自己的感情，他以一个隐在者的身份与现实、与读者对话和交流，他关注现实，诘问政治理性，他的笔触及了人的个体感性生命的思考，这有一种把文学作为人学来创作的主观努力，尽管或许那是不自觉的。然而，需要特别指出的是，何申的文本在滑动的能指背后缺乏一种深层的所指，他介入现实，但缺少一种形而上的思考，文学的本质在他那里被简化了，由是，对于人的本质的理解也就流于一种疏离，这是应该感到遗憾的。事实上，何申文本创作的局限在谈歌、关仁山的文学创作中也同样存在。而且，他们的作品还缺乏一种道德的评判态度。文学作品有三个方面的基本期许，即历史、美学与道德。王彬彬认为，也许是受着这个时代精神气候的影响，也许是觉得钱的问题比什么都重要，“现实主义回流”现象中的文学作品，不少都对道德评判、道义立场采取回避的姿态。在这些作品里，伦理已彻底被历史击溃，已不再与历史有对垒之力。一种肤浅的历史进步论在销蚀作家的道德情怀与道义立场。文学中道德评判的模糊与销蚀实际上在一定程度上模糊和销蚀了文学自身的本真存在，它不仅仅是文学道德期许的消失。

王彬彬批评“现实主义回流”现象中的文学是一种肤浅的现实主义。自然地，这也同样地激发起我们对“现实主义回流”现象的思考与判断。事实上，并非所有的关注和反映现实的作品都可以称为现实主义。如果是这样，那也就几乎没有什么作品不是现实主义的文学了，“无边的现实主义”文学态度早已受到批评。现实主义这一文学术语一般地在三个意义层面上被使用，即现实主义流派、现实主义创作方法和现实主义精神。作为文学流派，它特指19世纪30年代在西欧出现并发展起来的一种文艺思潮和运动。作为文学创作方法，它集中表现为一条普遍的艺术法则：写真实，即文学真实地反

① 刘乐群：《从不同角度反映现实——〈何申、谈歌、关仁山小说创作漫议〉》，《小说评论》，1996年第6期，第7-11页。

映社会现实生活。从这个意义上说，现实主义不仅表现在现实主义创作流派的文学创作中，而且也体现在除此以外一切进步的、能够或多或少地反映现实生活和时代精神的文艺流派的创作之中。另外，它表现为一种现实主义精神，也就是说，它具有一种巨大的包容性和弥散性。进行现实主义文学创作，需要对“当下”的中国现实进行清醒的认知与判断。文学思潮与社会思潮是紧密相连的。当下的中国现实是，人类社会结构中的制度化领域正进行着深刻的变革，经济与科技理性在很大程度上影响着社会的进程，商品价值取向正侵袭着文化与意识形态领域，在这一无时不在的制约与规范下，人们的日常生活世界正慢慢地作为一个背景世界而存在。由于这一社会结构的巨大性变化，在一定意义上我们可以说，这是一个需要启蒙但没有启蒙者而大众又拒绝启蒙的时代，启蒙存在启蒙他人与自我启蒙的双重取向，这一启蒙精神理应成为这个时代的真精神。它的缺乏足以引起我们对“当下”社会现实的批判与思考。文学的表现自然也不例外。当前中国文学缺乏的正是一种深厚的批判现实主义精神。陀思妥耶夫斯基曾不无自负地谈道：相对而言，他同时代的许多作家的现实主义都是肤浅的，而自己的现实主义则是纯粹的、深刻的，是一种更高意义上的现实主义，因为“我描写一切人类灵魂的底蕴”。固然，这不能成为现实主义文学的唯一典范。但当前的现实主义文学创作包括“现实主义回流”现象中的文学创作却尤为应该追求这种“底蕴”。邵建说，在今天，谁要撇开批判意识和精神却侈谈什么现实主义，打死他，他也不信。这似乎有些苛刻，也近乎情绪表达，但可以肯定的是，其中不乏一个批评家对于文学精神的真诚期待。

二、“现实主义回流”现象的文学意义

“现实主义回流”现象中的文学作品表现出对于“当下”现实理解的一贯性和执着关注现实的文本策略，它对于人的基本生存状态予以充分的关怀，并从中透露出一种人道理想的文学情绪。何申在发表于1996年7月15日《文论报》上的《我的小说我的根》一文中真诚地说：“在写农村基层干部的同时，我又写了大量反映农民生活的作品，我知道现今他们的日子比我插队时强了许多，但山区条件限制着生产的发展，还有许多人为的因素，使这里的农民生活仍然困难，不少人还没有脱贫，我衷心地盼望着他们早日脱贫走向富裕，我为他们的艰难而着急，于是我就把他们的生存状态写出来，起

码是一声呼吁吧！让人们不要忘记我们这个大家庭还有穷人，尽管这个穷的含义和先前不一样了，但每年人均几百块钱的日子，说到哪里也是艰难的。……中国有那么多农民，能为他们办点有益的事，对我来说是一种幸福的安慰。”何申相信个人对大众福祉和社会进步的承担及其意义，他的《年前年后》对于“当下”的关注和理解就反映着他的这一内在的精神意向。人的生命经验和体验在历史瞬间现实的巨浪冲击下产生一次又一次的“震惊”状态，这是一个事实或说是个人感受的真实，当把这种“震惊”艺术性地物化出来时，显然地这一过程浸透了作家对于历史的穿透力和对于现实的真切感悟。这是一种诗化的、文学性的表现和存在方式，它属于个体生命，也属于个体生命维系于存在的现实本身。艺术地物化个人和群体生命经验与体验的“震惊”因而也是积极地以生命介入“当下”现实的作家无疑是真诚的文学创作者。我们感谢何申的真诚，感谢“现实主义回流”中的文学作品对于当下中国社会现实的真诚介入与关怀。作家对于现实的真正关注不仅仅是停留在把那作为一种内心的责任，而应把它外化为一种切切实实的文学行为。

从某种程度上说，“现实主义回流”现象中的文学作品对于“当下”现实的关注填补了历史具体的文学空白。20世纪80年代伊始，由于西方现代主义文艺思潮的影响以及文学自身变革的内在驱动，以王蒙为代表的意识流小说创作和“朦胧诗”创作等掀起了20世纪中国文学的第二次“现代派”浪潮。进入20世纪80年代中期以后，“寻根文学”“先锋文学”以及以现代性追求为基质的探索文学相继转入对民族文化、历史、哲学意蕴的深层追寻和形式探索。文坛上的这样一种变化所带来的影响是双方面的：一方面，它对当代中国文学的现代化进程和审美化追求无疑产生了巨大的推动作用；另一方面，它同时又致使文学逐渐地疏离了现实，远离了读者，并缺乏对当代人的生存状态的关注。我们看到，“现实主义回流”现象中的文学作品可以说正是对20世纪80年代这种文学倾向的反拨。谈歌在给他的文友魏新民的一封信中谈道：“不管什么时代，大众需要小说为自己代言，如果小说家们不愿意，那么大众就会把小说和小说家扔掉。”①因此，他是本着“小说首先应该与大众接轨”的文学态度来写作的。可以说，这种写作态度也是何申、关仁山所抱持的。现实主义的回流对历史具体的文学空白的填补已经形成了一定

① 转引自刘乐群：《从不同角度反映现实——何申、谈歌、关仁山小说创作漫议》，《小说评论》，1996年第6期，第7-11页。

的声势，它和新写实主义一道尤为印证了20世纪80年代中国文学先锋派的没落，同时它也证明：20世纪90年代文学对20世纪80年代文学的一种历史回应，竟然是这样的一种现实主义的文学突围，或许这正是文学发展的一种本真方式。

事实上，“现实主义回流”现象中的文学作品的大众写作态度、对当代人的生存状态与“当下”的社会现实关注是对于20世纪80年代后期兴起并发展的新写实主义的平民意识和现实精神的继承。但相形之下，前者则比后者更加强化了现实品格和理想精神。这可以从何申、谈歌、关仁山的作品中及文学态度的表述中明显地反映出来。上述，新写实主义随着先锋派的遭受冷落应运而生。新写实主义的诞生与发展与现实主义、现代主义有一种明显的血缘关系，它受到自然主义的影响，同时新写实主义小说的创作倾向又与后现代主义文学思潮的反英雄、反崇高、反文化、零碎化、平面化、无中心等取向相一致。它对于生活现实、“当下”人的生存状态的叙写与关注追求一种原生态的表述方式。新写实主义作品关注人的生存困境，“现实主义回流”现象中的文学作品同样关注这一境况。但是，作家们明显地表现出较之于以原生态表述方式为写作取向的新写实主义小说家所缺乏或隐蔽的强烈的社会写作和社会关怀的创作倾向，并表现出一定的理想主义精神。新写实主义小说作家文学倾向性的隐蔽做法使得一部分读者不能很好地把握或领悟其创作意旨和作品的精神实质，它表面上是一种平民化的文学创作意向，实际上却慢慢地走上了贵族化。它的零散的材料组合与无中心的文本结构也使得文本本身缺少足够的文学性，而它的过于审丑的意趣则带来了诸多的负面效果，使人容易过多地看到现实人生的黑暗与丑陋。长此以往，将削弱作家的社会责任感、道德立场和道义情怀，同时也会使一些人产生信仰危机，使人生成为无根的浮萍。现实主义的回流在某些方面可以说就是对于新写实主义文学这些缺陷的一种纠正和改造，它弃置了后者的种种弊病，而从中发展出自己的一种文学精神。

1989 年以后，中国文学界渐次形成了多元化的创作趋向和局面。“边缘化”写作、“私语化”写作、“通俗化”写作、“启蒙-审美”写作等成为近年来中国文坛的重要景观。与新生代作家注重个人写作表现自我的创作倾向形成鲜明对比的“现实主义回流”现象中的作家的创作无疑证实了文学发展的多种可能性，它明显的是对于文学的一种丰富。“现实主义回流”现象的文学作品的出现，给中国当代文坛注入一定的生机和活力。在多元并存的文学态势中，尽管它未形成足够的高潮，或许它也不可能成为文学的主流，但是，它的确已成为一个不争的文学事实存在，充分地表明了真诚、执着地关注“当下”社会现实与人的生存状态的文学创作的回流与繁荣。这对于文学本身而言，实在是一种幸运。文学精神是极为宽泛的，它容不得太多外在的苛刻规范。“现实主义回流”现象中的文学作品创作必然还会存在下去，这不仅仅只是一种历史的要求，同时它也更是文学自身生存与发展的需要。当然，它也需要超越；缺乏一种形而上的深远意味，是这股现实主义回流的文学思潮的劫难。我们“此刻”对于它的价值与意义的评判显然是片面的，时间将会对之做出一个公允的判断。文本所反映和体现出来的意义需要由历史来鉴定；我们知道：历史是有着足够的论证力的。

第四节　公共空间与历史之痛
——读《茶馆》

一、人生百年的艺术绵延

人生百年对于绝大多数的人来说无疑是一种美好的梦想。老舍先生离开这个世界毕竟已经有 50 多个春秋了。老舍的艺术创作、老舍的命运敦促我们在人类历史的今天思考着些什么，我们无法回避这个问题。

像其他人一样，老舍先生首先也纯粹是一个人类社会的生命个体、一个普通的生命存在；其次他才是一个杰出的剧作家。然而，正是由于这与普通人的区别，他的艺术家的身份，他作为一个知识分子却给历史留下了几许沉重和一缕绵长的思索。生前终年拼命写作的老舍在 1951 年 10 月被授予“人民艺术家”的光荣称号，但正是这样的一位“人民艺术家”在 1966 年 8 月 24 日的夜里沉入太平湖中，以自杀的方式终结了自己的躯体生命。历史的这种反讽意味催生了我们一种读懂老舍及其生命的渴望，而这自然地包含着要求我们关注老舍先生的艺术文本，在此，笔者选择了他的三幕剧作《茶馆》。其实，我们又是无法苛责历史的。一方面，昨天已成为过去，是它给我们留下了许多值得反思的真实材料；另一方面，它又是公正的，历史留住了《茶馆》。当年北京人艺排演《茶馆》时饰演松二爷的黄宗洛后来如是说：“一九五八年大家一块儿疯狂，以为共产主义马上就要来到了。在这种时候把《茶馆》排出来是一个邪门的事。就是它不朽了，其他的都是纸糊的灯，留不下来。”[①]留住《茶馆》，在一定的意义上也就意味着留住了老舍，它艺术地延长了老舍的生命。留住《茶馆》，同时还留给了我们一个镜像中的畸裂的公共空间、一种历史的痛楚。

二、镜像中的公共空间

塞缪尔·约翰逊博士在评价莎士比亚的剧作时说：“……莎士比亚应该受到这样的称赞：他的戏剧是生活的镜子。”[②]老舍先生的《茶馆》同样是一面生活的镜子。通过这面镜子，老舍向我们艺术而又真实地反映出中国近代历史上 50 来年的社会变迁。应该说，这是一种历史的态度、一种宏大的叙事结构。全剧选取了三个时间段，即戊戌变法失败后的 1898 年初秋的某早半天、袁世凯死后中国军阀割据和混战时一个初夏的上午、抗战胜利后国民党特务和美国兵在北京横行时的一个秋天的清晨。老舍以此种艺术设置和营构镜像式地勾勒出旧时代三个阶段的历史面貌以及在此历史语境中社会上“小人物”的众生相。

在这样的一种镜像中，老舍艺术而又同时是历史地选择了一个公共空间——茶馆。馆，有多种含义，其中之一是说它是公共场所。在此，我们可以称之为公共空间。茶馆是旧社会三教九流出没的活动中心，这是一个公共舞台，它集中地上演着每个人的人生话剧。老舍首先告诉我们，这种茶馆是一个历史中的公共空间：这种大茶馆现在已经不见了。在几十年前，每城都起码有一处。然而，老舍更以他生花而又沉厚的艺术笔触向我们展现出一个畸裂的公共空间。法国思想家让-皮埃尔·韦尔南认为在希腊思想史上，城邦的出现是一个具有决定性的事件。古希腊城邦是一个公共空间。这种公共空间的诞生不仅带来了古希腊一系列经济和政治的变化，也意味着思维方式的变化，意味着打开了一片完全不同的思想视野，建立了一个以公众集会广场为中心的、新的社会空间。每个社会人到广场中心被视为是等距离的，由此而提供了一种每个人

---

① 陈徒手：《老舍：花开花落有几回》，《读书》，1999 年第 2 期，第 9 页。

② [美]M. H. 艾布拉姆斯：《镜与灯——浪漫主义文论及批评传统》，郦雅牛等译，北京大学出版社，1989 年，第 41 页。

都可以成为中心的可能[1]。相形之下，老舍笔下的镜像中的公共空间很显然地与之迥然相异。正因为这种差异，我们把其基本特征概述为畸裂性。人们公认《茶馆》中第一幕是写得最好的，下面我们即以此分析。

在第一幕中，公共空间表现出二重存在状态，即作为背景的公共空间和作为前景的公共空间。在背景的公共空间即茶馆后院正在解决一起据说是为了争一只家鸽却惹起非用武力解决不可的纠纷，主要调停人是患有严重砂眼疾的流氓头子黄胖子。人们无视黄胖子的社会身份和生理缺陷尊他为纠纷的调解人，而且正如他所预言的，“有我黄胖子在，谁也打不起来”，纠纷戏剧般地在背景的公共空间中顺利解决了。这不能不让你感叹老舍先生的艺术手笔和文本呈露的艺术张力，这样的背景的公共空间“温存”地化解了一场剑已出鞘的搏斗，而其中起着根本作用的正是畸裂的社会秩序和权力的泛滥。茶馆后院仿如一个黑箱，其中间接而又集中地演出着让外人觉察不出来的荒诞和丑恶。但是，文本淋漓尽致地表现出“畸裂性”特征的还是在对作为前景的公共空间的描述之中。我们选两个角度择要论述：首先，茶馆的各处都贴着“莫谈国事”的纸条（老舍在第二、三幕的前白中还说：“‘莫谈国事’的纸条可是保存了下来，而且字写得更大”；“假若有什么突出惹眼的东西，那就是‘莫谈国事’的纸条更多，字也更大了”），这是一个受政治等因素的挤压、人性裂变的公共空间。它向我们透露出一种特定的社会历史情境。因此，茶馆掌柜王利发在同裕泰主顾常四爷的交谈中告诫他“说话请留点神！”就是顺理成章的事情了。甚至连跑堂李三也学会了一个处世原则：“咱们还是少说话好。”在这样一个窒息的公共空间里像常四爷这样正直的人自然是没有什么好的结局的，尽管他还是个旗人（在此我们可以感知老舍先生为常四爷设置身份的意味）。于是，当他对松二爷感叹说“大清国要完”之后就被两个灰衣人带走蹲了一年多的监狱。其次，老舍写出了在茶馆这一公共空间中畸裂的人。王利发说：“我按着我父亲遗留下的老办法，多说好话，多请安，讨人人的喜欢，就不会出大岔子！”从中，我们会悲怆地感受到人的畸裂竟然至少还是一种传统的遗留。其实，不仅仅只是王利发，在说媒拉纤、手狠意毒的刘麻子的言说（“洋东西可是真漂亮呢！我要是穿一身土布，像个乡下脑壳，谁还理我呀！”）中我们何尝又没有认识到

① 参见法国思想家让-皮埃尔·韦尔南的著作《希腊思想的起源》，该著中译本由秦海鹰翻译，生活·读书·新知三联书店 1996 年出版。

人的畸裂是历史地造成的呢？！人是社会的主体，然而剧中 82 岁的老人却以他的人世沧桑经历哀叹“这年月呀，人还不如一只鸽子呢！”老舍就是这样以他的聪颖而又冷峻的认知，以茶馆中各色人等的命运的窘迫渲染出公共空间的悲剧色彩。总括起来可以说，老舍正是主要通过以上这种特定社会历史情境以及情境中人的基本状态的艺术设置“丰富”着茶馆这一镜像中的公共空间的畸裂性。

三、痛与历史限度

对于痛的体验，首先可以说是一种个人的心理与精神经历。然而，人们的痛楚又是与历史紧密相关的。这尤其表现在现实主义的艺术创作之中。现实主义关注历史，特别是关注历史中的人。老舍的《茶馆》以现实主义的宏伟叙事将在 50 年的历史变迁和广阔的社会图景中的人物分为三类：一类是主要人物王利发、常四爷、秦仲义等，他们“自壮到老，贯穿全剧”；一类是各色各样的社会渣滓——传教士、太监、特务、打手、官兵警察、人贩子、星相家等；再一类是如马五爷、明师傅、于厚斋、邹福远等这样的“招之即来，挥之即去”的无关紧要的人物。然而，这些人物大体上又都具有一个共同的特点，那就是在他们身上，在他们这样的形象中，老舍先生用艺术的笔法写出了他们现实性的痛。像刘麻子、宋恩子、吴祥子、二德子、唐铁嘴及其他们的后代这样的人物，剧作家通过他们各自的言语和行动，写出了他们在几十年的中国近代社会变迁中的无醒的痛、麻木的痛。而文本着墨最多、叙痛最深的自然当属第一类主要人物。王利发，这个裕泰茶馆的掌柜，因袭着父辈的传统遗产，在具体的历史情境中不断“改良”，委曲求全；然而，茶馆还是被国民党特务给霸占了。秦仲义是一个民族资产阶级的形象，他主张实业救国，但是“他那点事业，哼，外国人伸出一个小指头，就把他推倒在地，再也起不来！”他的努力被现实的挤压、历史的限制所击碎。常四爷是个旗人，曾一度沦落为一个靠卖菜为生的普通老百姓，祈愿通过个人奋斗“只盼国家像个样儿，不受外国人欺骗”，然而，正如李健吾所说的，他背得太重了，也始终没有走出来。1957 年，在一次《茶馆》座谈会上，焦菊隐认为，老舍先生笔下的这三个人物用他们的方式去对待当时的社会，是值得同情的；但在今天看来，又是可笑的。其实，这岂止是同情和可笑！老舍先生更在他们身上倾注了一种历史的痛、一种集体反思的痛。在第三幕结束前，王、秦、常三人自悼自吊，诉说各自一生的奋斗足迹，他们的痛楚完全溢出了个人经历的范围，而被文本艺术地诉诸一种广泛的历史意义。是的，老舍书写的葬歌不仅仅为旧时代而唱，也同时为他们而唱。然而，这种“唱”又内在地包含着对他们各自道路的否定。老舍先生在力图告诉我们，他们的痛，乃至整个旧时代人们的痛楚都是历史地造成的，是特定历史情境局限性的必然结果。

读《茶馆》，我们无法不想起它在 20 世纪五六十年代的命运和剧作家老舍先生本人的痛。在当年老舍受政治批判，就《茶馆》而言，大致表现在该剧作于主题和艺术求新这两个方面“暴露”出来的所谓问题。老舍先生不是一个在解放区成长起来的作家，他自述不十分懂政治，他写《茶馆》，以小人物在生活上的变迁来反映社会的变迁，侧面地透露出一些政治消息。可以说，《茶馆》对中国近代历史做出了一个形象的总结。但是，在那个年代里，一些批评者指责老舍“没有揭示出惊天动地的时代巨浪”和“人民革命斗争的全貌”，“没有明确指出人民的必然胜利与远大的理想”。甚而更有人说，《茶馆》这首埋葬旧时代的葬歌由于老舍“悼念的心情太重”而成了一曲“历史的挽歌”。老舍先生说他的写法多少有点新的尝试，没完全叫老套子捆住；然而，还是有人批评说：《茶馆》“每科每场都是珍珠，不是波浪。本身都很好，但不能向前推动”，称这对于戏剧不能不是“致命的遗憾”①。在历史的今天，我们无须为老舍先生的艺术立意和创新做出多少的辩解；因为，这是没有必要的。历史留住了《茶馆》，这已经向我们昭示了历史的公正立场和《茶馆》自身的艺术生命力及其巨大的历史意义。在此，我们把当年对于《茶馆》的若干批评片段摘录下来，无非是要说明：当年的无端指责，是历史地造成的。这一历史对艺术的亵渎，又是一种历史的痛楚。而它的更大悲剧在于，在一定程度上，它促成了老舍先生生命的提前终结。老舍先生以其艺术家的清醒意识、人文知识分子的社会关怀精神、现实主义的创作态度艺术地向我们展示了一种历史的痛楚。然而，他的作品乃至他自己也成了这历史之痛的一部分。这大概是老舍本人也始料未及的。但历史就这样真实地发生了。这不能不让我们至少在学理层面上严肃地关注由于历史的限度而造成的历史之痛。

---

① 这些历史材料参见吴怀斌、曾广灿编写的《老舍研究资料》（下册），该书由北京十月文艺出版社于 1985 年出版。

四、镜痛之谕

谕，在此有两种解释：其一为比喻，如班固《汉书·贾谊传》载文："谊追伤之，因以自谕"；其二取其知道、理解之意。

老舍笔下的"茶馆"是一个公共空间，一个镜像中的畸裂的公共空间。剧作家的这种艺术设置和营构用隐喻象征的方式以一个小窗口、小空间反映出 50 年来的带有明显的历史趋向的社会变迁，"一个大茶馆就是一个小社会"[①]。因之，老舍先生的埋葬三个时代的写作目的和艺术意图也就达到了。老舍对于剧中人物身上所表现出来的历史之痛的艺术处理，形象地揭示出中国近代历史的悲剧性特征。然而，同时他又是把无价值的东西撕破给人看，写了一出涂着悲剧色彩的喜剧。鲁迅先生在小说《药》中写了一个小茶馆，在反映中国近代历史问题的艺术作品中，老舍和鲁迅同样选择茶馆这一公共空间，恐怕不仅仅只是一种历史的偶然。

对于镜痛的理解，在此，我们希冀游离于文本，更主要是谈及和关注如何理解承受历史之痛的老舍——他艺术地叙写历史之痛也是一种承受——以及读懂老舍先生生命进程的问题。在历史的今天，我们的这种理解和努力至少代表对业已成为过去的人类悲剧的反思、对知识分子群体人格尊严的尊重及其社会力量的认可。人们需要空间。我们用手握着眼泪感思老舍先生生前的牢骚和说话的凄凉，但愿老舍式的悲剧不再发生，但愿在这个世界上的善良的人们拥有更为宏大的公共空间而少一些历史之痛。

第五节 《野草》的形象主体及其文学思想特征问题

在某种意义上说，文学创作是创作主体在一定的现实基础之上形成的文化情绪的物化过程。不可否认，这种情绪往往是创造者文学思想的形成性因素。通过对创造主体文化情绪的揭示，我们能够把握其作品形象主体的基本取向。由之，我们进而可以审视具体文学作品存在方式的基础并对其整体内涵做出合理的评判。本节的切入点即在于对《野草》形象主体的取向做一番分析，而最终导向的是对《野草》整体文学思想内涵的把握。如果把《野

① 见老舍的《答复有关〈茶馆〉的几个问题》一文，该文载《剧本》1958 年 5 月号。

草》作为一种历史的相对整体，那就可以看到其中的若干篇什构成一个个显明的文学事实。我们知道：任何事实都是有意义的，任何事实又都有可能是肤浅的，但某些事实却能为人们思考历史的相对整体乃至整体历史提供一种依据，由此人们能够获得一种出乎意料的洞察力，可以从中找出事实的因果、秩序与规律等。基于这种认识，本节祈望通过对《野草》中一些深具意义的事实的探究，力图接近特定历史的相对整体并在此基础上论及这一特定历史相对整体的文学思想的现代特征。

一、《野草》的形象主体及其与作者自我之间的关系

关于《野草》的创作，鲁迅在 1932 年底回忆说："……后来《新青年》的团体解散了，有的高升，有的退隐，有的前进，我又经验了一回同一战阵中的伙伴还是会这么变化，并且落得一个'作家'的头衔，依然在沙漠中走来走去，不过已经逃不出在散漫的刊物上做文字，叫作随便谈谈。有了小感触，就写些短文，夸大点说，就是散文诗，以后印成一本，谓之《野草》。"①同这一回忆口吻的相对轻松语调形成鲜明对比，鲁迅在作于 1927 年 4 月的《野草·题辞》的开篇即给我们一种沉重感，甚至是一种压迫感："当我沉默着的时候，我觉得充实；我将开口，同时感到空虚。"②鲁迅这种"淡淡的哀愁"心绪直接来源于在"寂静"中无法摆脱"无量悲哀"的焦灼以及在此基础上面对严酷的现实该"怎么写"还缺乏选择的无力感，"这时，我曾经想要写，但是不能写，无从写"③。总的来说，这些"难于直说，所以有时措辞就很含糊"的"小感想""大半是废弛的地狱边沿的惨白色小花，当然不会美丽"④。结合鲁迅这一时期复杂的思想情绪，探讨这些不算美丽的"小花"的形象主体的思想取向是一件颇具兴味的事情。通过以文本细读的方式对《野草》的形象主体做一番透视，我们发现，《野草》中的形象主体与作者自我之间大致形成了两种基本关系。

在形象主体与现实自我的关系中，对形象主体面貌的揭示指向作者本人

① 鲁迅：《鲁迅全集》（第 4 卷），人民文学出版社，1981 年，第 456 页。
② 鲁迅：《鲁迅全集》（第 2 卷），人民文学出版社，1981 年，第 159 页。
③ 鲁迅：《鲁迅全集》（第 4 卷），人民文学出版社，1981 年，第 18-19 页。
④ 鲁迅：《鲁迅全集》（第 4 卷），人民文学出版社，1981 年，第 356 页。

现实思想、现实生存境况等的直接书写；它是真实的，包括心灵的真实。《影的告别》中“影”所说的那些话是现实自我内在世界的矛盾和冲突的体现，是作者自我现实思想的流露。该文的主旨在于三个“我不愿去”和文章的最后一段话：“我独自远行，不但没有你，并且再没有别的影在黑暗里。只有我被黑暗沉没，那世界全属于我自己。”这里，“影”的形象是以自喻的手法创造的现实自我。“影”彷徨于黄昏与黎明之间，它承受着黑暗与空虚。“我”也正是处于这样的黑暗和空虚之中。1925 年 3 月 18 日鲁迅在写给许广平的信中说：“……我的作品，太黑暗了，因为我常觉得惟‘黑暗与虚无’乃是‘实有’，却偏要向这些作绝望的抗战，所以很多着偏激的声音。其实这或者是年龄和经历的关系，也许未必一定的正确的，因为我终于不能证实：惟黑暗与虚无乃是实有。”[①]与鲁迅这一时期的立场选择相对应，“影”以留在黑暗里这样特殊的方式与别的人和影进行告别，那是希望他们能到光明之中去。《墓碣文》通过一个梦境，描写了墓中人内心的灰暗和虚无，以及其期望认识和摆脱这种心理而不能的焦灼和痛楚。这种心理展现具有广泛的现实意义。在丝毫见不到亮色的黑暗现实里挣扎是知识分子的不幸。正因为这种不幸，作者深切感受到世界的灰暗和理想的幻灭，无疑地，这是一种悲观情调，但它却是真实的。鲁迅又是清醒的，文中最后以“我疾走，不敢反顾”来表示对此思想情绪的否定，鲁迅的现实自我战胜了自己思想的灰色，这在一定意义上昭示了作者当时深刻的思想苦闷和严格进行自我解剖的精神[②]。关于《腊叶》，许广平在《因校对〈三十年集〉而引起的话旧》一文里说：“在《野草》中的那篇《腊叶》，那假设被摘下来夹在《雁门集》里的斑驳的枫叶，就是自况的。”[③]腊叶是“病”叶，这正是鲁迅现实境况的隐喻和象征。《秋夜》中的“枣树”，“他们简直落尽了叶子”，“最直最长的几枝，却已默默地铁似的直刺着奇怪而高的天空”，一无所有的树干仍然如此并“一意要制他的死命，不管他各式各样地闪着许多蛊惑的眼睛”。鲁迅在此以“枣树”作为现实自我的影像，以其与“天空”的对抗表现出自我与社会现实的矛盾和冲突。《死后》中作者进行了奇特的构思：形象主体是一个“死人”。他死在道路上，以死人的感觉和听觉来活动着。

① 鲁迅：《鲁迅全集》（第 11 卷），人民文学出版社，1981 年，第 20-21 页。

② 鲁迅：《鲁迅全集》（第 2 卷），人民文学出版社，1981 年，第 203 页。

③ 鲁迅：《鲁迅全集》（第 2 卷），人民文学出版社，1981 年，第 220 页。

他深刻体悟到“万不料人的思想，是死掉之后也还会变化的”。文章全篇表现的是作者对旧社会和仇敌的憎恨情绪，也是他现实境况的一种间接书写。这种现实境况的酷烈以及由之引发的自我思想上的对抗在《复仇（二）》中体现得更为明显。耶稣被“钉杀”在十字架上，“我”在遍地的黑暗中同样有着被“钉杀”的危险；因为，“四面都是敌意，可悲悯的，可咒诅的”。对于那些“钉杀”了“人之子”的人们，“我”“较永久地悲悯他们的前途，然而仇恨他们的现在”。

在形象主体与理想自我的关系中，形象主体关涉作者自我形象的理想化展现问题。形象主体立足于反抗现实，但更充满着对于美好未来的祈求和希望。在他的身上，作者的理想得到集中呈示。由此，我们也就更可洞察形象主体取向的思想光芒。《过客》是鲁迅表现现实自我和理想自我双重形象或者说从现实自我走向理想自我的光辉篇章。主人公是一个无根、苦闷、彷徨、盲目而又不失执着的“过客”。他不仅仅是一个坟地的过客，而更具有形而上意味的在于他是一个生命的过客。鲁迅在此形象地阐释了他的人生哲学，他的“韧”的战斗精神。“我不知道我本来叫什么”“我不知道（从哪里来）”“我不知道（到哪里去）。从我还能记得的时候起，我就在这么走。”过客追求生命的意义，但人生没有一个明朗的目的。他没有去践行老翁同现实妥协式的哲学，他为国人而悲哀，“不……我不愿意看见他们心底的眼泪，不要他们为我的悲哀”，他为悲哀自己者而悲哀，这是一个孤独者的悲哀。他充满理想，他“立志在反抗，指归在动作”[①]。他为“声音”所驱使，为自我个性而行动，他反抗绝望，他西去，“夜色跟在他后面”。我们不必惊讶鲁迅对于“过客”的浪漫诗意创造。因为，鲁迅对“过客”形象寄托着从其内心萌生并一发而不可遏止的同现实勇敢抗争的深切期望。《死火》表明了鲁迅的以自己的牺牲而换取他人的“合理的做人”的理想人生观。“因为惊异于青年之消沉”[②]，鲁迅作《希望》。战胜了虚妄的绝望，也就赢得了希望，我“用这希望的盾，抗拒那空虚中暗夜的袭来”。《失掉的好地狱》中形象主体要争得“做人”的权利。“是的，你是人！”这是鲁迅对理想自我的充分肯定乃至对国民的沉重期待。《这样的战士》“有感于文

① 鲁迅：《鲁迅全集》（第1卷），人民文学出版社，1981年，第66页。
② 鲁迅：《鲁迅全集》（第4卷），人民文学出版社，1981年，第356页。

人学士们帮助军阀而作”[①]。文人学士们可以成为御用的奴才，也可以成为坚强的战士。鲁迅就是“这样的战士”。他是现实的，更是理想的。他举起了投枪，击中现代文明遮蔽下的黑暗可憎的社会和可憎的人。《雪》的总体上温暖的笔调在《野草》中是少有的，“在无边的旷野上，在凛冽的天宇下，闪闪地旋转升腾着的是雨的精魂……”，“是的，那是孤独的雪，是死掉的雨，是雨的精魂”。在这里，雪被赋予了鲜明的人格色彩，是理想化自我的形象体现。《淡淡的血痕中》营构了一个怯弱的造物主，但这不是形象主体所希冀的。这样的造物主“专为他的同类——人类中的怯弱者——设想”。现实是“几片废墟和几个荒坟散在地上，映以淡淡的血痕，人们都在其间咀嚼着人我的渺茫的悲苦”“各各自称为‘天之戮民’，以作咀嚼着人我的渺茫的悲苦的辩解，而且悚息着静待新的悲苦的到来”。作者憎恶这些“造物主的良民”，渴望“叛逆的猛士出于人间”。这样的猛士是作者理想自我的展现，“他屹立着，洞见一切……记得一切……压视一切……深知一切……”，“他看透了造化的把戏；他将要起来使人类苏生，或者使人类灭尽”，这样，天地将在他的眼中“变色”。这是一个真的猛士、一个现实社会的勇敢叛逆者和改造者，他是理想自我的聚焦点。

以上形象主体与作者自我两种关系的揭示建立在一个基点上，即形象主体与作者自我构成对应关系。笔者当然知道文学人与历史人、作者与作品中的人物之间的区别，但是，通过理性的分辨，通过上文对鲁迅创作《野草》时的总体思想情绪和对作品中形象主体的探析，我们能够认识到，《野草》形象主体的思想取向与当时鲁迅的思想之间存在着深刻关联。我们还要说明的是，这两种形象主体取向的划分是为了行文论述的方便。事实上，它们是互为依托且相互渗透并对立地统一于一体的，由此而构成一个完整的形象主体。这一形象主体的生命力是通过作者在作品中对社会吞噬生命的罪恶的无情批判、对被无边的黑暗现实所挤压而身陷绝望境地的猛士的不懈抗争的激赏、对自我乃至整个国民的理想主义从而也是一种人道主义的期待中综合体现出来的。实际上，这一形象主体的生命力正是鲁迅的人格特征以及《野草》文学思想取向的最具本质的说明。从一个个文学事实出发、从形象主体出发，探究体现于《野草》中的鲁迅文学思想的现代特征就是下文要进行论述的。

---

① 鲁迅：《鲁迅全集》（第4卷），人民文学出版社，1981年，第356页。

二、《野草》中鲁迅文学思想的现代特征

本节之所以首先选择《野草》的形象主体这一向度来进行论述，目的之一是出于从作品到作者的研究视角的需要，同时也是为了引出“文学与人”这一命题。这样，我们就可以进而审视《野草》存在方式的基础并对《野草》的总体文学蕴含做出基本评判。文学与人的命题的直接论述在中国传统文论中很少见到，1918 年，周作人在《人的文学》中不无偏激地说，在中国，“人的问题，从来未经解决”[①]。由此，他倡导“人的文学”的观点。茅盾在《文学与人生》一文中更是直接宣传“文学是人生的反映”这一来源于西方的文学观念[②]。把人作为文学的本原或者说从人出发对文学进行本体论思考[③]成为新文学同人共同的现代思想选择。鲁迅也不例外。从鲁迅一生思想转换的过程及其文学创作中，我们可以辨析出一个萦绕他一生并使他付诸实践一生的基本观念，即以写人和立人为目的与功能的文学观。早年他就认识到：“是故将生存两间，角逐列国事务，其首在立人，人立而后凡事举。”[④]在《论睁了眼看》一文中，鲁迅说：“文艺是国民精神所发的火光，同时也是引导国民精神的前途的灯火。……中国人向来因为不敢正视人生，只好瞒和骗，由此也生出瞒和骗的文艺来，由这文艺，更令中国人更深地陷入瞒和骗的大泽中，甚而至于已经自己不觉得。世界日日改变，我们的作家取下假面，真诚地，深入地，大胆地看取人生并且写出他的血和肉来的时候早到了；早就应该有一片崭新的文场，早就应该有几个凶猛的闯将！……没有冲破一切传统思想和手法的闯将，中国是不会有真的新文艺的。”[⑤]在这样的文学观念下创作，他的作品在 20 世纪的中国也就获得了一种范式意义和价值。在鲁迅创作《野草》期间，“为人生而艺术”的文艺观念在中国文学界正产生着深远的影响。这种文学观念显然受到西方现实主义文学传统尤其是 19 世纪俄国批判现实主义文学传统的形成性影响。不可否认的是，这一文学观还

① 赵家璧主编、胡适编选：《中国新文学大系·建设理论集》，上海良友图书印刷公司，1935 年，第 194 页。

② 赵家璧主编、郑振铎编选：《中国新文学大系·文学论争集》，上海良友图书印刷公司，1935 年，第 150 页。

③ 许祖华：《五四文学思想论》，华中师范大学出版社，2002 年，第 93-96 页。

④ 鲁迅：《鲁迅全集》（第 1 卷），人民文学出版社，1981 年，第 57 页。

⑤ 鲁迅：《鲁迅全集》（第 1 卷），人民文学出版社，1981 年，第 240-241 页。

是中国文学传统的“文以载道”观念的现代延续，但其“道”、其意识形态内核已完全改观；也就是说，它被新文学同人进行了文化意识形态上的现代性“过滤”，使之已经脱离传统而走向了现代，并成为 20 世纪上半叶中国文学精神的主流形态。鲁迅的文学创作显明地引发并代表着这一潮流，《野草》即应作如是观。这一脱离传统的现代转换，即从传统“载道”到写人与立人的文学观念和实践构成了鲁迅文学存在方式的基础；而且，这种转换又正代表着鲁迅总体文学创作体现出来的无可替代的现代特征。

《野草》中的一个个文学事实相对于整体上的《野草》文本来说是一个个“特殊”，通过对这一个个“特殊”的探讨，我们可以接近《野草》的相对整体本身。戈德曼指出，如果说自然科学研究的基本方法是把一个事物分解成大大小小的碎片来加以探究，那么人文科学的研究方法则是认识特殊与整体之间的互动关系①。本节正是依照《野草》中的一个个文学事实与《野草》文本这一相对整体二者间的互动关系来加以探究的。通过前面对鲁迅文学的存在方式及其总体思想特征的分析，并且结合第一部分的文本阐释，我们可以说，《野草》的创作在很大程度上反映了鲁迅的总体文学选择倾向，它的出现适应了现代历史的必然要求。在这个意义上，它的显明的现代特征就无可置疑地展现出来了。鲁迅在书写题材的选择上不同于本雅明；本雅明以历史写现实，鲁迅在主导倾向上则以现实写现实。在他的笔下，即使是写封建文化意识形态凝固而现代科学与民主无从“入侵”的中国农村，所反映的依然是一种深刻的现实主义态度。二人在基本出发点上相异，但他们在历史观上却又颇为一致。有学者认为本雅明的思想基调是对一种丧失了的经验能力的怀念；也就是说，本雅明的思想可以归结为一种“怀旧感”，一种在寓言形式下隐含的乌托邦理念。其实，这不仅是一种怀旧感，甚至说它根本就不是一种怀旧感。历史与人是本雅明的研究主题，他对其进行“残酷的思考”②。在本雅明的历史观中，他把过去、现在、未来理解成相互关联的环节，现在对于过去负有责任，因而对于过去的阐释就成为现在的必然。现在不是作为一种非常时刻和存亡之际的状态，而是作为历史过程一般运动中的一段情节，在这里，它的未来拯救的想象必须得到实现。鲁迅的历史观又何

① 罗钢：《历史汇流中的抉择——中国现代文艺思想家与西方文学理论》，中国社会科学出版社，1993 年，第 197-198 页。

② [德]本雅明：《发达资本主义时代的抒情诗人》，张旭东、魏文生译，生活·读书·新知三联书店，1989 年，第 16 页。

尝不是如此呢？在上文我们肯定《野草》对社会现实的批判、对猛士在绝望中进行抗争的激赏、对自我乃至整体国民的理想主义从而也是一种人道主义的期待正是出于如上的一些思考和认识。

以上所论是《野草》乃至鲁迅总体文学的根本性价值的体现。此外，《野草》文本的整体文学思想的现代特征还有三个方面是需要我们加以认识的：第一，《野草》对形象主体的塑造体现出了鲜明的现代思想取向。这不仅表现为形象主体对于社会现实的富于现代意味的体认、批判和反抗，同时还表现为形象主体对于要作为一个“人”而存在的理性而又悲壮的现代追求。而其中更为根本的还在于《野草》对于形象主体的主体性的确认和弘扬。因为，形象主体的积极批判、抗争和追求都只有建立于其面对现实能够进行能动性选择即其主体性“出场”的基础之上才能得以实现。我们知道，主体意识是关涉作为现代社会生活中价值观念层面的现代性概念的主导性价值之一。主体性是现代性哲学的基石①。主体性和理性是现代性观念的核心②。第二，鲁迅的《野草》和其他新文学同人的文学创作一道开创了中国新文学乃至整个 20 世纪中国文学美学的现代局面。美国著名文艺理论家艾布拉姆斯在《镜与灯》一书中认为，构成文学活动的基本因素共有四项，即世界、作家、作品和读者。他指出，文艺理论史上各种文学理论都是围绕着这四项因素及其相互关系来展开论述的，并且最终依据这四项因素中的某一因素作为中心点或美学基点来建构起自己的理论体系，形形色色的对文学活动的阐释以及文学创作本身都是依据特定的美学基点或中心点来进行的③。这样的对于文学观念的揭示尽管有它一定的局限性，但仍然为我们分析文学问题提供了参照点。依此，我们可以看出《野草》的创作在主导倾向上采纳了作家与世界这两种美学基点或中心点来进行，而且，它们在文本中还得以有机地统一起来。由是，浪漫主义与现实主义相结合的方式自然地成为《野草》文学创造的主导方式。这一创作方式使得文学作品在批判社会现实的同时也对未来社会以及人的美好前景充满了期待，显然，它是契合当时中国的需要的。这样的文学书写在当时其他的文学家的创作中也在一定程度上存在着。鲁迅与新文学同人以此对中国新文学美学现代局面的开创是他们对中国文学传统的

① 沈语冰：《透支的想象——现代性哲学引论》，学林出版社，2003 年，第 60-68 页。

② 陈嘉明等：《现代性与后现代性》，人民出版社，2001 年，第 3-5 页。

③ M. H. Abrams, *The Mirror and the Lamp: Romantic Theory and the Critical Tradition*, Oxford University Press, 1953, pp. 6-29.

扬弃、对西方文学及其观念的批判接受并结合现实中国文学的需要加以综合考虑、择取和创造来完成的。其现代意义在 20 世纪中国文学史上尤为突出，其中涵盖了众多的现代美学质素。第三，对现实的批判、对文化意识形态持现代性的取舍态度、对主体自我乃至整体国民的理想主义从而也是一种人道主义期待的文学观念和文学精神在《野草》之后的 20 世纪中国文学中的延伸。也就是说，《野草》在一定程度上铸造了 20 世纪中国文学的现代品格。从逻辑层面上说，这正是属于人学形态和具有意识形态特性的文学本身发展的内在要求和必然。社会存在决定社会意识。所谓文化与文学自身的逻辑发展，最终决定于社会生活的需要。因此，文学发展的逻辑要求统一于文学的历史进程之中。在历史维度上，我们可以明显地觉察到新时期中国文学鲁迅精神的“轮回”。鲁迅文学精神成为 20 世纪中国的一个世纪性的文化焦点是一个显明的文学事实，从这一视点上说，鲁迅文学在 20 世纪的中国特别具有阐释意义。在现代化进程里，我们还没有完全走过鲁迅。我们不得不承认，在一定的意义上我们的文学观念还在鲁迅的思想之中。我们需要它并力图超越它，但这并不是一种矛盾，尽管它内在地包含着一个痛苦的过程。也许，这正是 21 世纪中国文学现代性选择的必然。

第二章　近年中篇小说评价四题

2012年起，有选择地组织、引导、规范学生创造性地开展年度中篇小说评价是笔者的一项常态性工作。无可置疑，它有利于敦促学生面对当前纷繁复杂的文学现象积极建构其核心文学观念，包括主导性文学价值观与文学批评价值观的明确而有效的确立；还直接表现为对学生的文学批评创新能力的有目的的培育。先期阅读、篇目选择、组织课堂讨论、拟写论证设计文稿、基本观点确立、初稿撰写任务落实、文稿修改审定等构成了笔者开展这一工作的基本环节。由是，学生的学术视野得以拓展，其学术立场与学术价值观也趋于明确。从特定意义上说，本章罗列的几篇文章就是这一常态性工作的局部成果的展示。

第一节　当代小说家的生命写作①

文学的指向是多维度的，而生命是其中的一个重要方面。在当下的一般世界状况和文学的特定情境中，期望形成关于文学本质问题的广泛共识似乎是相对困难的，但文学作为人学这一具有无须争辩的合理性的观念却也早就为学界所认可和接纳。在笔者看来，文学作为人学，其最为根本的意义指称的就是文学是社会现实中从事实际生活活动的人的“精神分析”学，文学是关乎现实世界中鲜活的社会个体的生命形态的书写，而作家尤其是小说家也是在从事着生命写作。

---

① 在本书的最终成稿过程中，笔者的学生孙溧、曾诚、吴易骅、余嫒嫒等贡献了各自的智慧和劳动。基于本章起始部分的说明，为简洁、明朗表达，本章以下相关内容只标注初稿撰写者。

一、文学作为生命评价的形式

河南知名作家邵丽 2011 年底发表的中篇小说《刘万福案件》备受文坛和学界关注。作品中的“我”是一个容易被故事“诱惑”的美女作家，而读者也越来越被“我”笔下的故事“诱惑”，“我写的故事越来越被市场所认可”[①]。由此，“我”也欣然自得地体验和享受着由他人、市场的肯定而带给“我”的“幸福”。然而，“我”的这种写作态度、立场和价值观却遭到了老师的严厉批评。老师正告“我”，小说是在讲故事，但故事不一定就是小说，一个小说家不能也不应只是关注和书写那种由低级的故事所营构的盗版的生活。老师的批评，让“我”必须正视“何为小说”这一基本的文学问题，显然，它也是一个小说家无可回避且必须坦然面对的理论命题。由此，“我”开始重新思考文学与生活之间的关系、作家与生活之间的关系。“我”认识到，作家应该走在时代的前面，“我”至少要生活在当下的这个时代之中，带着时代的问题去思考、去探索，这样，“我”才不至于被盗版的生活、被盗版生活中的故事所束缚、所左右、所规训。于是，“我”听从了老师的建议，去体验生活，去找生活。就这样，“我”来到鄂豫皖交界处的一个县挂职当副县长，并在这里“找到”了很多故事，包括在当代中国 30 年间“三死三生”的农民刘万福的故事。

刘万福是一个丰满的人物，也是一个很有生活故事的悲剧人物。他的身上充溢着一种顽强的生命力量，却也经常性地在现实生活面前遭遇不幸。在实地深入调查、探究刘万福故事的过程中，很快，“我”就被故事“俘虏”了、“绑架”了，“我”深刻体会到了和他的悲哀同样的悲哀。也正是在这种深刻的“体会”、“同情”（理解之同情）、思考与强烈的写作意念的激荡中，“我”明白了什么是小说、什么是真正的小说。“真正的小说”是在“看清楚它的人物，琢磨透它的细节”的基础上，对人的生命进行评价。这是“我”的老师说的，也是“我”力图“在刘万福的故事里寻找背面的东西”、在“体会了和他的悲哀同样的悲哀”之后的根本性认识。在这里，我们必须明了的是，“我”对于这一文学问题的解答，显然也是作家邵丽对这一问题的回应，而且，在小说中，她更是以自己的文学理念和创作实践鲜明

---

① 邵丽：《刘万福案件》，《人民文学》，2011 年第 12 期，第 4 页。该作品引文具体出处下文不再一一标示。

地回答了这一问题。

邵丽认识到，在当下，新技术的不断涌现，小说家与外部世界联系的日益加深，都深深地影响着小说家的写作。在这样的现实语境中，小说家不能完全从艺术或者技术的角度放任自己，小说家必须有他的责任感和使命感[①]。而这种责任感和使命感的获得与实现在根本的意义上就来自小说家如何看待现实生活，如何处理自己与现实生活之间的关系，如何关注、讲述与评价现实生活中的个体生命这些问题，在深刻思考这些问题之后进行属于自己的创作实践与文学书写。无疑，这样的认识是深刻的，这样的文学价值立场是值得肯定的。在《刘万福案件》中，邵丽，包括“我”，积极探索小说与生活之间的关系，在艺术性构造与处理小说人物、情节的基础上，对刘万福、县委书记周启生、公安局局长杨子龙尤其是刘万福的生命进行讲述与评价，也正是这样，刘万福在“三死三生”的复杂生活经验中突显出来的丰富的生命形态也就被建构、被评价；而且，在此之中邵丽明确传达出了其深刻的认知和洞见，从而通过具体的创作实践塑造着自己的文学生活与现实生活。

《刘万福案件》是多年以来邵丽思想苦恼的一个产物，在她笔下和她的认识中，刘万福的故事具有典型性，它是普遍的，“刘万福的故事不是现在有，它过去就有，将来还会有。在制度文明和法治社会真正建立之前，我们还会遇到千千万万个刘万福”[②]；刘万福现象“不是‘这一个’，它甚至是普遍的、先验的、宿命的，这才是它的悲剧意义之所在”[③]。这是邵丽真正想说的，她自觉地使自己的小说创作关注和评价这样的普遍而又具体的生命，其实，这也是她所坚持的文学伦理。受邵丽在小说中对“政治伦理”一词界定的启发，笔者认为，文学伦理就是作家的良心和脸，也是作家面对社会现实进行言说和书写的尺度与规范，作家关注人的伦理状况并书写其多维度的可能，其中充溢着作家浓郁的现实关怀愿望，它铸就和拓展着文学的道德维度。

在此，需要特别说明和补充的一点是，作家邵丽的以上文学书写，尤其是她在个人的创作实践中表达出来的理论探索，准确地把握住了我们这个时代的某些特质以及我们这个时代的文学创作中存在的一些值得警惕的价值倾

---

① 参见邵丽：《离现实近一点还是远一点》，《文艺报》，2012 年 7 月 25 日，第 5 版。

② 邵丽：《离现实近一点还是远一点》，《文艺报》，2012 年 7 月 25 日，第 5 版。

③ 邵丽：《创作谈：倾斜的姿态》，《北京文学 · 中篇小说月报》，2012 年第 1 期，第 25 页。

向。这让我们更加明了，在我们这个容易被肤浅、扁平的故事“诱惑”“导向”的时代里，一些作家的文学理念和创作实践存在一种严重的匮乏，他们缺乏探索文学、小说的本质特征等这样的问题的理论自觉，缺乏对文学与生活之间关系问题的真正而深入的探讨，更缺乏以小说来书写和评价社会个体鲜活生命的认知、勇气和能力，而更多的是以经验甚至是惯性来写作、来讲故事。我们不能不说，这是一个严重制约当代中国文学发展的重大问题。什么是真正的小说？这不仅是《刘万福案件》中的美女作家“我”提出的和要解答的问题，也是邵丽提出的和要回答的问题，更可以看成是邵丽在有意识地引导读者在当下社会与文学语境中去积极思索和探讨的问题。

二、时代性的生命体验与生命创作

城市化进程是当下中国的一个显豁的社会现实。在当下的城市化进程中，小说家对于世界和人的感受与诸种城市符码交错纠缠，经历着某些别样的生活经验和生命体验，他们需因应此种生活的变化，以时代性的生命体验解构自己的作品，创造出新的文学范式与规律，乃至新的美学况味，这自然也就表现出他们所拥有的鲜明的生命创作的文学姿态。对于这种时代性发展的需要，作家弋舟有着明确而清醒的认识[①]。其发表在2013年第5期《十月》上的中篇小说《而黑夜已至》即是他基于时代的社会与文化境况，以自身的生命体验和明确的文学意图尝试当代城市小说书写的产物，作品中彰显出浓郁的现代城市特质，如城市的鲜明的符号性、人与人之间繁杂关系的虚拟性及城市的强大的复制功能等。这些特质尤为突出地展现在小说中众多城市符码的设置上，这也是作家弋舟塑造“城市小说”的着力点。在这里，我们所讲的城市符码不是特指在具体的某座城市中具有鲜明辨识度、能够成为城市名片的某个建筑、人物或是典故等，而是在整个时代性城市发展坐标轴上具有标志意义的存在，这些存在给人的情感、思维和生活方式带来深刻而持久的影响。小说中的“我”叫刘晓东，是一个受到时代性城市发展深刻影响的政法大学艺术学院艺术史教授，一个抑郁症患者。整篇小说也就是围绕这样的一个时代性的“我”来展开，来呈示“我”以及“我”周边的同处于城市化进程中的更多的人的相对普遍的生命形态。

---

① 参见弋舟：《创作谈：而黎明将近》，《北京文学·中篇小说月报》，2013 年第 10 期，第 32 页。

这种生命写作倾向及其思维进程的确立显然与作为小说家的弋舟的核心文学观念和创作意图存在相当密切的关联。在《而黑夜已至》中，弋舟不但将笔触确立于“洪荒”的城市，揭示出浮华光鲜的城市背后那些矛盾、虚无、荒谬的现实场景，而且在作品中淋漓尽致地呈现出身处现代都市的人的充斥着的多种甚至是混乱色调的复杂的内心世界。他在进行一场有目的的文学试验，要求自己与时代自觉勾连从而展现出繁复的现代城市生活中人的生命状态的沉重、复杂甚至诡异。弋舟认识到，在今天的城市化进程中，小说家、小说都相应地具有一些新的要素，但是，更为重要的是，当小说家以新的要素结构小说文本时，最终又必须、也只能落实和回归到“对于人的描述”这一文学亘古的要义上①。其实，这是文学伟大的精神传统，今天的小说家需要以小说的方式、今天的方式，自觉地呼应这种伟大的精神传统。毫无疑问，《而黑夜已至》就是对这种文学伟大精神传统的积极回应，它叙述并揭示出当下中国城市化进程中的人的生存与发展的困境，尤其是人内心的隐疾——人性的“黑夜”。在弋舟的作品里，在城市化进程中，人是孤独的，在浩荡的时代洪流中感到茫然，灵魂无处安放；人是冷漠的，对这个世界冷眼旁观，以躲避的姿态回应世界，“我”就习惯于坐在靠窗的最后一张桌子旁，在角落窥视外界的人和事；人也是持怀疑态度的，对他人、对这个世界具有一种明确的不信任感。“我”的身上有一种普遍性，是当下社会大多数人的共同表征，“我”的同事、集团老总等曾经或现在都属于那 16%的群体，孤独、冷漠，失去了对他人、对社会最基本的信任和归属。就这样，在现代化、城市化快速发展的过程中，社会个体出现了一些普遍性的精神、心理问题，生命形态被时代所塑造。

我们需要明确地认识到，在城市化进程中，社会发展不可避免地会衍生出诸多问题，这些问题无可置疑地会给人带来痛苦和不安。然而，小说家在清醒地意识到自己的小说写作需要与时代相勾连的同时，还应该以符合文学创作的规律的方式，给予这个时代某些劝慰性的温暖。一句话，文学需要也可以和应该生发出一种向上的力量。对于这一点，弋舟是明确认同的，并在《而黑夜已至》的最后片段做出了实际的创作努力。在这个意义上，正如他所说，小说以“而黑夜已至”为名，毋宁说是在呼召“而黎明将近”。显然，这是一种文学理想。弋舟试图呼吁一种治愈性的、温暖的文学创作倾

① 弋舟：《创作谈：而黎明将近》，《北京文学·中篇小说月报》，2013 年第 10 期，第 32 页。

向，穿透黑夜的层层笼罩，期望构建带有光明属性的文学理想，从而达到他所说的给予这个时代某些劝慰性的温暖。人，终归是这个世界上最为珍贵的，他需要黎明，需要温暖，在城市化进程中亦是如此，甚至这种需要还显得更为迫切和紧要。小说、城市小说需要叙写这种黎明与温暖，当代小说家更要自觉地在自己的小说文本中积极构建这种黎明与温暖。因为，它是生命及其发展的需要，是文学内在质素的基本体现，也是一个当代小说家在时代性生命体验中富有质感和暖性的生命写作姿态的绽放。

三、群体性生命的庸常及其恶

在《耶路撒冷的艾希曼：一份关于平庸的恶的报告》中，汉娜·阿伦特将关于恶的理解引入生活与生存方式的层面。在她看来，签发处死数万名犹太人命令的艾希曼面临审判时空洞的自我辩护与巨大困惑凸显了一种平庸之恶：一方面，艾希曼鞠躬尽瘁于获取自身所在体制认可的价值，另一方面又以激情助成极权体制的恶，尽管暴力夺取了他者的生命，却获得“无罪”的赦免，艾希曼对自身以及所在体制犯下的罪恶浑然不知。阿伦特认为，这种缺乏理性与判断力的对既存体制及其价值的盲从是极权统治下个体的生存状态，它超越了恶对外在世界的影响力，而从根本上侵蚀个体的内在精神，使之逐渐接受、适应、自足甚至坚执于无知与麻木的生存状态。尽管阿伦特所论述的平庸之恶具有其针对性和特殊性，然而，不可否认的是，她也从一个特定的方面揭示出了人类存在的一种普遍性问题，即使在当下的社会文化语境中，我们还是不能无视这种具有普泛意义的平庸之恶问题。其实，这一点在“70 后”先锋小说家曹寇于 2012 年发表的重要作品《塘村概略》[①]中就有所体现，那些被日常生活惯性所裹挟的精神世界成就了隐秘却又颇为壮观的群体性生命庸常之恶。

《塘村概略》是曹寇“塘村”系列小说中的一种，关注的仍然是“塘村”中社会边缘人的精神面貌与生存状态，并以“概略”之名隐喻其整体性和总体性倾向。在这个特定的场所中，人们经历着各自的生活，同时又构成着他者的生活；从构成要素的完整性、独立性和独特性来说，塘村可以被确认为一个公共生态系统，曹寇着意于在看似平静与正常的生态系统中寻找一

① 曹寇的中篇小说《塘村概略》最初刊发于《收获》2012 年第 4 期，随之获得较高评价，并入选北京文学月刊社主办的 2012 年当代中国文学最新作品排行榜及中国小说学会 2012 年度中国小说排行榜。

个基点，并沿着对该基点的深入探讨挖掘出所谓合理性与合法性背后的平庸之恶，即作家在创作谈中讲述的“群体性‘无罪暴力’”[①]。在这个意义上，“塘村”犹如莫言笔下的“高密乡”，并不成为一个实体性的存在，而是作家创作倾向的某种隐喻；如果说“高密乡”是一个古老原始生命力生生不息的生长地，那么“塘村”则是一个生命力以群体性的方式遭遇萎缩的公共生态系统。塘村中的每个人都是这一公共生态系统中的个体，“闯入”并最终殒命的葛珊珊亦如是。

曹寇在小说中所呈现的群体性“无罪暴力”可以从这样的层面来理解：首先，暴力之所以“无罪”，是因为施暴者的群体性；其次，“无罪暴力”并非真正可以逃脱法律的惩罚，恰恰相反，塘村人的群体行为不仅需要被推上罪恶与良知的审判台，还要深思其社会生成机制及该机制下的个体命运。葛珊珊的死不能直接归结到某个塘村人身上，然而人人皆可被指认为凶手，如果没有这样一起殴打致死案件的发生，在塘村中早已习以为常的群体性生命平庸及其衍生的罪恶仍然不足以撼动塘村表面所维系的稳定。事实上，作为一个公共生态系统的个体，每个塘村人的身上亦打上了塘村的烙印，使得他们都以一种惯常的生活方式与价值判断标准来自觉认同塘村人的身份归属。如此来看，尽管葛珊珊的死是偶然的，但在塘村这个已然相对稳定的公共生态系统中出现的个体命运却又具有一定的必然性。

生命庸常以一种群体性的方式表现出来，无疑具有极大的破坏性和毁灭性。塘村人在自以为是的生存方式中构造着自身所在的价值系统，并且对这一系统不加质疑地选择接受。显然，塘村人的群体性庸常所带来的是葛珊珊的死亡这一血腥的直接后果。事实上，在一种惯常的生活方式中存在，并沿袭惯常的价值评判体系也是现实社会中的普遍现象。换言之，人人都可能有自己的“塘村”，人人都可能成为“塘村人”，人人都可能存在庸常这一生命形态。鉴于群体性庸常在人的世界中是这样的一种普遍性存在，笔者认为，或许《塘村概略》最深刻的地方抑或说最为根本的意图就在于揭示当下中国社会现代化进程中这一人的基本境况和生命形态。读者需要感谢小说家曹寇的清醒及其对我们于这个时代正在经历的一切的思索，在这种思索中，他也就有了以文学的方式关注和传达人的生命形态、生命质地的自觉。当

① 曹寇：《创作谈：用一条狗看另一条的眼神》，《北京文学·中篇小说月报》，2013 年第 3 期，第 62 页。

然，他在小说中也许没有说得更多，但我们需要认识到的是，既然人的生命情形是如此顽固地存在着庸常状态，突围也就成为必要，尽管这种突围必然将是一个长期而艰巨的过程。

四、生命个体的可能性的文学书写

当代作家邓一光在当代文坛成绩斐然。他曾经这样写道："小说是我们与这个纷繁密沓的世界对话的一种方式，在这种方式之中，个性化的写作和个性化的阅读使我们在芸芸众生之中有了彼此遥望的可能，有了相对隔离的空间，因为有了这种彼此遥望的可能和相对隔离的空间，人类就有了抵制现实和怀想未来的希望，就显得不那么拥挤，在我们的心灵飞掠起来的时候，就有可能将摩擦变成轰然的撞击。"[①]尤为明确的是，邓一光期望通过小说这种与世界对话的方式寻求人的可能、人类的可能，轰然的撞击是生命的警醒，更是对庸常生命的激活，由是，它就有了一种可以绵延而且倔强的发展可能性。或者说，在邓一光看来，小说为我们与世界的对话提供了可能，小说为人与人之间的遥望提供了可塑的空间，小说为个体生命的未来提供了"梦想照进现实"的祈望，小说为人们提供了生命感动的期盼。小说，是关于文学可能性、生命可能性的一次曲折美丽的探访、一种新颖别致的密码。这是邓一光文学书写的"本心"，他始终相信可能性的存在。发表于2012年第5期《人民文学》上的作品《你可以让百合生长》毫无疑义就是邓一光如上创作意向即书写可能性问题的文学化求解，他在寻求音乐的可能性、教育的可能性、文学的可能性，更是在积极寻求人也就是生命个体的成长与发展的可能性。

《你可以让百合生长》的绝对主角是"我"，一个名叫兰小柯的14岁初中"问题女生"，小说世界就是在"我"的视野与感受中展开的。兰小柯认为自己是一只还没有发育好的孔雀，但她的内心有一种冲撞的力量，渴望被打开，期待人们注意她，为她鼓掌。兰小柯喜欢唱歌，她想做一名站在舞台中央、独自歌唱的歌手。音乐永远不会对寻梦者和追梦者设限。在小说中，音乐是一种类似本能的内在的力量，它让将死者左渐将走近并得到了它。而且，左渐将还因自己对音乐的理解，走进了兰小柯的生命成长世界。

左渐将的教育及音乐教育是一种生命教育，他对音乐的敏锐及其教育

---

① 邓一光：《小说的感动》，《南方文坛》，1997年第2期，第21页。

理念与价值认定的合理性和有效性还体现在兰大宝与百合合唱团“小鸟”们的成长上。当然，我们同样关注的，在一定意义上甚至更为关注的，是左渐将在贯彻与践行对于兰小柯以及合唱团其他成员的音乐教育、生命教育的同时他的自我生长与成就的可能。左渐将对音乐有着极为丰富的感知和极为深刻的理解，他是个音乐的宠儿，他为音乐而生，同时，他也“生产”和创造了音乐。他在音乐的世界里一往无前，在这个世界，他是高大的。然而，他又只是一个渺小的将死者。他以一个音乐殉道者的姿态、一个生活智者的姿态，用生命教育的形式成就了兰小柯等生命的诸多可能，这就是一个将死者的最大可能，他是最具原动力的“百合”，他让自己倔强地生长、绽放！

左渐将以音乐来探索人的价值和意义，期望据此让自己成为更好的人、更高尚的人，倔强地叩问人的可能。这与他的“遇见”者、塑造者邓一光的文学理念和文学立场密切相关。以文学来探求人的可能性，是邓一光一种自觉的文学立场的选择，他有言：“我在现实生活中是无能的，不那么积极。我常有这样的念头，事情开始之前就已经决定下来了，只是我没有参加决定，那个决定我命运的场合里没有我。这是有可能的，比如兰小柯，她就是这样，她的出生和出身是被别人决定的，连成长都是，没有人问她愿不愿意，愿意什么。这方面，她连兰大宝都不如。兰大宝的世界别人进不去，是他一个人的，他却可以进入别人的生活，哪怕是以他人认为的有问题的方式。这样的兰小柯，以及我，如果不靠可能性，根本没法完成。这样，我就知道我该做什么了。”“很多时候，凭借想象，我‘看’到无数的可能性从眼前鱼贯而过，有时候，我会跟上去。我在想象中去过很多地方，见过很多不可能发生的事情，以及生活中并不存在的人，这真是一件很好的事情。”①换句话说，在邓一光的观念中，文学、文学想象需要也可以表现很多“很好的事情”，也就是文学需要也可以表现、孕育、催生生命个体的可能性。而且，由此出发，我们尤为需要认识到的是，与其以往的小说创作一样，在《你可以让百合生长》中，邓一光依然是在以生命进行写作，以他的生命写作拒绝现实，仰望星空，也就是在追问和诉求可能性。你可能不是你，你可能是一切，这就是邓一光放飞心灵之后认为的人类的一种可能性的存在状

① 邓一光：《创作谈：说了做不到，也许就做到了》，《北京文学·中篇小说月报》，2012 年第 6 期，第 32 页。

态，也是他作为一个作家对于个体生活和生命的独特理解和表达。可能性是一个哲学命题，也是一个生命命题，文学理应书写这种可能性，由此，它也就自觉地参与了人的建构这一当代伟大工程，同时，这也显然是文学的力量得以灿然实现的有效方式。

在小说中，兰小柯最终成为左渐将称谓的“最佳击拍者”。在左渐将的持续引导之后，也历经自身诸多的心理冲突及其超越，她从心灵深处接纳了生命与生活，当然，也就真正接纳了音乐，从而，她也就彻底地打开了自己，成就了可能；无可置疑的，这显然也是作家邓一光在兰小柯身上赋予的可能。其实，我们每个人的日常生活中也都存在诸如此类的无数的可能，我们应该像邓一光一样积极地“跟上”它，寻求自身生命发展的可能性，让生命美丽绽放、正常绽放。

五、结语

在我们生活的这个时代，生命表现为一种斑斓、恒常而又充溢着当下性的存在，当代小说家应该形成生命写作的自觉，并基于各自明确的文学立场和身份认同，积极介入和书写这一鲜活的、流动着的文学对象。无疑，这将有利于促进我们积极能动地对人的当下生命形态进行理性的审视与省察，从而彼此温暖生命、体悟生命、发展生命；而且，它对于当下中国文学的健康发展或者说确立良好的文学生态而言也是一种重大而又影响深远的价值选择。生命，是文学的重要面向。我们期待，有更多的当代小说家自觉地选择而又执着地从事生命写作。

第二节　繁复、坚执与温暖①
——论嘉男的中篇小说《鲜花次第开》

作家嘉男的中篇小说《鲜花次第开》原刊于 2012 年第 1 期的《当代》杂志，随即被 2012 年第 2 期的《北京文学·中篇小说月报》、2012 年第 3 期的

① 本节初稿（局部）撰写者为欧阳小婷、余媛媛。

《小说月报》和《作品与争鸣》转载，2012 年 3 月在《盐城晚报》连载。一篇作品在短时间内受到如此关注，自然存有其卓然之处，在笔者看来，最为根本的在于《鲜花次第开》书写和评价了一个当代社会语境下也就是我们“身边的现实”中的成熟的生命、一个成熟女性的“心理活动和精神质地”以及在此基础之上的精神探求，而这也被嘉男称为小说的魅力之所在[①]。

“嘉男最为关注的是女性问题：揭示女性生存和生活的各种困境，探究女性的社会地位与精神出路，在她，是一种使命，更是一种自觉”[②]；其叙述的主导方式是内倾的。《鲜花次第开》是嘉男这一创作意向与创作方式进一步绽放的产物，周素是其笔下的一个如花的女人，她一直喜欢梅艳芳的歌《女人花》。“女人如花，第一个把女人比作鲜花的人，的确是了不起的天才”[③]；然而，女人如花般娇艳，女人也同样如花般脆弱，在五彩缤纷的花语中，属于女人的，必将会有充满悲情氛围的一个篇章。周素同样如此。只不过，她更像是一朵洁白欲滴、高雅芳香的白玉兰。“与同龄人相比，她依然修长的身材，配上白净的脸和优雅的气质，也就是一株移动的玉兰花。”这种花多长在高高的树上，一般树还没有长出绿叶就怒放，花瓣很大，除靠近花蕊处有红色斑点外，其余都是洁白的。周素很喜欢这种花，因为它代表了一种清雅的品性，“高洁玉立”，“幽而芬芳”。白玉兰的花语，更多的是一个中年女人的象征，弥漫着一种殷足的“中年气象”。中年的周素很懂得如何在繁复的生活世界中、在繁复的人生滋味的体验中坚执地进行精神自救，如是，温暖而有韵致的人性也就淋漓尽致地呈现开来。

一、“繁复一段滋味”

“繁复一段滋味”是嘉男《鲜花次第开》“创作谈”的文题。人们的生活世界是繁复的，整个小说文本内锲的一种基调也就是向读者展示生活世界的繁复，包括人性的复杂，而这更集中于体验中的人的生活的繁复滋味。嘉

① 参见嘉男：《身边的现实》，载山东作家网（www.sdzj.org）“作家在线 · 新锐作家”栏目，2012 年 7 月 18 日。

② 张洪浩：《围城内外的苍凉与悲悯》，载山东作家网（www.sdzj.org）“作家在线 · 新锐作家”栏目，2012 年 7 月 18 日。

③ 嘉男：《鲜花次第开》，《当代》，2012 年第 1 期，第 154 页。该作品引文具体出处下文不再一一标示。

男在“创作谈”中提到，“年龄在增长，社会在日益复杂化，我们都在经受着什么”；这也就是说，“繁复”至少一方面源于我们自身年岁的激增、履历的丰盈以及由此衍生的估量世界“眼光”的转换，其中免不了需要经历自我精神的挣扎；另一方面也决定于我们身处世界的剧烈变迁。小说中的“我们”是以周素为代表的当下的我们这个时代的中年人。

生活世界的剧烈变迁，让我们无可选择地被置身于一个新的时代。“这是一个短时代，短衣短裤短裙，短信短小说短文章，特别是短恋短婚，短到闪的地步。”在周素的眼中，这个时代的青年人，“没个长性”，年轻女孩的脸“光洁”却很“浮浅”。时代在规训着每个社会个体，而他们也毫无疑义地处于被裹挟、被逼迫之中。周素自然也不例外。世界的繁复让她充分地意识到在强大的社会与时代力量面前，个人生活存在一种繁复的无可选择性。

周素是一个中学语文教师，她的丈夫林默生在机关工作，副处级干部，儿子在外地上大学。嘉男说：“无论命运怎样，中年注定是一个困境重重的人生阶段，而女性尤其如此。中年男女本身就是一对矛盾，中年男人容易惹事，中年女人却是固守求稳，这使女性们必然陷入痛苦中，而随着更年期的来临，翠减红衰的愁闷更让女性经受着双重的折磨。”[①]《鲜花次第开》承载着作家如是的认识与思索，而周素就正是一个在现实生活世界中经受着双重折磨的中年女人。

很多人都曾说过，女人生来就是要麻烦的，每月都让女人心烦意乱的例假，生孩子的痛苦，以及岁月剥蚀下渐渐老去的容颜，都会让女人的身心经受一次又一次的波折。

更年期，是每个女人都会面对的棘手问题。它意味着一个女人要从如花似玉的青春岁月，步入日渐老去的中年。很多女人都会觉得无法面对这样一个阶段，因而如果没有从内心真正接受的话，外在表现便是失眠、心烦、易出汗、怕冷等，这些表现综合起来便会造成女性身体机能的下降，其结果就是月经紊乱。对于女人来说，月经初潮是人生的一个重要转折点，标志着从一个无忧无虑的女孩变成一个忧郁的女人，这是身体与心智的共同转变。如果没有顺利实现自我接纳，便会开始讨厌由月事带来的麻烦，会时常生发出身为女人的抱怨，而如果这样的现象要消失，是需要丰富人生阅历作为基础的。周素就是一个步入更年期的女人，在经历了两个

① 嘉男：《创作谈：繁复一段滋味》，《北京文学·中篇小说月报》，2012 年第 2 期，第 121 页。

多月都没来例假的痛苦煎熬后，她决心向一名老中医求取良方。一般人求医问药，都是为了减轻进而治愈身体的痛苦，而对于周素来说，从老中医那里取回的一袋袋中药，包含着信任和希望，她要从药袋子里找回失去的青春。虽说月事很麻烦很讨厌，却也十分重要，没有了这个麻烦事，也就意味着女人老了，而对于女人来说，如果年华如梦一样消失了，生命和日子也就变得毫无乐趣可言了。

如果仅仅是让一个女人承受这些的话，还不至于太痛苦。紧要的是，处于更年期的女人，感情生活也容易出现问题，虽然很多时候这些问题都不是致命的，可往往不痛不痒的日子，会让生活变得更加繁复。周素“和林默生的婚姻大体还算平静，已经二十年了……再过五年就是银婚，如果不出意外，再熬上一个二十五年，就是金婚了”。她觉得林默生“应该算个好人”。她从来不会去过问丈夫在外面的交际，与其说这是一种对丈夫的信任，还不如说这是对自己的信任。当然，这也是生活与时间赋予她的：“以前，她经常恍惚地想，世上那么多的男人，她为什么是跟这一个男人在一起呢？不知什么时候，没这个想法了，他平淡地存在，成为熟视无睹的物件，出去就出去，回来就回来，她耳朵听着就是了。”正因为生活已然进入这样的一种状态，在无意中知道丈夫在男性医院看病这一“秘密”之前，周素是准备“熬”生活、“熬”日子的，这和大多数中年女人相比，并无二致。这种平静却也同时存有一份滞重的生活状态，让周素有一种生活的充实之感，她满足于现状，尽管她也很明了生活世界的繁复以及这繁复之中包裹着的太多的生活变数。然而，林默生在一次出差时陪领导“去玩了一次”而得病了，还把病传给了她。周素愤怒了，她要离婚。但是，真的能离吗？一个在她生活中朝夕出现却同时也能给她带来暖意的男人突然间消失了，她能习惯吗？她能接受这样的生活吗？月事紊乱，让周素陷入更年期的漩涡中久久不能自拔，丈夫此时的错误让她更加迷乱。

春天来得艰难，生活出了天大的麻烦。在双重折磨中，周素艰涩地体验着繁复的中年滋味。“人到中年，嘴上不再说梦话，心却没有死透，还做着花一般的瞻望，还幻想着好花好天呢。”[①]这是中年人，尤其是周素，在面对繁复的现实生活“滋味”时，一种自觉的态度选择。周素是一个成熟的女人，而且，这成熟是一种由内而外散发出来的心智和情感的丰厚与充盈，它

① 嘉男：《创作谈：繁复一段滋味》，《北京文学·中篇小说月报》，2012年第2期，第121页。

让周素在面对生活中的危机时冷静下来，以“心”的“花一般的瞻望”思虑着摆脱危机和走出困境的途径与方式。

二、坚执的精神自救

周素认识到：“这世上什么都做得了假，只人的精神做不得。”精神需要真实，精神必须真实，如是，生活也才可能轻松与顺畅，也才可能充满力量。对于人而言，精神是不能虚假的、沉沦的。繁复的生活世界出现了问题，个人必须进行精神自救，以获得超越人生困境的力量，追求与体认精神的自由和真实①。这也正是周素所寻找的摆脱危机和走出困境的基本途径与方式，她期望从精神上拯救自己。说到底，人还是要自救，必须要自救，而且，要进行坚执的精神自救。

“坚执”一词既有坚持、坚韧的况味，又有执着、执念的含义，这种绵长且坚定的精神气质在嘉男几年前的两篇小说中已初见端倪。2007 年发表于《鸭绿江》杂志的短篇小说《凤蝶》，致力于具体社会问题的探讨，作品中的女主人公敏子在一定程度上表现出某种坚执求解的倾向，尽管这种“坚执”还不尽纯熟，更多地体现为一种盲目的执拗，女主人公有限的诘思也主要依靠人物言语、行动“启蒙”来渐次展开，其受动性不言而喻，事理的表述、情节的流转也略显生硬；《窗下栀子花》发表于 2008 年第 4 期的《厦门文学》，叙述的是“由五头猪引起的两宗一波三折的杀人命案”，小说的女主人公水芹“向往栀子花般安稳、恬静的生活”，具有相对独立的反抗意识，对注定无望的爱情有着近乎偏执的追求，可她过于极端的抗争方式——杀夫——究竟不是挣逃“罗网”的合理途径，只会将其原本不幸的命运推临绝境。无论是敏子还是水芹，虽已初具女性主义者所提倡的某种坚执反抗的意识，但这种“坚执”显然还没有明确表现出精神自救的有效维度或者也可以说还没有达到精神自救的高度，无法使她们原有的生存状态、精神思虑及其厚度得到根本性的转变。

《鲜花次第开》与上述两篇小说相比较，在着力表现面对和体味繁复的生活滋味时女性的坚执的精神自救方面做出了簇新的努力。这表现在周素这位中

① 参见刘松来、张松：《追求精神自由的心灵轨迹——论陶渊明诗文意象的象征意蕴》，《江西师范大学学报》（哲学社会科学版），2010 年第 3 期，第 53 页。

年成熟女性“自省”意识的确立与践行问题上。“周素有自省意识，她通过各种文雅理智的途径让自己走出困境，那过程是缓慢的，却是有希望的。”①

确如很多心理学家说的那样，人最健康的心理状态不是快乐、开朗、幸福等，而是平静，“唯有平静的心，才有理智和思考能力，才能圆满解决问题”。在平静中，人的求索自然也就能够糅入理性的光晕，由此进行自觉的省思。周素在自省中明白，她需要平静，而且，她做到了，尽管她是一个处于“更年期”的女性。心境的平静，能让人摆脱很多恼人的浮躁，适当地保持缄默，正是生活平静的保障。现实生活中，很多闹离婚的中年夫妻，如果细想一下的话就会发现，大部分都是因为失去了中年人应有的那份沉稳和淡定。中年时期的夫妻生活，应该显得更加丰润才对，这一年龄段的夫妻双方，经历了十几二十几年婚姻生活的历练，已经褪去了年轻时的青涩和懵懂，并未步入老年婚姻的单调。此时的婚姻生活，远没有到生命的晚景那个地步，是不应该让人感觉悲凉的。人还是要靠自己解决问题，不能活在一种依靠别人的无力状态。这是周素在观看了一档电视访谈类节目之后的感触与认识。平静下来，好好思考，进行坚执的精神自救。对于周素来说，这是一次不亚于月经初潮的质变。林默生为什么会做这样一件不着调的事情呢？如果没有周素当年的鼓励，他很可能不会那么拼命地在官场中极力往上爬，他也就没有多大的可能会陪上司一起做出让妻子受伤的事情。女人的野心也是不容小觑的，她们往往通过征服男人来征服整个世界，周素的观点与之类似，她觉得男人生来就是干大事的，应该在外面闯出一片天地来。在那段冷静思考的时间里，她意识到了自己这种强加于丈夫林默生身上的意志。丈夫的出轨行为，从源头上来说，与自己是脱不了干系的。所以，从这个角度来说，她本人是没有资格提出离婚的。

更为重要的是，平静的思考让她真正看到了夫妻双方爱情的真谛，没有比永恒的爱情更短暂的东西了，无论是温情脉脉还是激情四射，能固守不变的感情只有亲情，所以夫妻更应该讲究亲，而不是爱。这对处于感情困境中的周素来说，是相当困难的，这完全可以说是一次彻底的灵魂拷问。现实生活给周素提供了正反两个方面的实例，她应该朝着林默生的恩师钟教授夫妇的和谐淡定状态积极靠拢——“她其实非常喜欢看见他们那和谐淡定的样子”，而不应该向着学校同事罗老师那样只把丈夫的存在当成生活的惯性，

① 嘉男：《创作谈：繁复一段滋味》，《北京文学·中篇小说月报》，2012年第2期，第121页。

如果真是那样，感情死了，人，活着也就没多大意思了，因为，精神是一片虚空。在平静的思索与自我拯救中，周素终于找到并确认了生活的应有色调。这样，“心里一直坚硬的东西，开始变软了”。

纵观周素整个精神自救的历程，存在一个较为突出的特点：她在对内审思的其时，从来没有放弃过对外在世界的观摩与求索。从同事老陆善意的谎言里周素感受到了中年人别样的温情，从父亲的生活琐屑中她又体味出生命晚景的孤旷，她以罗双红为“镜”，鉴照自身的疏察与阙漏，她对小尚老师的循循劝导某种程度上正是对自己声情并茂的劝教，她与学校心理医生关于“更年期”话题的探讨其实相当于她对自己当前身心状态的剖析，她能从钟教授夫妇的人生“文本”里“读”出模范夫妻相濡以沫、互亲互敬的真谛，也能从自然花事的荣萎交替中悟得人事更迭的“节律”。人的精神自救显然不局限于一己的内在努力，外在有效力量的推动让自救更为稳实而坚执。

此外，如小说的文题“鲜花次第开”所示，这种坚执求解、精神自救的历程也是次第展开、从容不迫的，充盈着某种柔美的韵致。坚执不等于顽固无曲折、无张力、“从一而终”、“一蹴而就”，相反，它有起伏、有弹性、生发有致、井然不紊：让恰适的“花”以恰适的节律开在恰适的“季候”，并且开出它的“应然之态”，如此，不懈的坚执才有意义，精神涅槃、生活力量的确立方有傲然成真的希望。

三、结语：温暖而有韵致的人性

周素具有坚执求解的精神，在这一过程中，人性的“花开”势必沉着有力、流衍不息。经过一段时间的艰难之后，她开始像植物一样，积累“冷量”，触摸和感知春天的到来，心灵归于宁静，表情终显安详。这样，潜藏于世俗生活中的人性，也就散发出了温暖的芳香，就像那高枝上盛开的白玉兰一样。而且，它还是有韵致的，充满着张力，而又处于和谐之中。

周素在繁复的生活滋味体验中进行坚执的精神自救，并体味到了生命的力量。这是一种温暖而有韵致的人性书写。鲜花次第开，盛开在质感而温暖的人性深处，洋溢着生命的力量。如白玉兰一般的周素在婚姻困境中的自省和自救，无异于一曲生命的赞歌和人性的赞歌。“如此繁复的世界，该发生什么仍旧要发生，却是花开不败。”在此，我们明显地感受到作家嘉男在“短时代”

语境中的一种鲜明的文学书写的"长诉求"倾向与情感态度。"长"是一种延续，但它不仅是繁复的日常生活的维持与复沓，更是生命质感、生命韵致和温暖人性的持续与延展。"因为时代的缘故，这世上少了传奇与神话。大约人的悲喜，也不会有大开大阖的面目。生命的强大与薄弱处，皆有了人之常情作底，人于是学会不奢望，只保留了本能的执着。"[①]在繁复的生活世界里，唯有"执着"地抓住人世间的温暖、"坚执"地稳住人性当中常情的亮色，个体生命之帷幕、社会之幅卷才能清明洁朗、次第花开。

文学，是一种对人的生命进行书写与评价的形式。《鲜花次第开》书写和评价的是成熟的生命、成熟的人、成熟的人性。它是一种成熟的文学、平和的文学，让文学本身充满韵致。

第三节　"底层"式写作与底层文学的匮乏[②]
——从滕肖澜的中篇小说《握紧你的手》说开去

21 世纪以来，随着中国社会变迁的推动和文学自身发展的需求，诸多作家不约而同地开始关注"底层"，"底层写作"成为一种引人注目的文学现象。作家们在进行一场颇具共同体性质的文学行动，他们从各自的关注视点出发，感知社会，真切地反映底层人群的生存与生活状态，尤其是着力表现底层人群在现实生活中的困惑、焦灼与痛楚。应该说，经过一段时期的文学实践，"底层写作"取得了一些成绩，丰富了当代的现实主义文学创作。然而，在这个写作过程中也出现了诸多令人意想不到的问题，"底层"文学似乎出现了模式化、"单向度写作"，甚至是如同有论者所指出的底层"苦难焦虑症"[③]式的扭曲书写。显然，这是需要深思的。

中篇小说《握紧你的手》是上海青年作家滕肖澜发表在 2012 年第 9 期《长江文艺》杂志上的作品，该作问世之后随即受到批评界的关注，并入选北京文学月刊社主办的"2012 年中国当代文学最新作品'中篇小说'排行榜"。滕肖澜长于写沪上百姓的日常生活，《握紧你的手》亦是如此。作者

① 葛亮：《他们的声音》。见葛亮：《七声》，作家出版社，2011 年，第 4 页。

② 本节初稿撰写者为姚燕苹。

③ 洪治纲：《底层写作与苦难焦虑症》，《文艺争鸣》，2007 年第 10 期，第 39-45 页。

说得明白，在小说中，她想写的是一群人，一群都不完美的人，他们真真切切地活在上海这片土地上，他们是上海这个国际大都市的底层者，“比起一般意义上的‘普通人’，他们的数量要多得多”，“如果要书写上海，他们则不该被遗漏”①。在此，我们可以确认的是，《握紧你的手》是作家滕肖澜在其总体文学立场之下进行“底层”式写作的基本产物。本节拟由此出发，谈谈关于“底层文学”的一些问题。

一、“底层”式写作与当下文学的一种范式

（一）底层人对生活的经营

滕肖澜的中篇小说《握紧你的手》，描写的是城市化进程中面临被拆迁的一群钉子户，描写这群人在抵抗拆迁中所做的努力，他们为保住房子而与对方展开斗智斗勇的行动，主人公孙晓美为保住坚守已久的对她有特殊作用的房子，甚至请来了曾经的拔钉子户高手李谦，和他们一起抵抗的还有米粉店老板和书店老板，他们大都为人善良、热情，孙晓美更是为了爱情不惜牺牲一切，苦苦执着坚守。虽然他们的抵抗充满绝望，但他们仍做努力，不放弃，乐观面对，坚守自己的尊严，甚至在绝望坚守的最后收留那些流浪人，让他们有“家”可回，让他们过了个好年，并好好地过了个元宵节，给予他们温暖的关怀，这才是小说最重要也是作家最想突出的地方，滕肖澜在《握紧你的手》的创作谈中就说道：“我喜欢这篇小说的结尾，那些流浪的人都有了个‘家’。尽管未必长久，但毕竟是个家，是这些可怜人的栖身之所。与这个相比，之前那些为保住房子而展开的斗智斗勇，便显得不那么重要了。”①

（二）底层的温暖

他们在逆境和悲苦面前保持了良知与操守，这便是一种尊严。他们之间有爱，有温情，有感恩，有令人不可思议的无畏和无惧、坚韧与公义，更有相濡以沫的温暖。

作者说：“我尽量让这个故事显得平和、波澜不兴，如同我之前写的

---

① 滕肖澜：《创作谈：家在何方》，《北京文学·中篇小说月报》，2012 年第 10 期，第 57 页。

沪上百姓的日常生活。事实上，这的确也是他们的日常生活。”[①]作者的文学写作，着意走进底层人的世界，走进他们的日常生活，发现底层的温暖，体现出了作者的一种“底层”写作态度，这是难能可贵的。作者写他们的艰难生活状态，但并没有一味呈现苦难，也并未对他们的苦难生活做简单的道德关怀。众所周知，很多写底层的作品，好以颠覆日常生活价值观念为代价来演绎苦难的生存景象，放大不幸的生活境遇。滕肖澜注重描写底层人的日常生活，去反映他们的真实生活，而不是靠经验与想象，夸大底层的苦难，借助各种经验极力渲染底层民众的悲苦辛酸。作家从日常生活出发，从现实出发，从底层人的内心出发，写出了底层生活的丰富性，写出了活的思想与活的情感，并写出了底层人之间同样存在的温暖。《握紧你的手》中的那群人，孙晓美、李谦、凌保富、二宝、米粉店老板等，他们的行为有对有错，他们中有所谓的“好人”也有“坏人”，但作者都没有忽略他们，也没有去写他们的矛盾，而是展现了他们人性中善良的一面，这种善良的背后就是人性的光辉。小说的最后，他们经营起了一个大“家”，尽管这个“家”并不长久，但我们感受到了温暖，他们互相帮助，共同营造了一个富有温情的世界。

（三）“底层写作”成为当下文学的一种范式

“底层文学”是21世纪以来在中国当代文坛上逐步形成的一个概念，但关于“底层文学”的定义却众说纷纭、争论不休。在此，笔者并无意探究到底什么是底层文学，或者什么样的群体才是底层，再或者底层存在的合理性等问题，但毫无疑问，底层文学已成为当下的一种文学潮流，诸多作家着意去写底层，试图反映他们的生活和精神状态，都表现出一种底层写作态度，而底层写作似乎也已成为当下文学的一种范式。

底层写作，侧重写底层人的生活，写他们的艰辛和苦难，但“苦难并不是作家表现的终极目标，而只是他们审度人性本质和检视存在境域的一个载体”[①]，也就是说，苦难只是手段，不是目的，最终作家是要借苦难去写他们在苦难中的温暖与光辉。底层写作，贴近社会生活的现实，侧重于对社会生存环境的质疑与批判，可以说它具有批判现实的现实主义美学品格，笔者以为，这是一种力量，一种建构现实主义的力量，尤其是在许多作家写作缺

① 洪治纲：《底层写作与苦难焦虑症》，《文艺争鸣》，2007年第10期，第42页。

少现代性的批判立场的当下，这种具有批判精神的底层写作显得尤为可贵，它表达了一种现代性的反思，这是底层文学成为当下文学的一种范式的重要原因。

底层写作秉承现实主义的力量，通过描写底层人的苦难生活，体现他们的生命尊严，用人道主义情怀去展现他们的人性之光，给予他们人文关怀。底层人群有各种不幸与痛苦，他们在困顿无望时，无法为自己呐喊，也无法有力地维护自己的生存权与发展权，而作家对他们的苦难境遇给予积极表达，体现了现代知识分子的责任与担当，也体现了他们的良知，这是底层写作良性发展的重要推动力量。

底层写作成为当下文学的一种范式，正是这些力量推动的结果，当然其原因并非仅此而已，但底层写作的良性发展却说明，我们的底层写作作家都有着一种“底层”写作态度，愿意走进底层生活，愿意为他们呐喊，或着意表现出他们人性中的美好与温暖，这是可以给予充分肯定的。

底层写作成为当下文学的一种范式是不可否认的，然而，事物的另一方面在于，作家需要警惕走向写作的模式化的可能，这无疑将大大地阻滞底层文学发展的生命力。

二、底层文学的匮乏

“底层文学作为反映人民现实生活的作品，与现实主义传统有着天然的联系。底层文学秉承了现实主义文学的生命力，在描写底层民众苦难的生活过程中，表现他们的生命尊严，对每一个体用人道主义的情怀去展示他们的灵魂。”[①]因而底层文学备受关注，成为焦点，但其背后的思想艺术水准却是值得我们认真探讨的。一段时间以来，关于“底层文学”的争鸣不断，同时也出现了对“底层文学”进行批评的现象。当前，对“底层文学”的批评主要集中在这样的几个方面：题材过于单一、刻意夸大底层苦难、现实主义手法缺乏文学性等。

那么，底层文学到底缺少什么？

这似乎是诸多批评家都在探讨的一个复杂问题。洪治纲教授对底层文学做了比较深入的研究，他认为当下的底层文学作品颠覆了日常价值观念，着

① 汪涓：《对近年“底层文学”的文化透视和反思》，《济宁学院学报》，2010年第2期，第38页。

意演绎苦难，放大不幸。在他看来，很多作家迷恋于底层平民生活的想象性苦难之中，以一种简单的二元对立思维来展示社会转型中的农民、工人以及其他底层民众的生活悲剧。可以认识到的是，在洪治纲教授的判断中，现在的许多作家，刻意制造情感冲击力以使作品深刻，让人物凄苦悲凉，而且永无尽头，这不是对人的精神发难，而是对人的生存处境进行极端化的演绎，人性是被普遍撕裂的，底层的人物为了生存被金钱、权力、话语暴力等强奸、污辱，底层文学中的女性大多以出卖肉体而显示苦难的生存。他把这种写作称为"苦难焦虑症"式写作，认为当下的底层写作都陷入"苦难焦虑症"的模式之中，上文笔者提及的他的《底层写作与苦难焦虑症》一文就具体论述了底层写作的这些症状，并列举诸多外国小说的例子，如卡勒德·胡赛尼的《追风筝的人》、本哈德·施林克的《朗读者》等，旨在对比分析、说明我们当下底层文学在书写苦难的时候缺乏某种宽广而温暖的人性，难以给人以温暖。

洪治纲在一篇题名为"底层写作仅仅体现了道德化的文学立场"的文章中明确指出，"在作家们的主体精神里，非常明确地凸现出某种道德化的情感立场——同情大于体恤，怨愤大于省察，经验大于想象，简单的道德认同替代了丰富的生命思考"①。他认为，正是过度彰显道德化写作立场造就了底层文学的一种困境。底层写作的道德化立场是可以存在且必然会存在的，但我们的作家不应仅仅局限于此，否则作品实难深刻而有深度。

不难看出，洪治纲教授认为当下的底层写作主要有两个问题：一是"苦难焦虑症"；二是仅仅体现了道德化的文学立场。那么，我们怎么看待底层文学的缺失问题呢?

（一）作家底层生活经验的匮乏

笔者以为，当下的底层文学从作家方面来讲，他们缺少了底层生活经验。很多作家凭想象进行写作，也就是脱离活的现实进行写作。很多作家写底层却对底层生活的真面目并不了解甚至是一无所知，他们对底层有很大的隔膜，他们写的是自己想象中的底层人、底层生活、底层情感与底层思想。他们的想象与事实有很大的差别，他们写的不是活的人，表达的情感与思想也不是活的，他们站在底层生活的外围，带着同情与悲悯来写底层生活，并

① 洪治纲：《底层写作仅仅体现了道德化的文学立场》，《探索与争鸣》，2008年第5期，第33页。

未真正走进底层人的生活与内心。作家们表浅地以为，物质的匮乏就意味着精神的空虚与困顿，可事实并非如此，物质的匮乏与精神的空虚并不一定相等。写底层生活却并未真正深入底层生活，并未观察真实的底层生活，仅凭想象虚构，这只能是虚假的文学。“我们常常在想象底层的时候却并不真正关心底层的所思所想，并未对他们的精神世界具有深切的了解和把握。于是，我们看到了底层生活的苦和难，看到了无助与无奈，除了简单地呼唤关切他们之外，却没有他们灵魂的表现。”①写底层就介入他们的日常生活，从日常生活出发，从现实出发，从他们的真实的内心出发，写出活的人与思想、情感，这样人性才能丰满，灵魂才能闪耀。滕肖澜的作品《握紧你的手》，写底层人的日常生活，写他们真实的生活，表现出了底层人真实的情感与思想，这样，他们的生活内容也就更为丰富，人性愈加丰满，平凡的人的灵魂更为闪耀。底层写作就应当如是地写真实的现实、真实的底层，表达真实的情感，而不是一味地“苦难焦虑”。

鲁迅在其所处的时代依然倡导“能宣彼妙音，传其灵觉，以美善吾人之性情，崇大吾人之思想者”②，并指出文艺是“引导国民精神的灯火”。笔者认为，作为作家，写底层文学，首先必须写真实的现实，真实的底层，真实的生活与情感，底层生活经验的缺失是底层文学出现各种症状的重要原因。

（二）温情的缺乏

洪治纲在《底层写作与苦难焦虑症》中明确指出，中国当前的许多底层小说缺少那种温暖的人性，很少让人读到那种来自灵魂深处的宽厚、广袤和悲悯，也很少感受到那些人之为人的亲情、荣耀和梦想，“它们带给我的，常常是惊怵、绝望、凄迷和无奈，间或还有些堕落式的玩味和暴力化的戏谑”③。也就是说，我国的部分底层写作一味表现苦难而缺乏对于人性间应有的温暖的呈现。诚然，作品中写苦难是必不可少的，许多作家的作品都无法回避苦难。丹纳曾强调：“在一切理由中最有力的一个理由，使艺术家倾向于阴暗的题材。作品一朝陈列在群众面前，只有在表现哀伤的时候才受到赏

① 张颐武：《日常生活平庸性的回应——“新世纪文学”的一个侧面》，《河北学刊》，2006年第4期，第118页。

② 鲁迅：《鲁迅全集》（第1卷），人民文学出版社，1981年，第201页。

③ 洪治纲：《底层写作与苦难焦虑症》，《文艺争鸣》，2007年第10期，第39页。

识。”[①]写作并不排除写苦难，正如洪治纲所说，“如果没有苦难，以及对苦难的倾力关注，我们的文学或许会失去许多丰富的精神内涵”[②]。文学离不开对苦难的关注，但这并不意味着文学只可以、只需要展示苦难，甚至刻意夸大苦难，而陷入苦难焦虑的模式，或者仅仅只是对这些苦难做道德上的同情，这是远远不够的，其没有任何力量，底层文学的意义也无法最终显现。苦难不只属于底层，底层也不仅仅只有苦难，底层文学的苦难确实能唤起人的同情与悲悯，但当所有小说都来论述苦难的时候，苦难就走向了模式化，伤害了底层文学的力量。难道底层文学仅仅是为了把人们的苦难生活或精神困顿展示出来给诸多的读者一个同情的载体吗？底层人们的生活就是给人欣赏并做虚假式的同情的吗？这样的底层文学有何力量可言？！笔者以为，底层文学可以展示苦难，但重点却不在苦难，而是在于苦难背后彰显的人性的温暖，借苦难生活展现底层人特有的坚韧、尊严、公义等，要让读者看到不一样的底层、不一样的温暖，让读者知道，底层同样有爱、有温暖、有感恩。小说《握紧你的手》开始似乎一直在写面临被拆迁的种种困难，写底层人艰难的斗争生活，似乎作家也要陷入苦难焦虑的模式，但在后面我们看到，滕肖澜转写流浪者的“家”，他们一起守护这短暂而温暖的“家”，这给人一种别样的温暖，展现出有爱、有温情的现实世界。这种转变很好——其并不是刻意为之的，作品写了底层人生活的不易却并未沉湎其中，小说最可贵的地方就在于一群陌生人的“握紧你的手”式的温情，使他们对未来生发了希望，不失却信心。这就是叙事的有效控制，“叙事的有效控制并不一定会伤害审美效果，有时甚至会增添其审美内蕴”[③]。

写底层，但应超越底层，或者高于底层，表现底层的温暖，进而引导底层这个群体看到生活的希望，坚定生活的信念，引导他们还坚信人性的终极关怀并看到生活的真善美，这才是底层文学该有的力量，也是文学所应具有的力量。

（三）缺乏应有的文学高度

笔者以为，底层文学在缺失真实和温暖之余，还缺失了一种文学应有的

---

① [法]丹纳：《艺术哲学》，傅雷译，人民文学出版社，1988 年，第 37-38 页。

② 洪治纲：《底层写作与苦难焦虑症》，《文艺争鸣》，2007 年第 10 期，第 41 页。

③ 洪治纲：《乡村苦难的极致之旅——阎连科小说论》，《当代作家评论》，2007年第5期，第80页。

高度，文学应善于发掘并展示苦难中的诗意，展现普通生命的人性之光、精神之光，给我们提供精神的抚慰。

刘醒龙于 2009 年出版的《天行者》是书写人性之光、精神之光的代表性作品，作品描写几位在偏远山区执教的民办教师，在艰难困苦的生活中还坚持教书育人。他们有生活的压力，有教学的压力，更有来自乡村政治形态、社会形态等的压力。他们的生活沉重而艰辛。“转正”是他们每个人的梦，可最后都未实现转正梦，他们每一个人都渴望成为公办教师，可最终都高风亮节地让给了别人。而当全体老师都可以转正时他们却又交不起买断工龄的钱，面临种种艰辛，他们依然在伤痛中兢兢业业。尽管他们之间有矛盾，但却为了乡村教育事业而团结在一起。他们的艰辛、伤痛，他们的朴素、坚韧，他们的隐忍、执着，让人伤痛而又感动。他们在苦难中展示出的人性之光与精神之光让我们感动，更给了我们和如同他们一样的底层人以高度的精神抚慰。对于底层，作家不应仅仅只是表现出一种宽泛的人文关怀，亦需努力建构底层人的精神世界。正如小说《握紧你的手》中的那群人一样，他们战胜逆境和悲苦的坚韧，在逆境与悲苦面前保持良知与操守，是一种尊严，更是一种精神之光，是一种人性的光辉。小说使他们的底层生活在困顿中获得了诗意，增添了普通生命的意义。

底层文学作品无疑来源于底层生活，但又应在精神层面超越底层现实，在批评的同时赋予作品一定的精神高度。“凡是揭露性的就是好的，说是中国文学的方向，就是中国文学的最高水平，它忽视了一个民族的文学倘若没有正面的精神价值作为基础、作为理想、作为照彻寒夜的火光，它的作品的人文精神的内涵和它的思想艺术的境界，就在大打折扣。”①也就是说，底层文学作品在揭示生活苦难、伤痛的同时，理应积极展现人性之光、精神之光，弘扬正面的精神价值，肯定人性中的美好、正义、善良、坚韧、乐观与宽容等，这是文学之魂。“文学的艺术价值不在于某些大众文化的声色沉迷和欲望放纵，而在于承载那些以历史为尺度的人类最基本的美好情感、思想、道德和信念，更多地体现为一种现代性的精神追求——执着于意义、不放弃理想；执着于对人之所以为人的尊严、平等和自由。这是所有作品，更是新世纪底层文学寻求精神突围的有

---

① 洪治纲：《底层写作与苦难焦虑症》，《文艺争鸣》，2007 年第 10 期，第 43 页。

效路径。”[①]铁凝说：“文学不可能对生活提供简单答案，好的作品都是多意的，开放性的，存在一种‘建设性模糊’，你可以这么想，也可以那么想，但最终都有一种心灵的指引。”[②]

毫无疑问，底层文学在发展的道路上遭遇诸多困境，对底层文学进行必要的改造是一种必然性要求，但这只有在明确底层文学所存在的问题的基础上进行。在前面，笔者对之进行了一种尝试性探讨。只有这样，才能更好地构建真实、温暖而又富于精神高度的底层文学世界，这是需要作家们共同努力的。

第四节　可能性的美丽绽放
——论邓一光的中篇小说《你可以让百合生长》

作家邓一光在《小说的感动》一文中曾经这样写道：“小说原本就不必有太多大道理……我们对小说的热爱或者恐惧必定都不会来自道理，而只会来自属于小说的低语与守望。”[③]在本章第一节中，我们曾谈及当代作家邓一光文学创作的一个鲜明主题意向，那就是，他始终相信可能性的存在，并持续地以艺术的方式追寻可能性；而这种可能性，在最为根本的意义上，指向的自然的人的生长与发展的可能性。基于第一节的局部性论证，在这里，我继续以《你可以让百合生长》为例，力求更为全面和深入地探讨邓一光小说创作中对于可能性问题的书写，一种如同他自己所说的，以生命介入的方式进行的文学书写。邓一光感动于文学让人有了一种发泄的可能性，如同他在作品中借助左渐将之口表达的对于音乐的理解，“音乐能使我们成为更好的人”。

一、“打开”之前的兰小柯：倾斜的现实世界中的无产者

一个名叫兰小柯的 14 岁初中“问题女生”是小说《你可以让百合生长》

① 寇国庆、何言宏：《新世纪以来底层文学面临的现实困境及精神突围——以中短篇小说中女性情感的书写为例》，《楚雄师范学院学报》，2010 年第 4 期，第 5 页。

② 铁凝：《铁凝：贯穿始终的是对生活的爱》，《燕赵晚报》，2002 年 12 月 26 日，第 4 版。

③ 邓一光：《小说的感动》，《南方文坛》，1997 年第 2 期，第 22 页。

的绝对主角，她是小说的第一人称叙述者“我”，也就是说，小说世界是在兰小柯的视野与感受中展开的。在她周围的人中，没有人把她当作女生，就连最有同情心的男生都不会把她当成女生。她全然没有这个年纪不敢尝试的禁忌，干男生能干的一切坏事并引以为荣。然而，兰小柯认为，这个世界上有个如此糟糕的她却又错不在她。那是因为她有个不断戒毒不断复吸的父亲、有个平庸琐碎连环失业的母亲、有个严重智障且无限缠人的哥哥——她对她的家庭心存“怨恨”，而不能从心灵深处接纳它。在兰小柯的世界中，家庭生活的情节失常和家庭成员的职辖失序已成习惯，社会各界的“关照”更像是变相的自慰与变种的歧视。就这样，她所处于的理应直立如柱而且颇具力量的现实世界悄然倾斜，方位、向度都发生了微妙的改迁。在这样的生活情境中，兰小柯对于自我的生存与发展状态亦很是了然：“我每天都在和生活对抗——不是和不正常的生活对抗，而是和正常的生活对抗”；“毫无疑问，我是一只还没有发育好的孔雀。你要认为我是别的什么也可以，但我就是这么认为自己的。我想让人们注意我，为我鼓掌，可我怎么都开不了屏。没法打开。打不开了”。

以孩童视角、思维，以孩子与孩子、孩子与成人间的对话形式进行小说叙事，在邓一光的创作历程中不乏先例，而且，在其创作进程中，他的这种小说叙事也渐次形成了一种较为显豁的自身特质，犹如有论者所指出的：邓一光对“儿童视角”的变用与其他作家对“儿童视角”的惯用最大的不同在于，他“表现的是成人的世界，是以儿童的视角来观照现实人生，他笔下的孩子都显得很大人气，说话的内容也体现着成人的思维”①。《你可以让百合生长》在基本的叙述方式上既沿承了邓一光早年小说的叙事特质，也灼然表现出了一种难能可贵的开拓。

一方面，没凭没依的兰小柯确然有一种“小大人”的做派，她不期然地烙印上了成人的浮尘与烈焰：对各类怪异特别甚至俗秽的网络高频词了如指掌，对当代慈善强制推行的“变种歧视”的本质洞若观火，知道各种毒品，在与死党厮混时不自觉表现出“女头领”的气质，而且她也根本不在乎别人是不是把她当“女头领”看待……很显然，邓一光确有意借兰小柯之视角，观照成人世界的人情物理，以折射现实生活的万状百态。

① 蔚蓝：《小说叙事的主导特征与主体意识的限定——邓一光创作审美品格评析（下）》，《写作》，2001年第6期，第13页。

另一方面，作者在对兰小柯这一人物形象的塑造上显然花费了愈为丰富的笔彩：其一，兰小柯与邓一光早年作品中的那些“小大人”相比，不仅仅是借以洞察现实生活的“窗口”，明显少了主观“赋义”的痕迹。兰小柯的成人思维，更多的是她所处家庭环境、自我身份定位、社会生态等合力作用的结果，她的早熟也并非“天降神谕”或“幕后推手”所致，而是有更为稳固的现实根基，应该说，邓一光的思维与视野更为丰润了，他是在探索现实主义文学的广度与深度。其二，兰小柯与邓一光早期“儿童视角”创作序列中那些外表清甜、性情相对统一的“单面人物”相比，有着意蕴迭出的复杂性，她既未能截然脱褪孩子单纯稚嫩的“胞衣”，依旧涌现出花季女孩的某些特质，又被非正常的家庭生活和不恰当的社会关怀磨砺得棱角分明，言语、姿态都极富挑战性与攻击性。她“打不开了”，却又对“打开”有着无可比拟的渴望。

邓一光在一次受访中表示：“我不呼唤什么。我的小说中的人物也不担负呼唤的责任。他们只是生活在他们的时代里，被时代压抑和决定，而又不甘心这种压抑和决定；被他们自我内心的冲突压抑和决定，他们恰好给了我想象中经历一次现实生活中不可能实现的虚拟旅程……”[①]是的，兰小柯就生活在她的世界里，生活在这个时代里，她被她的世界和这个时代压抑和决定，但显然她又不甘于这种压抑和决定，她的内心有一种冲撞的力量，她渴望打开，她，打开了吗？

二、音乐、教育、文学：可能性的孕育与催生

> ……我喜欢唱歌。……
>
> 我想做一名歌手。我是说，那种不需要和别的什么人乱糟糟挤在一起宣泄青春的歌队成员，而是一个人站在舞台中央，独自歌唱的歌手。[②]

这是“问题女生”兰小柯的告白，当然也是一个渴望“打开”者的告白，她期待通过音乐“打开”自己，要做一个开屏的美丽孔雀。

---

① 杨建兵、邓一光：《仰望星空，放飞心灵——邓一光访谈》，《小说评论》，2008年第2期，第36页。

② 邓一光：《你可以让百合生长》，海天出版社，2014年。

音乐永远不会对寻梦者和追梦者设限。在《你可以让百合生长》中，音乐是一种类似本能的内在的力量，它让左渐将走近了并得到了它，更帮助兰小柯克服外在世界的种种劣势和内心的软弱，发现并逼近潜蛰在颓唐深处的清新丽质与无限潜力的可能。换种讲法，音乐本身对于他们便是梦想，便是可能。

一开始，兰小柯是音乐中的一个灰姑娘。她酷爱音乐，但她一方面以自己的糟糕行为故意掩饰自己对于音乐的渴望，另一方面却又不敢真正走近它。这是还在初始接触阶段时左渐将对于“问题女生”兰小柯的准确判断。左渐将是音乐中的一位朝圣者，他对音乐心存虔敬，他冷峻，他有一种敏锐的音乐感受力和判断力。当然，也就更懂得如何在音乐潜质方面更为合理甚至是准确地判断一个人、一个音乐爱好者以及所有对音乐怀有梦想的对象，并潜心且以生命去挖掘和培育。也正因为这样，在兰小柯的成长中，在兰小柯的可能性的实现过程中，左渐将起到了至关重要的引领性作用。换句话说，左渐将的存在、作为与教育方式加之于兰小柯的潜质成就了她的可能。

对音乐的热爱，是兰小柯性情与禀赋中的自然倾向，它赋予了她一种内在的发展的可能，但它毕竟只是一种天然的可能性，它是自在的、自发的，它还需要引导，在必要的时候它还需要匡正，教育——当然是合理的教育，恰恰具有这种可贵的力量。教育让人生长。教育的力量在于让可能成为现实，换句话说，让可能的成为现实的，就是教育的可能性及其力量的确证。在《你可以让百合生长》中，教育助人以最优的方式、最美的姿态岸然生长，尤其是当左渐将以自己的生命灌注进一己的教育行为之中时，合理的教育就更是爆发出一种不可思议的力量。左渐将的教育、左渐将糅合自我生命的身体力行的教化与引导让兰小柯渐次“打开”。在这个意义上，我们明了，音乐教育、艺术教育，只有内在地成为或者表现为一种生命教育的时候，它才能真正建构起教育的力量。

我们同样关注的，在一定意义上甚至更为关注的，是左渐将在贯彻与践行对兰小柯以及合唱团其他成员的音乐教育、生命教育的同时他的自我生长与成就的可能。左渐将对音乐有着极为丰富的感知和极为深刻的理解，他曾经获得 CCTV 青年歌手大赛一等奖，也曾经是“岭南十大青年歌手”之一、深圳市的当红歌手；在黄莺老师看来，他是受人尊敬的艺术家；在兰小柯的眼中，他是位音乐圣人、音乐拯救者、音乐殉道者；在追求了他 6 年尽管知道前景无望却依然甘愿为他付出的芭蕾舞演员的感受中，他的身上显然有一种光，他的音乐、他对于音乐如同生命般的热爱与创造深深感染了她；在左渐将的自我评价中，他是个音乐天才，是音乐宠爱的孩子。然而，他却“已经在失去了，接下来是永远失去”，他是个将死者；这是邓一光“见到左渐将的原因”，他说：“我偏爱那些将死者，就像偏爱刚出生的婴儿一样。”[①]可见，作家对于左渐将这一人物的塑造是尤为看重的。刚出生的婴儿在生命的成长中充溢着无穷的可能性，那么，一个将死者又会有什么样的可能呢？

不错，左渐将是个音乐的宠儿，他为音乐而生，同时，他也“生产”和创造了音乐。在左渐将的理解中，音乐有一种原始、神秘的力量，是源自远古时代精神生命的吟唱，他期望通过音乐与人类最初的精神生活对话。他的基本理念是“音乐表达人类的一切生存情感，生死、命运、爱、幸福、友谊、善恶、劫难”，所以，音乐人的世界没有理由不广阔；我们之所以爱音乐，那是因为音乐能使我们成为更好的人、更高尚的人，我们也可以用音乐来思考、来计算。他将死，但对于音乐的热爱与迷恋始终充满生命的激情，是的，“他不可救药，死到临头还想做他的音乐殉道者”。音乐延展生命，音乐壮丽人生。正是这份对于音乐的坚韧的信念与虔敬，让他充分地触摸和感受到了音乐的质感、音乐的力量，这之中自然包括音乐培育人、造就人的坚实力量。他选择了做义工，塑造、化育孩子，成就孩子的音乐梦想，他在音乐的世界里一往无前，在这个世界，他是高大的。

左渐将当然也是渺小的，在小说的最后，也是生命的最后，他说出了自己的做不到：他想娶那个年轻而美丽的芭蕾舞演员，想“和她过一辈子”，但他没能力做到，因为他是一个将死的器官衰竭者；然而，如前文所呈示的，他无疑又是极具力量的。他以一个音乐殉道者的姿态、一个生活智者的姿态，并以生命教育的形式成就了兰小柯等生命的诸多可能，这就是一个将死者的最大可能，他是最具原动力的“百合”，他让自己倔强地生长、绽放！左渐将世俗生命的可能即将凋萎，但他艺术生命的可能、生命意义的可能却在音乐的护佑下、在人性的映照下留守长青。

在作品中，左渐将积极探索人的价值和意义；其实，这也是作家邓一光

---

① 邓一光：《创作谈：说了做不到，也许就做到了》，《北京文学·中篇小说月报》，2012 年第 6 期，第 32 页。

赋予他的。换句话说，是邓一光在追问和诉求可能性。在邓一光的文学观念中，作品需要表现可能性，也可以孕育和催生可能性。无疑，这种可能性是人的生命发展的可能性。邓一光以生命写作的方式，执着于人的当代建构这一伟大工程。以此而论，他是可敬佩的，其文学观念也是必须予以尊重的。如是来进行写作，文学的磅礴力量自然也就得以有效彰显。

三、百合的文化寓意、兰小柯的最终绽放与我们的可能性

百合是百合科百合属多年生草本球根植物。百合花素有“云裳仙子”之称，花姿雅致，高贵纯洁。在不同的民族文化中，百合花有着不同的深刻蕴含，中国人向来认为它是婚礼中不可或缺的吉祥花卉，梵蒂冈尊它为国花，天主教甚至把它视为玛利亚的象征。

在小说《你可以让百合生长》中，关于“百合”“百合花”，有这样的一些设置：第一，作为外来务工特困家庭的子女，兰小柯被社区大妈们通过各种途径“推荐”给了——当然也是兰小柯自己的要求——深圳百合中学，她是这个重点中学的特殊学生，尽管“特殊”，但她毕竟也是这个“百合”中学里的一朵花或者说一个花瓣，似乎是应该有绽放的可能的。第二，兰小柯进了百合中学的“百合合唱团”，这是命名的偶然，应该也有作家的深意所指，作家期望合唱团的“小鸟”或者说歌者们一起绽放，这也不是没有可能的，文学尤其是邓一光的文学创作根本上就在于塑造、成就这种可能。第三，兰大宝被发掘成为合唱团的一颗新星而兰小柯也真正感觉到在左渐将的引导之下自身出现了可喜的改变之后，兄妹俩每周一次去练声房练习，“学校为他办了一张特殊通行证，他在自己的照片旁歪歪扭扭地画了一朵百合花，然后把它绑在眼镜腿上，这样他就同时拥有了两样心爱的宝贝”。“智障”者兰大宝同样爱百合，这显然不是作家的随意设置，毋宁说，他就是一朵百合花。第四，进了百合合唱团的兰小柯，尽管并没有成为一个歌者，但在左渐将的“调教”下，她一步一步地成长，并在关键时刻成为替代左渐将的最佳击拍者。在这之前和之中，也就是左渐将带领百合合唱团代表中国在德国参加国际音乐节比赛演奏最后一个曲目之前沉重地倒在指挥台上再也站不起来之后，他“胁迫”兰小柯去做一个临时的击拍者，小说是这样叙写的：

“你一直在观察我，孩子。你知道我要什么，你能做到。”他尽量加快语速，在舞台总监给出的五分钟时间内完成他的赌博，“队形不变。她们会掌握自己的节奏。相信你的歌者，她们是最好的，知道在音量和音色上如何配合。你只要注意起声部分，在激起的一瞬间加入力度，保持住它，小心过渡到下一个音符，然后，跟着你的内心走，什么也别想。去拿你的小棍吧。”

“你在胁迫我。”我觉得我在颤抖。我颤抖得快要站不住了。

“对，我胁迫了。”他不容反驳。

……

他把目光投向化妆台，那里有一盆欲绽未绽的百合，在此之前我们谁也没有注意它。他示意朱星儿替他把那盆百合花抱到他身边。他看了它一眼，然后抬眼看我，再看歌者们，抬手对她们做了一个静音的手势。

“最后半分钟。让你们的心静止下来，听，它有什么声音。”

百合在他怀中。百合静如虚无。化妆室里静得能听见五百兆光年外流星飞过的声音。我闭上眼睛，慢慢松开知觉，怂恿它靠向我的心。我听见了。

……

那支四十八克重的金属小棍轻轻落下。气息扑面而来。几乎听不见声音。注意，是几乎，但它在那儿。是的，那就是花开的声音。

激起段落是那么的美妙，几乎毫无瑕疵，我赢得了第一个高分。我知道我出生了。我知道我打开了。我知道她们行。我相信我的歌者，相信这个世界，相信我自己。

……

这是邓一光在《你可以让百合生长》这篇小说中关于“百合”的最长叙写，也是语言能表达的终极描述。这次的百合出现，是在关键时刻之前也是完美之前的呈示。在这里，百合花开了、绽放了，但兰小柯的绽放并没有结束，她还没有成为最美的、最彻底的“百合”。

即使已经成为左渐将称谓的“最佳击拍者”，但兰小柯也不是自己的太阳，谁都不是自己的太阳。我们的生长、成长需要养料，我们应该感恩。这是左渐将在回国之后的病房里告诉她的。在这里，左渐将不仅是一位音乐中的“圣”者，他还是一位生命与生活中的智者，尽管他是那么的无力，无力拯救自己脆弱的心脏。左渐将在对兰小柯做最终的心灵牵引，他希望她能够真正地理解生命、理解生活，以让这朵百合真正地彻底地绽放。他把哲性带进了音乐，更带进了生命与生活之中。在垂死的、不依不饶的、残酷的击拍者左渐将的追问和“诱导”面前，兰小柯彻底妥协了，她“不要脸地哭泣着，同时打开自己，说出了内心最后的秘密”，她从心灵深处接纳了父亲、母亲、哥哥，接纳了生命与生活，当然，也真正接纳了音乐，从而，彻底地打开了自己，成就了可能；无可置疑的，这显然也是作家邓一光在兰小柯身上赋予的可能。

通过兰小柯这一人物，我们明确地感受到了可能性的美丽绽放、可能性的最终绽放，如同“百合”这一传说及其文化寓意所揭示的，兰小柯的“蝶变”、她的完美地、彻底地被塑造和自我塑造是在凄美中孕育进而勃发出来的。而这，也是作品给予我们的最大而且持久的心灵震颤。在小说的最后，作家这样别有意味地“交代”兰小柯最终“蝶变”的那一天的情境：“我忘了告诉你们，那天深圳的天气很好，没有台风路过，一切都很正常，和平日里一样正常。”在这里，我们可以明白，兰小柯的美丽蝶变是在日常中、在正常中完成的；而且，更为重要的是，兰小柯发展的可能性的实现本身也就是一件再也正常不过的事情。如前所述，邓一光说，有时候，他会积极地“跟上”在他眼前鱼贯而过的无数的可能性；是的，每个人的日常生活中都存在无数的可能，我们应该“跟上”它，寻求自身发展的可能性，让生命美丽绽放、正常绽放。

中篇

文学批评的理论研究

第三章　马克思主义文学批评研究

新时期以来，马克思主义文学批评取得了很大的创新发展，并日益成为当前中国文学批评的主导形态。当然，它依然存在发展空间。习近平新时代中国特色社会主义文艺思想就是中国化马克思主义文艺理论（当然依然包括文学批评）的最新形态。近些年，笔者在这方面投入了不少时间和精力，一些认识与判断也渐趋明朗。

第一节　马克思主义文学批评的当代形态问题

在现代的中国文学批评发展图景里，马克思主义文学批评是一种极为重要的批评形态，它既是整体意义上的现代中国文学批评的有机构成部分，也是百年来中国文学批评自身发展的重要推动力量。换言之，近一个世纪以来，马克思主义文学批评的中国化进程在很大程度上是现代中国文学批评发展与变化的见证者，也是至关重要的参与者。然而，在当前，马克思主义文学批评的创新发展却面临着严峻的挑战，也就是说，在当下，马克思主义文学批评需要发展，但其建设却又是一项艰巨的工作。基于创新发展的考量与要求，在这里，我们很有必要就中国语境下马克思主义文学批评的当代形态建设进行一些集中的讨论。

一、问题的提出及其根本性质

“马克思主义文学批评的当代形态”到底指向什么？为了对这个问题做出合理的解答，我们需要先行关注这个问题是如何提出来的。

1942 年延安文艺座谈会以来尤其是中华人民共和国成立以来的一段较长时期内，马克思主义文学批评中国化进入了一个重要的发展阶段，中国化的马克思主义文学批评的经典形态——毛泽东文艺思想或毛泽东思想文学批评得以确立并逐步被强化；与此同时，这一经典形态也遭遇到了一定程度上的曲解甚至是变异。例如，在十年“文化大革命”时期，马克思主义文学批评理论的探索与研究陷入严重的误区，出现了诸如“从属论”“服务论”“工具论”等政治语境下的基本文学观念。这是在极左路线与庸俗社会学的主导下，完全歪曲或篡改马克思主义文学理论根本精神与理论旨趣而产生的必然结果。这一历史教训是深刻的。也正因为如此，进入新时期以来，马克思主义文学批评在发展中首先出现了理论质地上的“先天不足”局面，它迫切需要新形势下的开拓与创新。但是，随着思想解放运动的深入，新时期的文学批评慢慢地丧失了马克思主义文学批评“独尊天下”的态势，渐次形成了多元化文学批评的基本状况；无疑，这给中国化马克思主义文学批评的当代建设带来了一定的困难。有学者指出：20世纪70年代末到1984年几年间，马克思主义文学批评是“辉煌”的，处于“独语”地位；然而，在当前，由于多元化的文学批评理论及其实践的持续而蓬勃地开展，它却不期然地进入一个“失语”的发展情形之中①。这一判断基于新时期以来中国语境下马克思主义文学批评发展的总体状况，无疑是具有相当的合理性的。只是，我们需要进一步认识到，马克思主义文学批评在中国语境下的当下“失语”除了受制于今天的文学批评多元化境况而引发文学批评的无主导情形之外，还与我们对于它的认识缺少更为充分的合理性②从而导致理论创新能力不足并由此严重制约马克思主义文学批评具体实践的开展密切相关。这样，致力于真正意义上的中国语境下马克思主义文学批评的当代形态建设或者说寻求马克思主义文

---

① 张永清：《马克思主义文学批评的困境与出路》，《中国人民大学学报》，2010 年第 3 期，第 18 页。

② 例如，有研究者这样指出：尽管马克思和恩格斯并未对其文学批评的理论范式予以明确规定，但其实它还是在后来的文学发展的过程中被关注、被认可。进而，他认为，审美意识形态批评的范式是马克思主义文学批评的基本范式，它在马克思所创立的人类社会结构的二重理论架构（经济基础与上层建筑）中得以确立（段吉方：《中国马克思主义文学批评的知识经验、理论模式与当代语境》，《华南师范大学学报》（社会科学版），2014 年第 4 期，第 29 页）。这一认识当然值得重视，它试图明确地确定马克思主义文学批评的基本范式，并且，论者在具体论证过程中也表现出了力图揭示马克思主义立场下审美意识形态批评范式理论形态多样性的思想动向与实践努力；然而，我们不能不注意到，这一判断对马克思主义文学批评的认识还显得相对单一，未能很好地、全面地洞察到唯物史观的完整性及其内蕴的历史发展性以及在此视野之下的马克思主义文学批评实践的丰富性问题。此不详论。

学批评的当下创新发展也就无可置疑地成为一个极为重要的理论命题。

2011年，华中师范大学组织申报的“马克思主义文学批评的中国形态研究”这一国家社会科学基金重大项目获批立项。是年11月至2013年4月，在前后不到两年的时间内，“马克思主义文学批评的中国形态”专题学术研讨会二度召开，与会学者围绕相关议题进行了认真的交流和颇具深度的特别讨论。应该说，这是一种标志，它充分说明在当下学理性地考量和建构马克思主义文学批评中国形态的重要性与紧迫性。

这一考量究竟意味着什么？其根本学术意图与愿景又表现为什么？在这个问题上，胡亚敏教授在第一届“马克思主义文学批评的中国形态”学术研讨会上就说得很明白：建设中国形态的马克思主义文学批评是一种必要而自觉的理论建构，具有充分的主动性，卓具建设性品格。马克思主义文学批评的中国形态与马克思主义文学批评的俄苏形态、西方形态等存在明显的区别，研究者需要积极寻求不同理论形态之间的交往和对话。因此，开展这一课题的研究，具有世界性意义①。后来，她又这样指出：当前，致力于建构中国形态的马克思主义文学批评具有历史的必然性，既是学科发展的需要，也顺应了当代中国社会现实发展的迫切需求②。这里的表述至少有两点必须加以重视：其一，在世界范围内确立马克思主义文学批评中国形态的独立性、主体性与差异性，即强调它与马克思主义文学批评的俄苏形态、西方形态等之间存在明确的不同之处；其二，明确马克思主义文学批评的中国形态在当前的建构性要求，它在根本上强调的并非马克思主义文学批评中国化的已有理论和实践成果，而是鲜明地指向在这一基础之上的马克思主义文学批评中国形态的当下建构，它是未完成的。

正因为马克思主义文学批评的中国形态尚处于一种未完成状态，因此，它还需要在世界学术语境的差异性认识中进行具有中国特色的当下建构。而事实上，中国形态的马克思主义文学批评的这一当下的特色性建构其实也就是马克思主义文学批评的中国语境下的当代形态建构问题；换言之，中国形态的马克思主义文学批评的当下建构，亦即致力于建设马克思主义文学批评的当代形态。

---

① 胡俊飞、吴亚南：《“马克思主义文学批评的中国形态”学术研讨会综述》，《文艺理论与批评》，2012年第2期，第140页。

② 见胡亚敏：《马克思主义文学批评的“中国形态”》，《华中师范大学研究生学报》，2013年第2期。

由此，研究者需要进一步认识到的是，在当下，建设马克思主义文学批评的当代形态并不是一种文学批评的多样化倡导或者说不是对当前文学批评已然存在的多元境况的进一步推动，而是鲜明地指向当前中国文学批评的主导形态的建构[①]，它致力于确认和强化当前中国文学批评语境下发展中的马克思主义文学批评的主导性存在地位。这表现为在当代文学批评领域中的马克思主义立场的坚持与发展，也表现出在一定程度上马克思主义文学批评当代形态的建构其实是马克思主义文学批评发展中的一种自身的内部运动，是其内在活力的基本表现。

问题讨论到这里，我们需要对建设当代形态的马克思主义文学批评中的“当代形态”这一概念或观念进行必要的理论思考。也就是说，“当代形态”、马克思主义文学批评的“当代形态”究竟意味着什么?

对“当代形态”这一观念进行历史性考察，我们会发现，它构成了一种颇为复杂的社会文化现象。其最先起源于 20 世纪自然科学的划时代变革，由于这些变革，传统的经典形态与革新的当代形态问题得以出现，而且，它们之间的区别也日益突出。在这种观念的持续影响和深入冲击之下，在西方社会包括其意识形态领域形成了声势颇为浩大的当代形态化运动，亦称“现代化运动”。由是，一些西方马克思主义者慢慢地把“当代形态”这一观念运用于马克思主义发展问题的探讨之中。他们认为，在 19 世纪由马克思、恩格斯创立的马克思主义是一种传统的经典形态，已经处于日益僵化的危险之中；基于这种判断，他们给自己设立了一个理论目标，那就是要重新“发现”“革新”“创造”马克思主义，亦即塑造和建构马克思主义的“当代形态”[②]。然而，在此我们必须注意到并需要明确加以区分的是，一些西方马克思主义者如上所说的“当代形态”的马克思主义并非我们在本节中论及的“当代形态”的马克思主义文学批评，二者之间存在显著的意识形态差异。建设“当代形态”，当然是马克思主义文学批评发展的必然，唯有如此，马克思主义文学批评才能在对时代和世界变化的积极因应中建设与发展自身。事实上，马克思主义文学批评的生存和发展原本就与时代的进步和世界的变革息息相关，它是与时俱进的，体现着社会历史发展进程中的鲜明的当代性

① 胡俊飞、吴亚南：《“马克思主义文学批评的中国形态”学术研讨会综述》，《文艺理论与批评》，2012 年第 2 期，第 142 页。

② 狄其骢：《马克思主义文艺理论建设的当代形态》，《高校理论战线》，1992 年第 6 期，第 44 页。

和现实性。

当前，建构中国语境下的马克思主义文学批评的“当代形态”自然要面对马克思主义文学批评的经典形态，这里所说的“经典形态”至少包括马克思主义的创始人马克思、恩格斯的文学批评，以及我们在前文已经论及的中国化马克思主义文学批评的经典形态毛泽东文艺思想或毛泽东思想文学批评。笔者认为，期望马克思主义文学批评的当代形态建设取得实质性进步，那么，充分而合理地考虑到马克思主义文学批评的经典形态这一问题并以之作为建构实践的基本出发点就成为我们的工作开展的一个根本方面。因此，在很大程度上，我们说，建构马克思主义文学批评的当代形态也就表现为在当下时代与世界语境下，在马克思主义世界观与方法论视野内，对于马克思主义文学批评经典形态的坚持与发展。

二、建构马克思主义文学批评当代形态问题的基本考量

当前，讨论和探索马克思主义文学批评的当代形态既是一件颇为迫切的工作，也是一项较为复杂的工程。在此，我们仅就其当下建构问题谈谈三个方面的认识。

（一）总体理论态度

致力于马克思主义文学批评当代形态的建构需要有效而明确地确立总体理论态度，择其要者，在这里我们主要谈四点。

其一，以马克思主义文学批评中国化的发展轨迹和历史经验作为建构马克思主义文学批评当代形态的基础。这是一个总体的出发点问题。也就是说，马克思主义文学批评的当代形态不可能是空中楼阁，我们需要明确其发展基础问题。毫无疑问，在当下的中国社会文化语境中致力于马克思主义文学批评当代形态的建构自然，首先必须以近一个世纪以来马克思主义文学批评中国化的发展进程，尤其是在这一过程中形成和确立的根本经验与成就作为考察和探究的前提。这既是一种历史性视野的表达，表现出对历史的尊重，也鲜明地体现出我们试图解决问题的现实的中国立场。“当代”从“历史”中走来，我们不是历史虚无主义者，也不能任意地裁剪和割裂历史，中国语境下的马克思主义文学批评的当代形态建构只能首先直接面对马克思主义文学批评中国化这一历史性问题。后者是一种基本的历史存在，它对于今天的马克思主义文学批评的当

代形态建构不仅具有构成性影响，更具有塑造性作用，我们需要以此来看待和确认马克思主义文学批评自身的内在发展活力。换言之，中国语境中的马克思主义文学批评当代形态的建构是中国化马克思主义文学批评的发展。当然，这一发展是现实中的发展，它期望解决的是当下语境中的中国文学批评问题，尤其是文学批评面对现实的未来发展问题。

其二，在其一的前提下，确立好马克思主义文学批评当代形态建构的具体出发点。很显然，我们在这里所说的具体出发点就是前文论及的马克思主义文学批评的两种经典形态，即马克思恩格斯的文学批评与毛泽东文艺思想或毛泽东思想文学批评。在这两种经典形态问题上，学界对于马克思恩格斯的文学批评的研究做得还不够充分，甚至可以说近年来的直接学术关注可能都还做得不够，在马克思主义文学批评当代形态的建构问题上，我们必须正视这一研究状况并力求通过实际努力实质性改变这种情形。毛泽东文艺思想集中体现在 1942 年的《在延安文艺座谈会上的讲话》中，它确立了中国化马克思主义文学批评的基本理论范式，也成为一段时期内新中国文艺发展的“共同纲领”。然而，从历史角度看，这一中国化马克思主义文学批评的经典形态在理论上更多的是基于当时现实发展的需要，在今天看来存在不少局限。有论者甚至认为，毛泽东思想文学批评其实并没有真正建构成为中国形态的马克思主义文学批评，最多只能说是马克思主义文学批评中国形态的雏形①。这一论断当然值得商榷，但它所说的正在建构的“中国形态”，其实也就是我们所讲的中国语境下的马克思主义文学批评的当代形态问题。马克思主义文学批评的当代形态建构需要从对经典形态的深入关注和研究中确立，它是对经典形态的坚持和发展。换言之，建构中国语境下的马克思主义文学批评的当代形态必须依据于马克思主义文学批评的经典形态，这样，我们才能在今天更好地推动马克思主义文学批评的创新发展。

其三，除了必须建立在马克思主义文学批评经典形态的基础之上以外，建构马克思主义文学批评的当代形态还必须面向当代，面向变革中的现实，面向发展中的包括理论学说在内的一切有价值的精神文化；由此，我们理应明确，进行中国语境下的马克思主义文学批评的当代形态建构必须确立科学的、来源于现实而又富于生命活力的哲学与文化基础。这样，以发展中的马

---

① 张玉能、张弓：《论马克思主义文学批评的中国化与中国形态》，《福建论坛》（人文社会科学版），2012 年第 8 期，第 123 页。

克思主义理论、以完整系统的马克思主义哲学作为马克思主义文学批评当代形态建构的思想支点就成为我们的根本选择了，如是，马克思主义理论的自身创新方可得到有效的保证。在这个问题上，一些研究者已然做出了不小的理论努力。例如，有论者如是进行理论设想，在中国化马克思主义文学批评的理论基点的确立问题上，应该将原本依据的认知论哲学与社会学的统一调整转换为马克思主义实践论哲学与人学的统一，并由此自觉走向文学批评观念的系统整合。具体而言，这一整合的基本架构，大体可以确定为主体论、本体论与价值论的三维理论图景①。也有研究者这样持论：马克思主义哲学是建构马克思主义文学批评中国形态的理论基础；而作为实践的唯物主义的马克思主义其实是一个整体，它包括实践的本体论、认识论、辩证法与价值论四个方面②。诸如此类的论述当然是合理的，我们当下需要做的，是在诸如此类讨论的基础上继续探求，在更为完整、准确的唯物史观视野下确立建构马克思主义文学批评当代形态的理论基点，并在具体的建构实践中不断地发展和完善。

其四，中国语境下的马克思主义文学批评的当代形态建构是已经长久开展而当前依然还在进行的马克思主义的中国化问题中的一个基本的构成环节，马克思主义的中国化具有其独立性，但它显然不是一个孤立的问题，需要关联马克思主义的时代化、大众化等问题进行综合性考量。也就是说，在中国语境下，建构马克思主义文学批评的当代形态不仅需要在与马克思主义文学批评的经典形态的区分中确立当代形态，还必须从中国当下的文化生态与文化建设需要出发，坚持马克思主义的基本立场，在中国化、时代化、大众化结合的大思路与大方向上建设马克思主义文学批评的当代形态。陆贵山先生深刻地认识到了这一点。他认为，孤立地探讨马克思主义文学批评的中国形态或中国化问题是不合适的，必须把它与时代化、大众化结合起来；在此基础上，他强调，我们还需要以马克思主义的大众化、时代化来强化中国化③。这也就是说，关注和深入研究马克思主义的大众化和时代化问题是可以

① 赖大仁：《关于马克思主义文学批评的当代形态》，《中国人民大学学报》，1999 年第 4 期，第 94 页。

② 张玉能、张弓：《论马克思主义文学批评的中国形态——哲学基础：实践唯物主义》，《青岛科技大学学报》（社会科学版），2012 年第 3 期，第 27-31 页。

③ 胡俊飞、吴亚南：《“马克思主义文学批评的中国形态”学术研讨会综述》，《文艺理论与批评》，2012 年第 2 期，第 140 页。

积极推进马克思主义文学批评的中国形态建设的。其实，在与时代化、大众化问题的关联中来探索马克思主义文学批评的中国形态建设，亦即我们所说的当代形态建构，它不仅表现为一种必要的理论视野，还体现为在理论建构过程中我们应该持有的现实性态度。

（二）基本理论观念的有效确立

推进马克思主义文学批评的当代形态建构这一工作，需要其研究者确立一些基本的理论观念，而且，有的理论观念也将会在马克思主义文学批评当代形态的建构实践过程中不断地推向深入，这在很大程度上就表现为我们在上文所说的马克思主义自身的理论创新问题。

其一，“走进”马克思。在马克思主义文学批评的中国形态或当代形态建构问题上，存在一种“回到”马克思的声音和主张。例如，有论者就这样认为，“回到马克思”是在当下建构马克思主义文学批评中国形态的基本前提，如是，我们才能真正把握马克思主义文学批评的精神实质，并确保理论形态的建构工作不会出现严重的方向性问题①。这样的说法当然存在很大的合理性，但笔者更愿意使用“走进”马克思这一称谓。“走进”首先是一种态度，同时，它也是一种要求，更明确指向在“走进”基础上的理论创新性要求。笔者的这一表述与张永清先生的如下观点是趋于一致的，他持论：要从根本上改变中国马克思主义文学批评的现状，需要进行多种努力，其中之一就是要“回到”马克思与恩格斯的文学批评文本，挖掘其根本性的批评精神，从而，以之为基础，并在与其他批评理论的积极对话与交流中，创造性地建构具有鲜明时代特色的马克思主义文学批评理论②。其实，“走进”马克思，“走进”马克思文学批评，意味着要真正“走进”马克思、恩格斯、毛泽东等马克思主义经典理论家的总体思想与特定的文学批评文本深处，只有这样，在充分关注现实发展需要的基础上理性地省察，才能从根本上有效避免对马克思的思想和对马克思主义学说的误读。埃及思想家萨米尔·阿明曾经立场鲜明地对这种态度倾向以及受这种态度倾向所决定而在当代西方社会不可避免地出现的“抛弃”马克思主义的时尚进行了尖锐的批判。在他看

① 张玉勤：《马克思主义文学批评中国形态的理论特质》，《华南师范大学学报》（社会科学版），2014年第4期，第40页。

② 张永清：《马克思主义文学批评的困境与出路》，《中国人民大学学报》，2010年第3期，第23页。

来，很多人在对马克思主义予以机械化、单一化解读的基础上表现出来的对马克思的无端指责与批评显然是不合适的，而且，这对马克思而言无疑也是不公平的[①]。很显然，这种“不公平”的产生与未能真正“走进”马克思存在极为重要且直接的关联。

其二，马克思主义文学批评话语模式的创造式改进与坚持。话语是民族文化的重要构成单位，话语模式更是一个民族其文化传统在历史发展进程中与特定的社会现实相关联而渐次形成的理论范畴、思想构架与价值规范。对中国化马克思主义文学批评进程中批评话语与话语模式的变革和发展的把握，无疑可以有效地整体性地理解和解释马克思主义文学批评中国化的历史脉络与逻辑进程，在此基础上自然也就存在对马克思主义文学批评当代形态的建设问题进行理论创新性研究的可能。有研究者指出，中国马克思主义文学批评话语模式指的是中国马克思主义文学批评的理论话语体系所彰显的共同的原则、观念、方法、问题意识及其理论阐释的审美倾向和语言风格的“家族相似”特征，而这是在特定历史阶段表现出来的。继而，他认为，受具体历史语境的制约和时代召唤的驱动，中国马克思主义文学批评话语大致经历了启蒙话语、革命话语和人民话语这三种话语模式的嬗变[②]。应该说，这种对于中国马克思主义文学批评的理论阐释途径以及对其话语模式进行区分的实践努力是值得肯定的，然而，我们也需要认识到，它对于中国马克思主义文学批评话语模式的具体阐述却也是有待讨论和深化的。比如说，启蒙话语模式与革命话语模式之间的关系到底应该如何理解？它们之间是“泾渭分明”的而且呈现出一种断裂性的矛盾与对立抑或二者其实是存在重要的内在勾连的？再比如人民话语模式，在论者看来，中国马克思主义文学批评的人民话语模式被鲜明地赋予了文学批评人民性的意义，从而使之成为一整套倾向明确的人民符号系统和知识[③]。这种对于文学批评的人民话语模式的理解、对于文学批评人民性的理解在新形势下我们又该怎样赋予它更具时代性的特质？2014年10月15日，习近平同志在文艺工作座谈会上强调，要坚持以人民

---

① [埃及]萨米尔·阿明：《全球化时代的资本主义——对当代资本主义的管理》，丁开杰译，中国人民大学出版社，2005年，第122页。

② 范生彪：《中国马克思主义文学批评的话语模式演进》，《文艺理论与批评》，2013年第4期，第100页。

③ 范生彪：《中国马克思主义文学批评的话语模式演进》，《文艺理论与批评》，2013年第4期，第103页。

为中心的创作导向，创作更多无愧于时代的优秀作品。其实，当前的文学批评同样也需要确立以人民为中心的实践导向，这就内在地要求我们必须有效地将人民性与时代性相结合，在二者关联、勾连、融通的视域中来看待文学的人民性、文学批评的人民话语与话语模式的创造性改进与坚持问题。马克思主义文学批评的当代形态建构需要科学地、与时俱进地创制新形势下的文学批评的人民话语与话语模式。

其三，19 世纪后期西学东渐以来，中国社会尤其是中国学术、中国人文社会科学发生了很大的变化，然而，不可否认的是，这一变化在很大程度上挤压了文学理论本土化的生存发展空间。当然，本土化问题的真正提出，是在文化全球化这一问题生成之时或之后才有的事情。也正因为这样，近些年来，文学理论本土化成为一个重要的文艺学问题。结合这一学术语境来考察，我们需要思考：中国语境下马克思主义文学批评的当代形态建构是否有利于促成文学理论的本土化？显然，这是一个重大问题。顺利地解决了这一问题，无疑能够大力推动文学理论、文学批评基本观念的确立和创新。王先霈先生认为，在当下，探讨马克思主义文学批评的中国形态问题，必须思考其如何能够促成文学理论实现本土化创新。或者我们也可以换句话说，实现文学理论的本土化创新是马克思主义文学批评当代形态建构的应然要求和状态。实现文学理论的本土化，根本的是研究中国的现实问题，也就是关注和应答现代化过程中民族文艺遇到的现实问题。王先霈说得相当明白：直面本土的当下社会生活是今天的文学理论实现直面本土现实这一要求的更为重要的方面。当代中国正处于社会转型发展期，文学理论、文学批评必须回应本土文化生活、文学实践中的尖锐问题、重大事件①。这一看法是敏锐的，它抓住了文学理论本土化、马克思主义文学批评当代形态建设中的重要问题。当然，文学理论的本土化是一个长期的过程，我们需要以马克思主义文学批评的当代形态建构推进文学理论的本土化进程。

其四，促成和实现文学理论的本土化在很大意义上是一个文学理论批评的民族性的营构问题。在这里，民族性不是一个简单的地域、地方问题，而是地域、民族文化中的价值倾向的集中体现。无可置疑的是，在当下的全球

① 参见王先霈《如何实现文学理论本土化》（载《深圳大学学报》（人文社会科学版），2012 年第 1 期，第 108-112 页）与胡俊飞、吴亚南《“马克思主义文学批评的中国形态”学术研讨会综述》（载《文艺理论与批评》，2012 年第 2 期，第 140-142 页）中的相关论述。

化语境及中国社会现代化进程中，在重视文学理论的本土化问题之外，推进学术的现代化、文学理论的现代化，实现中国文学理论批评的现代性的彰显和弘扬，也成为一种基本的价值诉求。这就自然地向我们提出了一个问题也是一种要求，中国语境下的马克思主义文学批评的当代形态建构需要做到和实现现代性与民族性的融合与统一。这同样是一个重要问题、一个能够有效地对中国语境中马克思主义文学批评的当代形态建构予以支撑性说明的重要问题。中国语境下马克思主义文学批评的当代形态或者说马克思主义文学批评的中国形态，它理应是“中国”的，也是“现代”的；换言之，在根本质地上，它应该具有民族性，也应该具有现代性。

（三）从马克思恩格斯文学批评的基本特质与精神出发

从马克思恩格斯的文学批评的基本特质与精神出发，以此致力于中国语境下的马克思主义文学批评的当代形态建构。无疑，这是一种立场鲜明的价值选择。如是，在这里，问题探讨的出发点也就集中到马克思恩格斯的文学批评究竟具有哪些根本性的特质与精神这一问题的概括和提炼上来了。

其一，马克思主义文学批评的经典形态马克思恩格斯的文学批评是其建构者基于当时他们所面对的文学基本问题与文艺现象积极寻求解决方案而确立起来的。比如说，马克思和恩格斯对于莎士比亚、席勒的评价，对于巴尔扎克的评价，对于歌德的评价，对于拉萨尔的《济金根》、哈克奈斯的《城市姑娘》等的评价都是如此。这无可置疑地确证了马克思恩格斯的文学批评基于现实的当代性特质与精神意向。同样的道理，在当前，致力于中国社会文化语境下的马克思主义文学批评的当代形态的建构同样要从当下我们的文艺面临的重要问题出发，即从关注文艺现实出发，积极回应现实中的文学发展问题，以此确立文学批评的基本品格与质地。这与我们在前面所论及的文学理论的本土化问题存在一定的共同指向。习近平同志在文艺工作座谈会上提到了文艺与市场的关系问题、文艺的人民性的坚持与发展问题等，这些就是我们在当下需要充分加以探讨和研究的重大现实问题，自然也是马克思主义文学批评的当代形态建构过程中不可忽视的重要问题。

其二，马克思主义文学批评是开放性的。这里所说的开放性，其基本意蕴之一就是指马克思主义文学批评经典形态马克思恩格斯的文学批评的理论资源的开放性、跨文化跨学科的综合性。其实，这也是人类思想在文明发展进程中得以不断交融并持续生长和发展的基本需要和鲜明的特质。正因为这样，马克思主义文学批评当代形态的建构也就需要而且必须继承和发扬这一传统。这就要求我们，在马克思主义文学批评的当代形态建构或者说马克思主义文学批评中国形态的当下建构中，深入中国传统文化与文学批评思想的深厚土壤，对西方文学理论批评尤其是现代西方文学理论批评采取一种批判性借鉴的开放姿态，还要在跨学科视野中不断推进马克思主义文艺理论、马克思主义文学批评当代形态的建设。事实上，这也是致力于中国语境下的马克思主义文学批评的当代形态建设或者说马克思主义文学批评中国形态的当下建构的必由之路。

其三，实践性是马克思主义理论的根本特征之一，不少学者把马克思的学说称为实践唯物主义就是对这一根本特征的有力佐证。马克思本人也曾经在撰写于1845年的《关于费尔巴哈的提纲》第一条中就鲜明地指出：人的思维是不是具有客观的真理性，这在本质上是一个实践的问题；人需要在不断的社会实践中来印证个人思维的真理性①。出于这样的深刻认知与自觉努力，马克思恩格斯的文学批评体现出鲜明的实践性品格。在当前致力于中国语境下的马克思主义文学批评的当代形态或马克思主义文学批评的中国形态的建构过程中，我们需要切实遵循马克思恩格斯文学批评的这一实践性要求。但是，我们却不能不看到，在当下的马克思主义文学批评领域里，存在着不容忽视的理论与实践的严重脱节倾向，一些理论研究者是无视当下鲜活的文学与文化现实的，而狭隘地追求与认同理论逻辑的自洽性，这无疑将严重折损马克思主义文学批评的当下发展。法国思想家萨特曾经指出：理论与实践的分离势必带来严重的后果，它既导致实践蜕变为一种无原则的经验论，也把理论改换成一种单一的、固定化的知识②。无疑，这是相当具有警示意义的。在当前，我们需要以实际行动强化文学批评的实践性品格，在这一品格的持续增进中才能更好地推进马克思主义文学批评的当代形态建构。

其四，19 世纪是一个出现重大社会变革的时代，也是一个批判的时代；马克思与恩格斯的文学批评作为产生和形成于这个时代的马克思主义文学批评的经典形态，批判也成为其强烈的精神意向与鲜明的思想特质。例如，在写于1844年的《神圣家族》中，马克思与恩格斯分析指出，在《巴黎的秘密》这部作品中，欧仁·苏存在一种唯心主义倾向；进而，在这一批判的基础

① [德]马克思、恩格斯：《马克思恩格斯选集》（第1卷），人民出版社，1995年，第55页。

② [法]让-保罗·萨特：《辩证理性批判》，林骧华等译，安徽文艺出版社，1998年，第22页。

上，他们明确提出了文学应当“真实地评述人类关系”的现实主义立场①。当然，我们必须看到，时代的影响只是铸就马克思恩格斯文学批评的批判精神的某个方面的因素，起着更为根本作用的其实是马克思主义学说自身的根本价值诉求。马克思的思想是一种革命性学说，它致力于在资本主义时代考察和叩问人的解放与自由全面发展这个重大问题，这也就从最根本处决定着其思想存在的批判性。然而，从总体而言，当下的中国文学批评却是严重缺乏这种在马克思的学说、马克思恩格斯的文学批评中原本处处洋溢着的批判精神的；无疑，在马克思主义文学批评的当代形态建构中我们必须高度重视这一问题，以实际性的理论努力有效促成文学批评的多种批判功能的实现，从而实质性地恢复作为一种先进文化的文学批评自身原本就应该具备的学术批判质地②。

第二节 马克思的主体性理论与人学批评的吁请
——当下文学批评存在的一种可能性

近年来，随着“文学理论的边界”“文学和文学研究的危机”等命题的提出，文学理论与批评的建设问题日益受到学界的关注。同时，针对文坛的现状，一些媒体也组织起相关文学问题的讨论。《北京文学·精彩阅读》杂志自 2004 年 1 月起举办了为期两年的“向当代文坛进言”活动，以此积极介入当前文学问题的思考。其中自然关涉对当下文学批评状况的考察。譬如，该刊 2005 年第 10 期就发表了朱平原的《当代文学批评的五大症候》一文。论者指出，时下的文学批评十分驳杂，大致可以把它区分为口红式批评、谩骂式批评、学院式批评、帮派式批评和媒体式批评等几种主要形态，并对其种种不合理性进行了批判。笔者以为，这样的研究是必要的，但还有所不够，应该在此基础上确立科学合理的理论立场并继续致力于当下文学批评存在和发展的可能性问题的探讨。因为，这对于当前文学理论与批评的建设问题来说显然更具价值也更为迫切。在此，笔者就在这

① [德]马克思、恩格斯：《马克思恩格斯全集》（第 2 卷），人民出版社，1957 年，第 246 页。

② 季水河：《论马克思主义文学批评精神对中国当下文学批评的指导意义》，《学习与探索》，2009 年第 1 期，第 198 页。

一思考进程之下尝试着讨论这一问题，提出在马克思的人的主体性理论基础上建构人学批评的必要性。

一、马克思的人的主体性思想

主体性问题不是本体论问题；同时，它既不全是认识论问题，也不全然是历史哲学问题。人的存在的主体性问题当属人和世界关系的根本问题，它属于哲学的总体性问题，是哲学基本问题的进一步发展和具体化。思维和存在的关系本质上是人和世界的关系，它是人所特有的意识性的表现，而人所特有的意识性在其现实性上必然发展和表现为主体性，表现为人所特有的"主观能动性"，从而揭示出，人和世界的关系，从根本上说就是主体和客体的关系[①]。明确这一点是我们理解马克思的人的主体性思想的一个关键，也让我们明了马克思的主体性思想与马克思哲学本身的整体性关联。

马克思的人的主体性思想，在《关于费尔巴哈的提纲》的第一条中有着集中性的体现。"从前的一切唯物主义（包括费尔巴哈的唯物主义）的主要缺点是：对对象、现实、感性，只是从客体的或者直观的形式去理解，而不是把它们当作感性的人的活动，当作实践去理解，不是从主体方面去理解。"[②]在此，马克思的批判对象显然是指包括费尔巴哈在内的所有的旧唯物主义者。与此相区别，马克思把他自己的哲学称为"新唯物主义"。我们知道，在马克思之前的许多唯物主义者机械地理解物质决定论，在反对唯心主义者所说的"自由意志"时，也完全否定人的自由的可能性。在《德意志意识形态》中，马克思、恩格斯指出，在承认客观世界外在性的前提之下，必须认识到现实世界并非纯客观的，它是人类世世代代实践活动的结果，是历史的产物，是人的本质力量的对象化呈示，现实世界业已体现并确证了人的主体性。这是对人——主体在同客体发生对象性关系的过程中、在实践活动中获得主体性的一种深刻揭示。通过对象性的活动，能动的主体把人的内在主观目的外在现实化，使作为客体的现实世界或现实事物发生变化并对人呈现出意义，因此，对事物、现实世界和客体必须"当作人的感性活动，当作实践去理解"，即从主体的能动方面或能动的主体方面去理解。

① 李为善、刘奔主编：《主体性和哲学基本问题》，中央文献出版社，2002年，第41-45页。

② [德]马克思、恩格斯：《马克思恩格斯选集》（第1卷），人民出版社，1995年，第54页。

“和唯物主义相反。能动的方面却被唯心主义抽象地发展了，当然，唯心主义是不知道现实的、感性的活动本身的。”①这也就是说，在旧的唯物主义者的理论视野内排斥了的人的主体性即“能动的方面”被唯心主义者“抽象地发展了”。然而，由于唯心主义者并不知道现实的、感性的活动本身，因而，他们也就只能是从人们的主观、精神或意志方面去理解人的主体性。这样，我们也就看到，唯心主义哲学和旧唯物主义哲学在对待人的主体性问题的考察上都出现了理论偏向，由于自身的局限，它们未能从人的对象性活动，从主体的实践中去理解人的主体性，从而也就无法真正对人的主体性问题做出正确的阐释。而马克思的“新唯物主义”正是在克服旧哲学的片面性的过程中建立起来的，它从主观和客观、主体和客体、认识和实践、必然和自由的关系中来理解人的主体性，从而达到了对于人的主体性全面、具体的理解。我们必须认识到，在马克思哲学中，实践的观点和主体性的观点是连为一体的。离开实践的观点，就不可能真正理解人的主体性；同样，离开主体性的观点，也不可能真正理解实践②。马克思的关于人的主体性思想的这一根本观点为我们理解在马克思哲学视域中人的主体性的若干具体规定奠定了理论基础。

关于人的主体性的具体规定也就是主体的规定性问题，马克思曾经有过许多论述，概括起来主要就是指人作为活动主体在对客体的作用过程中所表现出来的能动性、自主性和自为性。其中，人作为活动主体的能动性包含三个方面的基本含义：第一是主体对于主客体关系的自觉性，第二是主体的选择性，第三是主体的创造性。而创造性显然又是主体能动性的最高表现。同主体的能动性一样，主体的自主性也是人的主体性中的一个重要内容。在马克思看来，真正的主体必然是具有自主性的主体，这种主体既有能力又有权利“作为支配一切自然力的那种活动出现在生产过程中”③。我们明白，主体的自主和自由其实是一个问题的两个方面；“自由的人”也就是自主的人，自由度的大小和自主性的大小是一致的。主体的自为性是主体自主性的逻辑延伸；也就是说，自主是自为的前提，自为是自主的目的。所谓“自为”简单地说就是“为自”。马克思说：“凡是有某种关系存在的地方，这种关系都是为我而存在的。”④

---

① [德]马克思、恩格斯：《马克思恩格斯选集》（第1卷），人民出版社，1995年，第54页。
② 郭湛：《主体性哲学——人的存在及其意义》，云南人民出版社，2002年，第34页。
③ [德]马克思、恩格斯：《马克思恩格斯全集》（第46卷下），人民出版社，1980年，第113页。
④ [德]马克思、恩格斯：《马克思恩格斯选集》（第1卷），人民出版社，1995年，第81页。

确实，在现实世界中，主体总是把自己的存在和发展当作一个自为的前提，“从主体方面去理解”事物，“从自己出发”去从事活动，把事物、活动及其结果看作“为我而存在的”，这是人类特有的生存方式，是人类活动的基本特征。总体来看，马克思关于主体的能动性、自主性和自为性的以上论述是相互联系着的。只有三者的结合和统一，才是完整的主体和真正的主体性。在马克思看来，主体活动实质上是自由活动，主体活动的主体性和自由活动的自由性密切相关。因而，马克思关于人的主体性的规定和他关于人的自由的规定无疑是相通的。以上所论及的主要是马克思在主客体关系中探讨人的主体性。马克思同时认为，主客体关系是以主体之间的交往为中介的，主体性不仅表现在“他们对自然界的一定关系”中，而且表现在“劳动主体相互间的一定关系”①中。这也就是说，在马克思看来，人的主体性不仅是指主体在主客体相互作用中表现出来的特性，它还包括不同的主体在一定的社会历史条件下为变革某一客体而进行的相互交往的特性②。

然而，我们知道，马克思不仅把唯物论、辩证法和实践观引入其主体思想，还把历史唯物论引入其主体思想，因此，我们做到的应该不仅只是像上面一样对人的主体性的若干具体规定做出一般的把握，还更要看到马克思在人的主体性的历史发展问题上所进行的重要思考。

在《政治经济学批判（1857—1858 年草稿）》中，马克思指出：“……人的依赖关系（起初完全是自然发生的），是最初的社会形态，在这种形态下，人的生产能力只是在狭窄的范围内和孤立的地点上发展着。以物的依赖性为基础的人的独立性，是第二大形态，在这种形态下，才形成普遍的社会物质变换，全面的关系，多方面的需求以及全面的能力的体系。建立在个人全面发展和他们的共同的社会生产能力成为他们的社会财富这一基础上的自由个性，是第三个阶段。第二个阶段为第三个阶段创造条件。因此，家长制的，古代的（以及封建的）状态随着商业、奢侈、货币、交换价值的发展而没落下去，现代社会则随着这些东西一道发展起来。”③在这里，马克思精辟地阐述了他的在历史唯物论基础之上确立起来的关于人和社会发展的三大形态或阶段的理论。就本质而言，它也是马克思关于人的主体性发展的三大历

① [德]马克思、恩格斯：《马克思恩格斯全集》（第 46 卷上），人民出版社，1979 年，第 496 页。
② 袁贵仁：《马克思的人学思想》，北京师范大学出版社，1996 年，第 103-113 页。
③ [德]马克思、恩格斯：《马克思恩格斯全集》（第 46 卷上），人民出版社，1979 年，第 104 页。

史形态或阶段的理论。马克思认为，人的生产能力和与之相应的社会关系的状况，制约着人的主体性的现实状况。与一定的社会生产能力相适应，古代社会是建立在人的依赖关系基础上的以人的依赖性为特征的社会形态，现代社会是建立在物的依赖关系基础上的以人的独立性为特征的社会形态，而未来更高阶段的社会则应是建立在个人全面发展和他们的共同的社会生产能力成为他们的社会财富的基础上的以人的自由个性为特征的社会形态。正因为人的主体性的状况受到人的生产能力和与之相应的社会关系的状况的制约，因而，在人类社会发展的这三大历史形态或阶段中人的主体性也就相应地呈现出不同的面貌①。这也就同时从一个侧面说明，人的主体性并不是单一的，它会随着人类社会的发展而出现不同的存在形式②。

二、马克思人学意义上的文学批评的确立

当前，提出在马克思人的主体性理论基础上进行人学批评的建构，自然是需要以对当下中国文学批评发展尤其是文学批评实践的发展的总体面貌及其特征的考察为前提的。从前文关于相对主义文学批评的学理性批判中，我们可以充分认识到，文学批评实践中的相对主义倾向在20世纪90年代以来的中国文学批评中的出现是一种较为正常的现象，它也敦促我们必须由此展开对当下文学批评存在的可能性问题的思考。

我们明白，相对主义批评论在20世纪90年代后期的提出并不是完全没有其合理性的，这除了它具有一定的现实基础之外，也与相较于客观主义而言的相对主义认识的历史进步性有关。但是，相对主义文学批评又是显明地坚持以个体文化为本位的，“在批评领域相对主义立场就等于个人立场，它……是一种批评上的自由主义和个人主义”，“批评上的相对主义不否认对于文学作品的价值判断的存在和意义，不过相对主义的价值判断……是个体主义的，是一种个体的价值判断”③。正因为相对主义批评坚持这样的个体

① 对此，可参阅郭湛先生由马克思的以上关于人和社会发展的三大形态或阶段的理论出发而作的相关分析。见郭湛《主体性哲学——人的存在及其意义》，云南人民出版社，2002年，第3-5页。

② 关于马克思的人的主体性思想的较为细致的论述，详见拙文《论人的主体性——一种马克思哲学视点的考察》，载《社会科学研究》，2007年第2期，第114-119页。

③ 葛红兵：《相对主义：批评的可能立场——对批评现状的一个思考》，《作家报》，1997年2月15日，第5版。

主义文化选择，就致使其在主体观和价值论方面都存在较为显豁的问题。例如，我们明白，坚持个体主义的价值取向，那么，在我们这样的一个时代，究竟如何确立文学批评中价值评价的合法性依据，并使之具有客观性呢？与其以个体为价值主体的价值论思想相对应，相对主义批评的主体观是一种以个体为本位的主体论态度和倾向，它明显缺少唯物史观和唯物辩证法意义上的主体论既对个体性予以充分肯定而且又在这种肯定的基础上努力实现对个体性的超越的基本品格。从根本上说，这应该与相对主义批评论者对文学批评的功能与价值选择问题的认识产生严重偏颇和缺失有关。在笔者看来，如同文学生产一样，文学批评的功能与价值从最终旨归上说也理应指向人的建设，即“开垦”和发展人自身。由是，笔者认为，尽管多元思想与文化语境下的相对性的批评状况在当下的出现和存在是具有其现实性的，但面对当前纷繁复杂的批评态势，有必要确立一种以实现马克思人学理念为目标的主导性的批评形态以对之进行有效的规约。强调规约，并非逼迫文学批评在意识形态上的同一，也并不排斥文学批评价值选择的差异性，它主要是蕴含一种介入和引导的作用。简要而明确地说，笔者主张的是一种一元主导下的多样化形态并存的文学批评观，而对于目前来说，更为重要而迫切的显然是需要确立马克思人学意义上的文学批评。

马克思人学批评就是一种以实现马克思人学理念——根本上表现为上文简要论及的马克思的人的主体性理论——为根本目标的批评形态。择其要者，主要直接表现为以下六个方面：其一，人、人的问题是文学批评的主体，这是当下文学批评尤其是在文学批评实践中理应确立的一种主体意识；如同有论者指出的当代都市女性写作最根本的价值追求主要体现在女性性别主体意识的积极建构上[①]一样，文学批评的价值实现在很大程度上首先就在于建构和确立如上所说的主体意识。其二，当代文学批评实践对于人的关注、对于人的解读和理论建构，应该建立在马克思的人的主体性的理论基础之上，力求对处于社会现实关系中的人具备完整而准确的把握与理解，以充分发挥文学批评的效能，推动和促成人的发展与进步。其三，当代文学批评实践者，理应在持续的实践中积极寻求其主体性的实现，发挥其能动性、自主性和自为性，这首先就要求实践者能够创造性地开展其文学批评实践活动。

① 金文野：《中国当代都市女性写作的性别主体意识》，《江西师范大学学报》（哲学社会科学版），2009年第1期，第76-77页。

其四，在批评的主体观问题上，它坚持马克思关于主体人的理论是确立文学批评主体观的一个根本点；它肯定个体性批评而又期望在此基础上实现对批评个体性的超越以寻求和认同相对统一的批评倾向。这一运思与努力，在更为深层的意义上其实也就是为了人的自由与全面发展的需要。其五，在批评的价值论问题上，它以群体为价值主体，在充分肯定个体价值的基础上，以群体价值的实现为旨归。也正是这样，它确立了价值评价的合法性依据并以之诉求价值一元性与价值多元性的统一问题在文学批评中的有效解决。其六，在基本目标上，伦理学的使命是教化人，使人的关系秩序化并使人在这种秩序中获得存在的满足①，马克思人学意义上的文学批评最终的关注点同样是人，它以马克思人学思想为理论资源参与并促成人的自由与全面发展的实现。

三、马克思人学实践：一种批评的认识论与方法论

笔者以上主张的提出，除了是直接应对相对主义批评论者的思想选择之外，其实也还与一己的对于文学批评的存在问题的认识密切相关。现代西方美学在本体论研究上出现了一个从传统本体论到现代本体论的重大转变，其探讨从研究美学是什么置换为研究美学何以可能。也就是说，在一定程度上受逻辑实证主义哲学“拒斥形而上学”主张的影响，现代西方美学本体论研究抛弃了形而上学原则而开始追问美学的可能性，把美学研究作为一种活动来对待，着重研究它的认识论问题和方法论问题。哲学、美学领域里本体论研究的这种现代转变促使我们做出这样的思考：批评问题的研究进行同样的置换是否具有一种必要性？笔者的回答是肯定的。长期以来，在批评的本质研究这样一个形而上学问题上，我们“消耗”了太多的时间和精力，这种“消耗”本身及其过程自然有它的意义，然而，伴随着这种“消耗”我们因袭和背负的却又是累加起来的一次又一次由于对批评的本质难以形成定说而产生的焦虑。我们不得不承认任何一次形而上学的界定都意味着一种否定——否定之否定或者说作为继承与发展环节的否定，我们也无法摆脱人的认识的有限性。也许，我们还没有完全清醒地认识到：人类对自己的生存与

① 曾建平：《关于伦理学的学科性质与学科建设的几个问题》，《江西师范大学学报》（哲学社会科学版），2009 年第 6 期，第 51 页。

发展在做出每一次的形而上学思考和界定的同时却在无意之中遏制了人类生存与发展的多种鲜活的可能性。对于文学批评而言，又何尝不是如此？！笔者主张一元主导下的多样化批评形态的存在，从根本上就是基于这种思考，就是基于对人类生态丰富可能性的寻求。我们期盼着批评问题研究视角的置换：从研究批评是什么到研究批评何以可能。或许相对主义批评论者并没有在主观上明确地意识到这种置换的必要性，然而，从相对主义批评理论的相关主张中我们却也可以较为明白地看到相对主义批评论者的并不刻意地对批评做出形而上学探讨的基本态度以及他们自觉地研究批评的方法论问题的努力。葛红兵说，相对主义批评观也是作为一种方法提出的，它作为一种方法是批判的个体论方法。就这一点而言，相对主义批评观是应该加以肯定的，因为相对主义批评论者的基本态度及其做出的探求批评方法论的努力为批评的发展提供了一种可能。

对批评不进行本质界定的形而上学探讨，当然并不意味着对批评存在形态的一般性研究也采取一种规避态度。马克思指出："物质生活的生产方式制约着整个社会生活、政治生活和精神生活的过程。不是人们的意识决定人们的存在，相反，是人们的社会存在决定人们的意识。"①批评观也是受社会存在的决定的。任何一种批评观都是历史的产物，都是特定历史的社会存在的产物；也就是说，批评（包括具体的批评行为）的存在在这一意义上是一种历史性的存在。同时，批评行为的具体操作体现为一个具有笃厚的实践品格的过程，其中反映的是批评的价值形态，在这一维度上说，批评的存在又是一种价值性的存在。概而言之，批评的存在就是一种历史性和价值性合一的存在。理解了这一点，我们就能够认识到文学批评的受历史制约性并且有理由诉求文学批评价值实现的最大化和最优化。有如上文已经指出的，在笔者看来，文学批评价值实现的最大化和最优化莫过于"开垦"和发展人自身了。这就不仅要求以批评主体对人的问题具有科学合理的认识——它正是马克思人学思想的内在理论品格——并自觉地加以实践为前提，还要求文学批评行为以实现这一价值为最终目标。以此而言，开展马克思人学批评的实践就成为一种根本性的选择了；而且，对于以人为本、构建和谐社会的当下中国来说也正是一种历史性的要求。

批评问题研究视角的置换带给批评的更多的是一种对于批评认识论和方

① [德]马克思、恩格斯：《马克思恩格斯选集》（第 2 卷），人民出版社，1995 年，第 32 页。

法论的可能性的探讨。直接地说，笔者主张，在文学批评中，应该把马克思人学实践作为一种认识论尤其是方法论来看待和实施。我们知道，摆在当代美学面前的一个迫切课题是要研究自然、社会与人之间动态和谐发展的关系问题。这直接影响到人的自由和全面发展的实现。文学批评同样面临这样一个终极课题，甚至可以说这就是批评的美学旨归。这样来认识和确立文学批评的根本目的就不仅内在地要求把马克思人学实践作为其基本的认识论尤其是方法论，而且还把它与当代人类的基本生态问题紧密地联系起来。人类生态，包括人的生存状态、生存倾向以及为达到这种状态和倾向而做出的努力。如前所论，当代中国的社会结构正处于一个深刻的历史变动过程之中。人是一定社会结构所整合的社会存在物。人的日常生活世界与非日常生活世界的改造共同影响着人的整体发展。在今天，我们已然明白这样一个道理：人类至关重要的是要学会“开垦”和发展人自身。可以说，这样的一种态势、这样的一种内在需求就是人类所一直面临的基本问题，它直接关系到人类的未来可能情形。明显地，这一发展体现为一种历史过程，而文学批评理所当然地要参与其中。当然，我们的这一种让批评参与人类生态发展过程的认识是否具有真理性，还有赖于批评的实践。马克思说得好：

> 人的思维是否具有客观的真理性，这不是一个理论的问题，而是一个实践的问题。人应该在实践中证明自己思维的真理性，即自己思维的现实性和力量，自己思维的此岸性。关于思维——离开实践的思维——的现实性或非现实性的争论，是一个纯粹经院哲学的问题。①

四、结语

开展马克思人学批评实践，不只是一种主观的哲学选择，也是一种历史的要求。理论界尤其是批评界应该发出马克思人学批评的深情吁请。笔者以为，当代中国文学批评由客观论、绝对论、决定论的批评走向个体化批评再走向马克思人学批评的批评形态，在某种意义上可以说这是一个当代中国文化精神的发展过程。在这里，笔者把马克思人学批评的批评形态视为当下文学批评存在的一种可能性问题，意味着它是众多可能性中的一种，而并非唯

---

① [德]马克思、恩格斯：《马克思恩格斯选集》（第1卷），人民出版社，1995年，第55页。

一，但它理应处于主导性地位。而且，正如前文所指出的，面对当前文学批评的基本状况以及致力于文学批评建设问题的需要，关于这样的一种可能性问题的讨论显然是尤为必要的。当然，究竟如何真正展开具体的马克思人学批评的文学批评实践，其中还有许多问题需要学界进行共同的思考与探讨，并且它还与对马克思人学思想的真正合理而完全的开掘密切相关①。笔者在此提出这个问题，仅是呼吁式的管窥之见。吁请也就是一种召唤、一种邀约、一种期待、一种诉求。

第三节　马克思的生态思想与批评生态的当下建设

当前，随着生态学意识的日益深入，文学批评生态问题也越来越受到学界的关注。从学科发展自身来看，这当然主要是研究者们对当下时代语境下文学批评的基本状况，特别是其应然发展状态问题进行积极思考的表现。2010 年 11 月，由湖北省文艺学学会、江汉大学人文学院、江汉大学语言文学研究所主办的“文学批评生态”学术研讨会的召开就是这一现象和事实的基本反映。在这次会议上，与会学者围绕“传媒时代的文学批评生态”“地域文学批评及其生态”等话题展开了较为充分的讨论，也取得了一定的成果。显然，当代文学批评生态还处于一个不断的建构过程之中，它需要因应时代性的特定文化境遇以及这个时代文化发展的应有方向，而关于这一建构的理论资源问题的探索自然也就成为我们当下必须予以特别关注的对象。基于这种思考，在此，我们主要从对马克思的生态思想的简要阐释出发，结合当代文化发展状况及其发展方向，就文学批评生态的当下建设问题进行一些必要的探讨。

① 陆贵山先生指出，恩格斯倡导的文艺批评的“美学观点和史学观点”中的史学观点应当包括人学观点。因为人是历史的人，历史是人的历史。从历史唯物主义的观点看人，必然从史学观点中引申出人学观点。综合恩格斯对文艺的观念模式和文艺的批评模式的完整的系统的理论，可以概括为美学观点、人学观点和史学观点的完美融合，可以表述为由这三大观点所体现和昭示出来的艺术精神、人文精神和历史精神的有机统一。（参见陆贵山、周忠厚编著：《马克思主义文艺论著选讲》第四版，中国人民大学出版社，2007 年，第 154 页。）显然，这在一定程度上拓展了关于马克思主义人学思想和马克思主义文学批评理论与方法问题的研究，但在当前的中国文学批评中却鲜见这样的批评实践。对此，学界应有足够的反思性认识和批判性考察，在继续深化探讨相关问题的基础上，推动马克思人学批评的实际展开。

一、马克思的生态思想及其核心指向

与当前众多研究者的观念存在较为显著差异的是，在马克思的生态思想这一问题的探讨上，笔者倾向于从考察马克思恩格斯生活时代的生态状况以及他们对这一状况的基本关注出发，在对马克思思想发展的历史进程及其内在逻辑进行总体性的审视中来看待马克思的生态思想，并以之为基础，结合其学说的根本质地与指向来突出和重点把握其相关重要文献与理论形态中的生态思想论述的局部体现，再在此前提下，概括和提炼马克思生态思想的文化特质与价值取向。

检视和研究马克思的生态思想，关注其生活时代的生态状况包括德国社会状况是必要的，它为我们了解和把握马克思的生态思想提供了最基本的认识基础。18 世纪末叶的德国状况，如同恩格斯所描述的，人与人之间、人与社会之间形成了日益严峻的冲突①，这一冲突的凸显并不表明人与自然之间的对立与矛盾就不存在。在《自然辩证法》中，恩格斯清醒地写道："我们不要过分陶醉于我们人类对自然界的胜利。对于每一次这样的胜利，自然界都报复了我们。……美索不达米亚、希腊、小亚细亚以及其他各地的居民，为了想得到耕地，把森林都砍完了，但是他们做梦也想不到，这些地方今天竟因此成为荒芜不毛之地，因为他们使这些地方失去了森林，也失去了积聚和贮存水分的中心。阿尔卑斯山的意大利人，在山南坡砍光了在北坡被十分细心地保护的松林，他们没有预料到，这样一来，他们把他们区域里的高山畜牧业的基础给摧毁了；他们更没有预料到，他们这样做，竟使山泉在一年中的大部分时间内枯竭了，而在雨季又使更加凶猛的洪水倾泻到平原上。"②马克思自己也表现出对城市环境污染问题的关注："光、空气等等，甚至动物

---

① 在 1845 年 10 月 15 日写给《北极星报》编辑的信中，针对 18 世纪末叶的德国状况，恩格斯这样说："这是一堆正在腐朽和解体的讨厌的东西。没有一个人感到舒服。国内的手工业、商业、工业和农业极端凋敝。农民、手工业者和企业主遭受双重的苦难——政府的搜刮，商业的不景气。贵族和王公都感到，尽管他们榨尽了臣民的膏血，他们的收入还是弥补不了他们的日益庞大的支出。一切都很糟糕，不满情绪笼罩了全国。没有教育，没有影响群众意识的工具，没有出版自由，没有社会舆论，甚至连比较大宗的对外贸易也没有，——除了卑鄙和自私就什么也没有；一种卑鄙的、奴颜婢膝的、可怜的商人习气渗透了全体人民。一切都烂透了，动摇了，眼看就要坍塌了，简直没有一线好转的希望，因为这个民族连清除已经死亡了的制度的腐烂尸骸的力量都没有。"（[德]马克思、恩格斯：《马克思恩格斯全集》第 2 卷，人民出版社，1957 年，第 633-634 页。）

② [德]马克思、恩格斯：《马克思恩格斯选集》（第 4 卷），人民出版社，1995 年，第 383 页。

的最简单的爱清洁习性，都不再成为人的需要了。肮脏，人的这种腐化堕落，文明的阴沟（就这个词的本义而言），成了工人的生活要素。完全违反自然的荒芜，日益腐败的自然界，成了他的生活要素。”①在这里，我们可以十分明了的是，马克思恩格斯对他们自己所生活的时代的人与自然之间的生态冲突状况是有着清醒的批判性认识的。由是，在马克思的整体思想中从真实的社会现实出发去探索人与自然、人与人、人与社会之间矛盾冲突的解决就成了一个基本的问题。我们明白，其实，它也是一个贯穿在马克思思想发展历史进程中的重大问题。

在这个问题上，一些研究者的认识是值得重视的。有学者认为：从历史发展的角度看，马克思的整体思想呈现出阶段性、上升性发展态势；同样地，其生态思想也随着其理论体系的不断完善而升华。很显然，这是马克思思想发展的基本事实。总的来看，马克思的生态思想是发展着的，存在三个基本阶段：第一阶段表现为经验层面的生态思想。第二阶段表现为哲学层面的生态思想，而到晚年，则出现了生态研究的经济学转向。在这一思想发展进程中，最为关键的无疑是从第二个阶段到第三个阶段的变化，也就是从哲学层面到经济学层面的转向。这反映出马克思自然观的一种回归，也就是从理论而实践、从抽象而具体的回归，体现出其观念的从解释世界到改造世界的转换。发生这一转换的原因是多方面的，但最根本的无疑还是基于批判资本主义社会从而建构未来社会形态这一根本性的需要。②确实，如同其思想整体一样，马克思的生态思想也是发展着的，而且，其中还存在一条明晰的发展线索和内在的逻辑进路。从《1844 年经济学哲学手稿》到《关于费尔巴哈的提纲》和《德意志意识形态》，再到《共产党宣言》，直至其光辉巨著《资本论》和晚年的笔记中，我们可以清楚地认识到，在其思想发展的早期，马克思将自然概念从黑格尔式的思辨哲学中解放出来，把对于自然的考察自觉地置放于人与自然之间关系的探讨中，在这里，他运用异化劳动理论分析人与自然之间关系的异化问题，赋予了“自然”概念以“社会—历史”的性质。马克思生态思想的这一基本原则与根本意向集中体现在《1844 年经济学哲学手稿》的这一论述中：“共产主义是私有财产即人的自我异化的积

① [德]马克思、恩格斯：《马克思恩格斯文集》（第 1 卷），人民出版社，2009 年，第 225 页。

② 谢中起、郑劲梅：《从哲学到经济学：马克思生态思维的视角转换》，《自然辩证法研究》，2010 年第 6 期，第 77 页。

极的扬弃，因而是通过人并且为了人而对人的本质的真正占有；因此，它是人向自身、向社会的即合乎人性的人的复归，这种复归是完全的、自觉的和在以往发展的全部财富的范围内生成的。这种共产主义，作为完成了的自然主义＝人道主义，而作为完成了的人道主义＝自然主义，它是人和自然界之间、人和人之间的矛盾的真正解决，是存在和本质、对象化和自我确证、自然和必然、个体和类之间的斗争的真正解决。它是历史之谜的解答，而且知道自己就是这种解答。”①到马克思思想发展的中后期，随着唯物史观的形成和强化，他开始更多地关注人类社会历史发展规律的研究，当然，即使如此，马克思也并不认为自然界是一个可以同社会历史分割开来的独立的研究领域，换句话说，对于自然界的研究已经被整合进其关于社会历史的研究之中去了。由是，在唯物史观视野内，马克思明确地从社会发展规律的揭示中来讨论自然的异化问题，将自然问题的研究与解决和社会问题的研究与解决有机地统一起来，这样，探讨的结果也就历史性地找到导致自然异化以及人与自然之间充斥着矛盾和冲突的制度性根源，即犹如他和恩格斯在《共产党宣言》中所明确指出的，正是由于资本主义生产方式的存在才引发了所有的生态问题。这既是对引致生态问题的“秘密”以及解决生态问题的客观规律的发现，也指明了人与自然和谐相处的社会制度变革方案。也正是在这样的意义上，我们说，马克思的唯物主义历史观存在着丰富的生态意蕴②。唯物史观的确立是马克思的杰出贡献，把握住了其唯物主义历史观的生态意蕴，也就无可置疑并且最大限度地确认和理解了马克思的生态思想。

如我们在前文明确揭示出的，致力于人与自然的和谐相处的社会制度变革方案的寻找和确立马克思生态思想的根本目的，人与自然的和谐相处也就是建立起人与自然的可持续性关系，其中，和谐是其根本的文化特质与价值诉求。从这个意义上说，马克思生态思想的核心旨趣就在于和谐。而且，马克思所说的这一和谐，并不仅仅是局限于人与自然之间，而是自然延伸到人与人、人与社会的关系的确立之中。得出这个结论，来自我们对唯物史观的完整性理解——作为一种总体性的社会历史的唯物主义理论，唯物史观突出

① [德]马克思：《1844 年经济学哲学手稿》，人民出版社，2000 年，第 81 页。

② 此处的表述参阅了叶海涛《“自然”概念与马克思生态理论的逻辑结构》（载《江苏社会科学》，2009 年第 4 期）、叶海涛与陈培永《马克思生态思想的发展轨迹与理论视域》（载《云南社会科学》，2009 年第 4 期）、陈学明《马克思唯物主义历史观的生态意蕴——评生态马克思主义者 J. B. 福斯特对马克思主义的解释》（载《上海师范大学学报》（哲学社会科学版），2010 年第 1 期）等文的相关观点。

地体现着科学认识与价值取向的统一；其真正的理论着眼点是人的发展，其实，这与实现人的解放即人的全面自由发展这一马克思主义的根本宗旨是完全一致的——这一前提。换言之，在历史唯物主义思想中，自然界已经不再是与社会历史相分离的一个单独的研究领域了，而是被综合进了社会历史这个总体性概念之中①。由此，我们也就能够清晰地认识到马克思生态思想的和谐旨趣的深刻意义，它是体现出丰富辩证智慧的在人本性基础之上的和谐。

二、和谐文化与当代文化强国建设

马克思生态思想的核心指向是和谐，是唯物史观视野下的人与自然、人与社会、人与人的和谐统一。和谐是一种文化的价值诉求，当然也就表现为一种文化形态的根本旨趣。在当前的文化建设中，我们需要高度重视马克思生态思想的这一和谐精神，培育和发展和谐文化。无疑，这一文化发展方向的确立对于当代社会主义文化强国建设具有十分重要的影响和作用。

2006 年 10 月，党的十六届六中全会指出："建设和谐文化，是构建社会主义和谐社会的重要任务。"②提出建设社会主义和谐文化，是我们党的一个重大理论创新，需要在认识上不断深化，在实践中不断探索。党的十八大报告也提出："文化是民族的血脉，是人民的精神家园。全面建成小康社会，实现中华民族伟大复兴，必须推动社会主义文化大发展大繁荣，兴起社会主义文化建设新高潮，提高国家文化软实力，发挥文化引领风尚、教育人民、服务社会、推动发展的作用。"③习近平总书记在党的十九大报告中更是强调："文化是一个国家、一个民族的灵魂。文化兴国运兴，文化强民族强。没有高度的文化自信，没有文化的繁荣兴盛，就没有中华民族伟大复兴。要坚持中国特色社会主义文化发展道路，激发全民族文化创新创造活力，建设社会主义文化强国。"④建构和谐文化是提升国家文化软实力的必然要求。从

---

① 俞吾金：《问题域的转换——对马克思和黑格尔关系的当代解读》，人民出版社，2007 年，第 478 页。

② 《中共中央关于构建社会主义和谐社会若干重大问题的决定》，人民出版社，2006 年，第 21-22 页。

③ 胡锦涛：《坚定不移沿着中国特色社会主义道路前进，为全面建成小康社会而奋斗——在中国共产党第十八次全国代表大会上的报告》，人民出版社，2012 年，第 25 页。

④ 习近平：《决胜全面建成小康社会　夺取新时代中国特色社会主义伟大胜利——在中国共产党第十九次全国代表大会上的报告》，《人民日报》，2017 年 10 月 28 日，第 1 版。

文化建设层面来检视，我们可以认识到，和谐文化建设是中国特色社会主义建设的重要内容，它必然为民族团结与进步提供重要的思想指导和强大的精神动力，能够有力地推动文化强国建设。换言之，在中国特色社会主义新时代，建设社会主义文化强国，必须高度重视和谐文化建设，以之引导全社会成员形成共同理想信念，强化思想道德素质，大力营构和谐精神。

（一）什么是“和谐文化”

我们注意到，世界上不同民族、不同国家、不同区域所理解的和谐文化各有不同，也就有了广义与狭义的和谐文化之分。广义上的和谐文化是指以和谐价值观、和谐精神为主导的社会文化模式或文化形态。而我们在这里所说的狭义的和谐文化则无疑是特指在中国特色社会主义和谐社会背景下的中国特色社会主义和谐文化。

从辩证唯物主义出发，我们能够明白，和谐，其实质是事物发展过程中矛盾各方处于一种非冲突的协和状态，甚至是一种理想的存在状态。而文化，就其哲学意义上说，是指在社会历史发展进程中，人们所创造的物质财富和精神财富的总和。总括地讲，作为一种思想文化形态，和谐文化是以“和谐”为思想内涵，以“文化”为表现形式的一种文化传统。或者如同有研究者指出的，它“是人类社会在长期历史过程中形成的，以和谐为思想内核，以崇尚和追求和谐为价值取向，融思想观念、思维方式、行为规范、社会风尚为一体的一种文化形态。它反映着人们对和谐社会的总体认识、基本理念和理想追求，是中国特色社会主义先进文化的重要组成部分”[①]。

由上，可以确认，和谐文化追求人与自然、人与社会以及人与人的协调发展。其与马克思生态思想的精神实质是一致的。人与人之间追求平等，坚持人与人和谐相处、相互尊重、相互信任、优势互补、共同进步，就能形成良好的社会风尚。人与自然协和统一，建立良好的生态文化，也就可以确保社会系统和生态系统的协调发展。而人与社会之间关系密切，人是社会的人，社会是人的社会，人的发展与社会发展息息相关。因此，和谐文化必然是人的个性发展与社会发展、自然发展相统一的文化。

从本质上来说，和谐文化也是一种具体的文化形态，属于意识形态范

---

① 杨文顺、高路：《云南民族文化多样性与和谐社会构建互动关系》，《云南行政学院学报》，2011年第1期，第100页。

畴。既然如此，和谐文化也就必然具备意识形态的功能和性质，由社会的物质基础所决定；并且，和谐文化也是一种与时俱进、兼容并包的开放性文化，与现代社会倡导的以人为本、可持续发展、低碳经济等理念遥相呼应。其所有的这些功能和性质对当代文化强国建设具有深刻的影响力。

（二）和谐文化在建设社会主义文化强国中的作用

在社会主义文化强国建设中，和谐文化的作用至关重要。它有助于推动社会生产力的快速发展与社会主义文化的繁荣，有助于增强国人的文化自觉、文化自强和文化自信，从而大力推进社会主义文化强国的建设。

和谐文化作为一种先进文化，继承了中国传统文化的和谐思维，更与当前中国和谐社会构建的时代要求相吻合，符合先进生产力的发展要求和发展方向，因而能够成为社会生产力发展的重要推动力量。其一，和谐文化有利于实现人与人之间良好社会关系的形成，可以更好地推动生产力发展。和谐文化崇尚“和谐”理念，尤为强调人与人之间关系的和谐。其与当前生产力的发展要求是颇为一致的，由是，可望形成先进的生产关系，进而为推动社会生产力的发展创造良好的人文环境。其二，和谐文化有利于实现人与自然和谐相处，改变传统的过分强调人对自然的征服和改造的生产方式。这一传统的生产方式无疑容易引发严重的生态危机，其是不利于经济的持续、协调发展的。因此，当前生产力发展中的关键问题也就浮现出来了，那就是需要实现人与自然关系的和谐。和谐文化遵循“和合”思维，尊重自然规律，其致力于构造的正是人与自然的和谐相处关系。其三，和谐文化有利于加强个人自身建设，使生产关系中的劳动者不断提高自身素质。和谐文化对劳动者的信念、态度、价值观的形成有巨大的作用，有利于劳动者各方面素质的提高，进而推动生产力的发展。生产力的发展，带来的是当代文化的繁荣，这是社会主义文化强国建设中的一个重要方面，也是其基本体现。

同时，和谐文化还有助于民族凝聚力的增强，从而促进民族团结和民族文化的持续、协调发展。我国是多民族国家，各民族之间文化差异较大，但追求各民族文化的共同发展和繁荣显然是一种国家愿望，而和谐文化的构建对于存在差异的各民族文化的发展却无疑是具有重要的影响和作用的。对于各民族文化来说，和谐文化是文化的主流形态，它是一种导向，也是一种规范和协调，还是一种凝聚和激励。以此而言，构建和谐文化，必然能够深层次形成民族文化的向心力，从而更好地建设社会主义文化强国。

和谐文化有助于增强文化自强、自信，有效提升国家文化软实力，进而实质性推进社会主义文化强国建设。“文化自信，是一个国家、一个民族、一个政党对自身文化价值的充分肯定，对自身的文化生命力的坚定信念。只有对自己的文化有坚定的信心，才能获得坚持坚守的从容，鼓起奋发进取的勇气，焕发创新创造的活力。”[①]习近平总书记更是深刻地指出：“文化自信是一个国家、一个民族发展中更基本、更深沉、更持久的力量。”[②]诚哉斯言，文化自信来自对自身民族文化传统和当代文化形态价值的充分认同与坚持。当代中国文化形态从民族文化传统发展而来，和谐是中国文化传统的根本特质。在当前的多极世界，和谐文化本身就存在一种博大的格局，它具有引领文化发展的力量。我们没有理由不坚信和肯定自身的优秀文化传统，同样也没有理由不肯定和认同今天的社会主义和谐文化，其对于我们国家文化软实力的提高从而推进社会主义文化强国建设的意义是深远的，具有重要的支撑作用。

三、文学批评和谐生态的当下建构

当代文学批评是当代文化的重要构成部分，和谐是当代文化的根本性价值诉求，当代文学批评同样需要追求和谐，换句话说，在当下，我们需要追求和谐的批评生态。习近平总书记在文艺工作座谈会上的讲话、中共中央《关于繁荣发展社会主义文艺的意见》等都提到要高度重视和切实加强文艺批评工作，而期望真正做到这一点，我们是无法回避对于当前文学批评生态问题的理性审视及其和谐形态的自觉建构的。当然，批评生态是一个非常复杂的问题，但基于当代文学批评良性发展的需要，我们又可以明确认识到，这是一个值得我们继续、持续深入探讨的重要学术话题。

其实，如上已然局部指出的，和谐是中国优秀文化传统的根本性的精神表达、价值表达，中国古代文化始终充盈着和谐精神。《尚书·舜典》中说：

帝曰：“夔！命汝典乐，教胄子：直而温，宽而栗，刚而无虐，

① 云杉：《文化自觉文化自信文化自强——对繁荣发展中国特色社会主义文化的思考（中）》，《红旗文稿》，2010 年第 16 期，第 4 页。

② 习近平：《决胜全面建成小康社会 夺取新时代中国特色社会主义伟大胜利——在中国共产党第十九次全国代表大会上的报告》，《人民日报》，2017 年 10 月 28 日，第 1 版。

简而无傲。诗言志，歌永言，声依永，律和声。八音克谐，无相夺伦，神人以和。”夔曰：“於！予击石拊石，百兽率舞。”①

这一“神人以和”命题奠定了以“和”为美的中国古典美学理想乃至整体意义上的文化理想的基本模式，尽管“和”的具体内涵在中国文化的历史发展进程中其表现各有差异，但和谐旨趣显然从来就没有改变过②。吴经熊先生这样指出：中国儒家、道家和释家（尤以禅宗为最重要）这三大哲学主流，全部洋溢着“悦乐”的精神。“虽然其所乐各有不同，可是他们一贯的精神，却不外‘悦乐’两字。一般说来，儒家的悦乐导源于好学、行仁和人群的和谐；道家的悦乐，在于逍遥自在、无拘无碍、心灵与大自然的和谐，乃至于由忘我而找到真我；禅宗的悦乐则寄托在明心见性，求得本来面目而达到入世、出世的和谐。由此可见，和谐实在是儒家、道家和禅宗三家悦乐精神的核心。和谐原是音乐的用语，有和谐就有悦乐，《礼记·乐记》说：‘乐者，乐也’，也就是这个意思。”③既然把和谐视为中国三大主流哲学悦乐精神的核心，这也就显豁地意味着，中国文化的根本主旨就在于和谐。

在当下批评生态建构问题上，我们无疑需要从中国社会文化的土壤——土壤是民族文化的孕育者及其健康持续发展的支撑力量——出发，追求批评生态的和谐。其实，把对当前文化建设的考量作为问题探讨的起点，我们也同样能够充分认识到，需要大力营构当下文学批评的和谐生态；文学批评的和谐生态的确立有利于当代文化建设，或者说，它本身就是当代和谐文化建设的一个方面的具体体现。

然而，在这一问题上，我们首先却又不能不清醒地认识到，当下的文学批评生态表现出了一种严重的失衡局面。这也就决定着，我们对当下和谐批评生态的建设问题的探讨必须从对这一基本批评事实的关注和判断开始。能有效解决这一问题，也就意味着和谐批评生态的当下建构具备了可能。

以文学批评实践作为问题考察的中心环节，那么，概括地讲，当前文学批评生态的失衡状况主要表现在以下几个方面：其一，创作与批评之间的不协调，也就是说，作家的文学创作实践与批评者的批评实践之间存在着某种

① 阮元校刻：《十三经注疏》，中华书局，1980 年，第 131 页。

② 周来祥主编：《中国美学主潮》，山东大学出版社，1992 年，第 10 页。

③ 吴经熊：《中国哲学之悦乐精神》，朱秉义译，台北上智出版社，1999 年，第 1 页。

程度的冲突甚至是对立倾向。19 世纪俄国批评家、理论家与作家之间的良好关系似乎只能是存在于特定的历史语境之中。而在当代中国社会文化境况下，自诩具有丰富生活经验的作家不在少数，他们瞧不起批评家，也怀疑批评家的理论水平，他们认为自己是当之无愧的“第一”创造者，甚至还有“老虎屁股摸不得”的现象的出现；在批评家方面，凌驾于作家之上、颐指气使的有之，操控生涩的术语、概念而对文本批评自身却无甚益处的有之，无力对当下中国社会现实、文学现实进行宏观、合理认识从而也就难以开展真正有价值的批评实践的更是大有人在。无可置疑的是，这种创作与批评之间的隔离、作家与批评家之间的非正常症候严重影响着文学批评良好生态的形成。其二，批评自身的失衡。这主要是指当前的文学批评处于一种多元甚至混乱的状况之中，“棒杀”、“捧杀”、假话、套话、空话等成为一大批自称为批评家的人的基本话语模式。一句话，在这个很多人认为“不容易把道理讲明白”的时代，文学批评实践丧失了应有的尺度与标准。因而，这种“失衡”也可以称之为“失范”，也就是文学批评实践没有了共同的价值、目标、信念与理想指向。我们需要认识到，这种批评模态的充斥严重挤压了有原则、有真情实感、追求真善美价值的批评实践的正常开展与生存发展空间。自然，它的加剧将不可避免地导致批评相对主义的无边蔓延，这对当代文学批评良好生态的建立是极具破坏力的。其三，批评实践与批评理论建构之间的疏离和脱节。一方面，从批评实践出发，据此确立必要的进行批评理论建构的自觉意识，这原本理应成为批评家的基本素养及其工作开展的应然方向，然而，我们看到的一个基本的当下事实是，少有批评家具备这样的理论品格，也缺乏这样的理论诉求，这自然也就难以保证其批评实践的质量；另一方面，不少批评理论研究者并没有丰富的批评实践经验，甚至还表现出对批评实践的极度漠视，这样，批评理论建构的“去”经验化倾向就成为他们的研究常态。我们应该认识到的是，一个批评家、理论家如果缺乏甚至是丧失了应有的文学认知和批评实践的基础，而是抽象地去谈论文学批评的理论建构问题，那么，一个毋庸置疑的结果就是，其理论建构不可避免地将出现对于文学本身以及社会现实的严重偏离倾向。我们需要高度重视批评实践与批评理论建构之间的疏离和脱节问题，因为，它也是无益于文学批评良好生态的当下建设的。

当前的文学批评如何从这种境况中突围出来？换句话说，我们应该如何解决当前文学批评的这种“失衡”问题呢？这就需要我们充分借鉴马克思生态思想的精神指向，致力于文学批评实践与批评理论建构中的人的建设，营构文学批评的和谐生态。

与以上的分析与判断方式相对应的是，首先，我们需要追求创作与批评之间的和谐，很显然，这在根本上指的其实是作家与批评家之间的和谐关系的生成。创作与批评之间的健康互动有赖于作家与批评家之间的相互尊重与认同，有赖于批评家自身素养的提高和真正的批评精神的确立，也有赖于作家坦然接受文学批评的气度的养成。据报道，在一次研讨会上，广东作家吕雷首次见到陕西评论家李星，自我介绍之后他态度诚恳地说："我看到了您在某报上对我作品的批评，对我很有启发。"事后，李星很有感触："那篇评论其实挺尖锐地指出了作品的一些不足，却万想不到作家如此地诚恳与坦荡！"[①]在当下，我们无疑需要更多的这样的作家与批评家，也需要更多地看到作家与批评家之间这样的本质上的、健康的"和谐"局面。其次，关注和建设文学批评自身的和谐。文学批评在根本上是一种文学评价，评价是需要标准的，而标准的确立又是需要有共识的，这样，它才能最大限度地发挥其在时代语境下的有效性。在这一问题上，需要当代批评家、理论家自觉并积极寻求文学批评实践的根本尺度，并在这一具有更大共识的根本尺度的确立中形成必要的批评家共同体。这样的批评家共同体或在这一共同体中的批评家个体能够充分认识到当代社会生活、物质生产对人的意识生成乃至广泛的社会心理的形成的影响和决定作用，并在这一基础之上清醒而坚韧地开展颇具韵致和格局的批评实践，这可以有效避免文学批评实践"被时代裹挟而去"的尴尬，而顽强且富于力量地铸造文学批评的坚硬质地。这是和谐的批评生态建构所需要的。最后，追求文学批评实践与批评理论建构之间的和谐。这一问题存在普遍意义上的文学批评实践与批评理论建构之间的和谐，但更为根本的也起着相当重要的内在推动作用的还是批评家个体的文学批评实践与批评理论建构二者之间的和谐。其实，这也是一个关涉批评家个人发展的问题。时代需要高质量的文学批评，需要批评家在文学批评实践与批评理论建构中更好地发挥和实现其主体性，这样，其文学批评的具体实践与理论建构也就自然能够获得双向而又一体的发展与进步。我们明白，更多的能够合理进行文学批评实践并积极致力于批评理论建构的批评家的出现是当代和谐批评生态形成的有效保障。

---

① 付小悦：《优化文艺批评生态》，《光明日报》，2006年6月2日，第1版。

在上文论及的所有环节中，人的建设无疑是根本问题。我们需要确立明确的当下和谐批评生态建构的人本立场。其实，马克思生态思想的首要特点就是人本性；或者说，从人出发，从人的利益的诉求出发，是马克思生态思想表达的首要问题。他就是这样从主体出发去研究和阐述人与自然之间的关系的，甚至还可以说，从人出发，从主体出发，是马克思所有思想的出发点，也是其哲学的根本特征。在《关于费尔巴哈的提纲》这一光辉文献一开始，马克思就明确指出，“从前的一切唯物主义（包括费尔巴哈的唯物主义）的主要缺点是：对对象、现实、感性，只是从客体的或者直观的形式去理解，而不是把它们当作感性的人的活动，当作实践去理解，不是从主体方面去理解”①，还说，“旧唯物主义的立脚点是市民社会，新唯物主义的立脚点则是人类社会或社会的人类”②。人、人的建设，需要成为当前文学批评实践与批评理论建构的出发点，当然也是和谐批评生态建构的出发点。批评是为了人，是为了现实的人的发展。当代作家和批评家都需要充分而明确认识到文学批评的这一根本指向，并在全社会的共同努力下，建构具有丰富辩证智慧的在人本性基础之上的和谐批评生态。毋庸置疑的是，这一和谐批评生态本身就是一种时代性的和谐文化、先进文化。

第四节　马克思主义文学批评与先进文化建设

在当代中国，基于对文化现状的总体审视及其未来发展的充分期待，发展先进文化是必要的，也是迫切的。我们明白，对于马克思主义思想立场的坚持是建设和发展当代中国先进文化的根本保证，也可以说，马克思主义是建设和发展当代中国先进文化的理论支撑。以此为认知前提，在这里，我们着重讨论马克思主义文学批评与先进文化建设这一问题。

新时期以来，马克思主义理论与文学批评二者之间构成了深刻的互动关联。一方面，马克思主义理论对文学批评的影响和推动日益深化，在这一过程中，文学批评获得了很大的创新发展；另一方面，在互动关联的作用下，马克思主义理论包括马克思主义文学批评自身也无疑更为拓展了一己发展的

① [德]马克思、恩格斯：《马克思恩格斯选集》（第1卷），人民出版社，1995年，第54页。

② [德]马克思、恩格斯：《马克思恩格斯选集》（第1卷），人民出版社，1995年，第57页。

空间。当前，马克思主义文学批评需要在坚持中发展，在发展中进一步创新。在这样的一种时代性文化创新需要的语境下，将马克思主义文学批评与当代先进文化建设问题进行关联性考量与探索，既是一种对于马克思主义文学批评的重要的研究视角的确立，也表现为一种对于当代中国先进文化建设问题的深度学术关注。

一、先进文化建设的时代要求

在当下，进行先进文化建设，进行中国特色的先进文化建设是一种时代性要求。我们明白，文化建设与国家形象的当代建构关联密切；换句话说，在中国国家形象的当代建构这一宏大工程中，文化建设是其中的一个不可或缺的重要组成部分。21 世纪以来，我国的文化建设取得了一些可喜的成绩，但同时也面临发展中的一些新问题，只有在这些问题的解决中当代文化建设才能逐步推向深入。我们需要自觉顺应这一时代性要求，建设先进文化，推动当代中国文化的整体性的健康、持续发展。

先进文化，也可称为具有先进性质的文化形态，主要是指科学的、健康的、符合最广大人民群众的根本利益的、代表未来发展方向和有利于社会进步的文化。它是人类文明进步的结晶，也是人类精神文明的载体，是引导人们积极向上，推动人类社会前进的强大精神动力，它影响和塑造着人的精神与灵魂。在当代中国，先进文化无疑是指社会主义先进文化，是中国特色社会主义文化。党的十七大报告明确指出，中国特色社会主义文化的科学内涵根本表现为：以马克思主义为指导，树立中国特色社会主义共同理想，弘扬以爱国主义为核心的民族精神和以改革创新为核心的时代精神，倡导社会主义荣辱观，增强民族自尊、自信和自强精神，抵御资本主义和封建主义腐朽思想的侵蚀，扫除各种社会丑恶现象，努力使我国人民成为有理想、有道德、有文化、有纪律的公民[①]。这一科学内涵决定了，社会主义先进文化是面向现代化、面向世界、面向未来的，民族的、科学的、大众的社会主义文化[②]。具体而言，社会

① 胡锦涛：《高举中国特色社会主义伟大旗帜　为夺取全面建设小康社会新胜利而奋斗——在中国共产党第十七次全国代表大会上的报告》，《人民日报》，2007 年 10 月 25 日，第 1 版。

② 胡锦涛：《坚定不移沿着中国特色社会主义道路前进　为全面建成小康社会而奋斗——在中国共产党第十八次全国代表大会上的报告》，《求是》，2012 年第 22 期，第 13 页。

主义先进文化具有如下五个方面的基本特征：其一，以马克思列宁主义、毛泽东思想、邓小平理论、“三个代表”重要思想、科学发展观和习近平新时代中国特色社会主义思想为指导；其二，具有鲜明的民族性；其三，它是面向社会主义现代化、面向世界、面向未来的文化，它继承了中国优秀的文化传统并自觉与时代精神相结合，它能够积极应对人民群众日益增长的精神文化生活需要，同时又在不断地创新和走向繁荣；其四，它吸收和借鉴了包括资本主义社会在内的人类社会创造的一切文明成果，它是开放的、包容的，是富于发展活力的；其五，它是基于现实的，具有鲜明的当代性。党的十七届六中全会积极寻求解决文化问题的政治途径，开创了中国特色社会主义文化建设的新局面。全会通过的《中共中央关于深化文化体制改革推动社会主义文化大发展大繁荣若干重大问题的决定》（以下简称《决定》）重申了“社会主义先进文化是马克思主义政党思想精神上的旗帜”这一重要论断。这一科学论断内涵丰富，充分体现了我们党对当下文化建设乃至中国特色社会主义总体布局的深邃思考和战略运筹。

《决定》分析指出，当前，我国正处在全面建设小康社会的关键时期、深化改革开放和加快转变经济发展方式的攻坚时期，文化越来越成为民族凝聚力和创造力的重要源泉，越来越成为综合国力竞争的重要因素，越来越成为经济社会发展的重要支撑，丰富精神文化越来越成为全国人民的热切愿望，坚持社会主义先进文化的引领，已成为中国社会顺利转型、中国特色社会主义事业取得成功和中华民族屹立于世界民族之林的根本保证。党的十八大报告也进一步明确指出：“全面建成小康社会，实现中华民族伟大复兴，必须推动社会主义文化大发展大繁荣，兴起社会主义文化建设新高潮，提高国家文化软实力，发挥文化引领风尚、教育人民、服务社会、推动发展的作用。”[①]我们明了的是，党的十八大构筑出了“五位一体，布局中国”的宏大战略，文化建设是其中的一个重要方面，它对于推动和促进国家经济、政治、社会和生态文明发展实现中华民族伟大复兴具有重大的战略意义。基于国家发展的总体构想，弘扬社会主义先进文化价值重大，意义深远。这正如有研究者持论的：“高扬社会主义先进文化伟大旗帜，是带有根本性、全局性、长远性的战略大计。我们要站在国家长治久安和党的事业兴旺发达的高

① 胡锦涛：《坚定不移沿着中国特色社会主义道路前进　为全面建成小康社会而奋斗——在中国共产党第十八次全国代表大会上的报告》，《人民日报》，2012 年 11 月 18 日，第 1 版。

度，深刻认识高扬这一伟大旗帜的深远历史意义和重大现实意义，增强高扬旗帜的自觉性、坚定性”；高扬社会主义先进文化伟大旗帜，是“推动文化大发展大繁荣的迫切需要”，是“增强国家文化软实力和整体竞争力的必然要求”，是“中华民族大踏步赶上并引领时代潮流的重要方略”，是“国家长治久安和党执政地位巩固的根本保证”[①]。由此，我们可以认识到的是，推动当代先进文化的建构并予以积极弘扬，促进社会主义文化大发展大繁荣，既是维护国家形象和国家长远利益的需要，也是建设社会主义文化强国的题中应有之义。这是一个重大的时代命题。

把先进文化建设视为一个重大的时代命题，还可以结合当前的文化全球化[②]问题来进行必要的探讨。这也就是说，在文化全球化时代，我们尤为要重视先进文化的建设。文化全球化是随着经济全球化的发展而出现的、由经济全球化进程所决定的世界文化发展过程，它以现代文化传播技术为基本媒介，以不同民族文化在世界范围内的日益频繁的交流与互动为主要特征。应该说，这是一种历史发展的必然现象。然而，我们必须认识到的是，文化的全球化并不是世界文化的同质化、均质化，这样的一种文化发展的单一态势在当代世界进程中显然是不可能出现的；同时，文化的全球化也不是世界文化的严重的异质化，极端的文化相对主义、文化多元主义是不利于世界文化的和谐建构的。如是，我们也就需要看到，由经济全球化必然带来的文化全球化，其实是全球化时代正在进行中的文化变迁方式，是世界文化的一体中的多样化或者说多样中的一体化[③]。在这一多样中的一体化或一体中的多样化的人类文化发展进程中，民族文化之间的差异性存在必然导致每一个民族的文化都面临和参与着全球范围之内的文化竞争，而能够在竞争中生存、发展和繁荣的显然只能是先进文化。当前，中华文化无疑正面临文化全球化的挑战，我们必须大力加强先进文化建设，这是一项时代性的重大文化发展使命，文学批评尤其是马克思主义文学批评在这一使命的践履中起着重要而又积极的作用。

---

① 季明：《高扬社会主义先进文化伟大旗帜》，《北京人民警察学院学报》，2012年第2期，第2-3页。

② 在“文化全球化”问题上，学界曾存在争议。有学者认为，“文化全球化”是从“全球化”推导出来的，对其是否真正存在表示疑虑。近年来，随着世界范围内的“文化全球化”问题研究的拓展与深入，它也就渐渐成为一个我们不能不加以正视的时代性的重大问题。

③ 黄旭东、杨生平：《文化全球化的双重逻辑与当代中国文化建设》，《云南社会科学》，2009年第5期，第80页。

二、文学批评：时代性的先进文化及其先进性的历史确立

文学批评是文学活动中的一个重要环节，它与文学的发生同步形成。苏联学者拉克京与洛戈文曾经指出："文学评论与文学是孪生姊妹，同时诞生的。"接着，他还进一步持论："文学评论最初是历尽沧桑、最有威望的读者的意见。第一个读者实质上就是第一位评论家。"[①]一方面，人创造环境；另一方面，人也是由环境所塑造的。同时，人还是一种文化存在物。这样来看，"历尽沧桑、最有威望"的读者自然也就是文学与文学评论诞生和形成时代的先进文化的代表者；换句话说，他们的意见与对文学的评价无疑代表着当时的先进文化方向。从这个意义上我们可以进一步说，历史中的具体文学批评就是时代性的先进文化的体现，一切具有批评史意义的文学批评皆是如此。无疑，这与别林斯基所指出的"批评是现实的意识""批评是哲学的意识"这样的论断在根本的意蕴指向上是一致的。文学批评理论与具体批评实践是基于社会现实、文学现实、批评现实的精神文化建构，是历史性的人类文明精华的凝聚与集中体现。它所承载的人学意识、审美意识、社会历史意识、道德意识、文化意识、生命意识、生态意识乃至于语言意识都是社会时代精神的显现和象征。西方古希腊时期以苏格拉底、柏拉图和亚里士多德为代表的文学批评与中国先秦时期以孔子和孟子为代表的文学批评是如此；在中国中古以来和西方近代以来的中西文学批评发展史上留下深刻影响并持续推动文学批评发展进程的代表人物的文学批评也是如此；进入 20 世纪，在风云激荡的世界社会历史变革中确立起来并处于发展中的文学批评依然还是这样。当前，中国社会正处于深刻的转型期，文学批评也正试图通过视野的拓展、立场的明确、理念与方法的自觉变革顺应这一时代发展的根本要求以在复杂的一般世界状况和多元与繁复的批评情境中确立其发展方向。因而，我们可以认为，文学批评其实是任何社会、任何时代的"最优秀、最先进、最具代表性的文化表征"，它"不仅是当时文化构成中不可缺少的组成部分，而且是当时文化构成中的先进文化成分"，文学批评是"以其先进性、进步性、前导性体现人类精神文化状态和发展方向的"[②]。一句话，文学批评

① 江西省文联文艺理论研究室编：《外国现代文艺批评方法论》，江西人民出版社，1985 年，第 581 页。

② 张利群主编：《文学批评原理》，广西师范大学出版社，2004 年，第 2 页。

是一种时代性的先进文化。

历史中的马克思主义文学批评更是时代性的先进文化的代表，它具有广泛的人民性。马克思主义文学批评的经典形态也就是马克思主义创始人马克思、恩格斯的文学批评与他们的整体思想体系一样也指向人的解放与自由全面发展，而这里的人就是从事实际生产活动的现实的人，包括全世界的无产者，其所拥有的广泛的代表性是毋庸置疑的。俄国伟大的马克思主义者列宁在 1905 年发表的《党的组织与党的出版物》一文中指出，文艺“要为千千万万劳动人民服务，为这些国家的精华、国家的力量、国家的未来服务”。因为，千千万万的劳动人民代表着当时俄国文化的先进方向；自然地，深刻体现出这一先进文化方向的文学批评也就是时代所要求的，也是时代所需要的，它是时代性的先进力量。基于现实发展状况与中国革命的需要，也是对马克思主义文学立场的继承和发展，在 1942 年召开的延安文艺座谈会上，毛泽东提出，文艺要为人民大众服务，首先是为工农兵服务。这奠定了相当长一段时期内当代中国文学与文学批评的根本质地与基调，无可置疑地也表现出历史的先进性。在新时期，根据新的文艺工作的发展需要，也基于对文艺工作的正确认识，邓小平又提出了文艺的“二为”方向，即文艺为人民服务、为社会主义服务。这有力地推动了几十年来中国文艺工作的巨大发展和繁荣，中国的文艺创作与文艺批评实践也就一直走在当代先进文化的发展进程中。在 2014 年的文艺工作座谈会上，习近平总书记也强调，文艺要坚持以人民为中心的创作导向，确立起当代文艺发展的根本诉求和方向。

马克思主义文学批评以马克思主义为指导思想，而先进文化的核心与灵魂其实就是马克思主义。这是当代中国先进文化的本质规定，也是当代中国先进文化的根本标志①。我们完全可以认识到的是，马克思主义深刻揭示了人类社会的发展规律，它坚定地维护和发展最广大人民的根本利益，是指引人民推动社会进步、创造美好生活的科学理论。从这一对马克思主义的根本认识出发，我们也就能够明白，内在地包含着马克思主义文学批评理论与实践的马克思主义文化理论在本质上就是一种关于先进文化建设的思想。马克思主义的文化理论最初是马克思、恩格斯在创立唯物史观的过程中提出来的，而列宁则在坚持和发展唯物史观的基础上，在领导俄国社会主义革命和建设的实践过程中进一步阐发了文化理论，从而使马克思主义文化理论得以真正

① 孙其昂：《马克思主义是先进文化的核心》，《高校理论战线》，2002 年第 10 期，第 13 页。

创立起来，而在马克思主义文化理论的中国化进程中，经过几代中国共产党人的共同努力，马克思主义文化理论建设不断推进到新的阶段，由此逐步形成了较为完善、成熟的马克思主义文化理论体系[①]。这一理论体系的建设过程包括的中国化马克思主义文学批评的建设过程无疑就是时代性的先进文化的发展进程，它始终代表着先进文化的前进方向。

党的十七届六中全会通过的《决定》指出：“要毫不动摇地坚持马克思主义基本原理，紧密结合中国实际、时代特征、人民愿望，用发展着的马克思主义指导新的实践。”[②]这里所讲的“新的实践”自然包括我们在前面所说的批评理论建设与具体的文学批评实践。这样，我们也就能够清楚地认识到，当前，开展具体的文学批评实践与批评理论研究需要以发展着的马克思主义为指导，从事马克思主义文学批评研究也需要确立这种清醒而明确的发展意识。如是，我们也就能够更有力量也更为充分地确定马克思主义文学批评的时代性的先进文化性质。

文学批评包括马克思主义文学批评的时代性的先进文化性质需要我们在具体的文学批评研究中予以学理性确认，并且，我们还理应在文学批评的历史发展中自觉追求和认同其先进性品格。这就关涉文学批评的先进性的确立问题了。其实，在中外批评史上，文学批评始终以先进文化的前进方向为指导思想进行自身建设，其先进性的确立是一个历史性的问题，也可以说是一种历史性现象。抽象地讲，文学批评的先进性主要体现在文学批评理论建构与具体批评实践中的人民性、进步性、开放性、批判性、公正性和主体性等价值取向上。人民性，就是始终坚持文学与文学批评的人民立场，文学是为人民的，文学批评也是为人民的，以人民为价值本位，这样的文学创作与文学批评实践无疑是代表着人类先进文化的前进方向的；进步性，坚持人民性立场，文学批评自然就体现出其广泛的代表性，它植根于社会现实与文化现实发展的丰厚土壤之上，它与历史与人类文明的发展同步，它是与时俱进的；开放性，文学批评在以往的历史发展进程中，是不封闭的，唯其如此，它才能获得更为长远的发展空间，在文学批评的先进性的当代确立中，我们

---

① 张华：《马克思主义文化理论与当代中国先进文化建设》，见张全新等主编：《中国特色社会主义：理论·道路·事业——山东省社会科学界2008年学术年会文集（1）》，山东人民出版社，2009年，第13-16页。

② 《中共中央关于深化文化体制改革推动社会主义文化大发展大繁荣若干重大问题的决定》，《人民日报》，2011年10月26日，第1版。

必须确认、保证并发展其开放性；批判性，文学批评本质上就是一种批判，当然，这里所说的批判表现为真正的学理性的深入探究与价值评价，它是一种规范的言说，并且，在文学与社会生活的内在关联中，批评实践还积极主动介入社会现实问题的思考与探索，在这个方面，马克思主义文学批评是一种典范形态，其批判性是鲜明的；公正性，在开展批判性评价时，必须保证文学批评的公正性，文学批评的公正性事关批评正义，反映出的是一种色彩鲜明的批评伦理，它建立在严格、准确的批评标准和实事求是的批评原则的确立以及批评主体的严谨的科学态度的形成的基础之上，公正性的批评实践才能体现和强化文学批评的公信力，这是当前的文学批评实践极为需要的先进性品质。主体性，它往往是针对人而言的，在这个时候，它根本上是指人作为活动主体在对客体的作用过程中所表现出来的能动性、自主性和自为性①；在这里，我们说文学批评的先进性品质的体现之一在于其主体性，主要是指文学批评在其历史发展进程中渐渐确立起来的独立性、自觉性和创造性，这样，它也就能够保持与时代文化发展的协调性，从而充分发挥其先进性。无可置疑，也正如上文已然局部提及的，文学批评先进性的这些品质的确立都是在人类文明的历史展开中渐次呈现出来的，当前，我们需要态度鲜明地坚持并发展这种文学批评的先进性，积极推进文学批评的先进性的历史化进程，以深度支撑文学批评的当代创新与文化建设的当代繁荣局面的真正生成。

三、马克思主义文学批评：当代先进文化建设的积极力量

先进文化是历史性的，是发展着的，是在人类文明的历史发展进程中得以持续建构的；这也就是说，人类社会的每个历史发展时期都有其先进文化，每个社会历史发展时期的先进文化都存在其与时俱进的根本特质。在当下中国，需要积极开展先进文化建设。而这里所说的先进文化，如同前文已然指出的，就是中国特色社会主义文化、社会主义先进文化。当前，我们需要着力开展的就是社会主义先进文化建设。而在当代先进文化、社会主义先进文化的建设过程中，我们必然需要自觉、主动地寻求其理论文化资源与根本性的建设途径。在这个问题上，文学批评无疑是重要的参与性力量。这也就是说，当代文学批评包括批评理论建构与具体的文学批评实践支撑和推动

① 詹艾斌：《主体伸张的文论建构》，社会科学文献出版社，2013 年，第 161 页。

着当代先进文化建设；换言之，社会主义时期的文学批评活动支撑和推动着社会主义先进文化建设。其实，我们还可以转换一个角度来进行表述，那就是，既然说文学批评是当代先进文化建设的重要的参与性力量，那也就意味着当代先进文化建设必然需要文学批评的主动介入与参与，这是一种不争的基本事实。

当代中国的先进文化建设需要文学批评。关于这个问题的解答，我们可以从两个层面来进行简要论述。就实践面向而言，任何文学批评实践的具体开展都必须依据特定的评价标准和价值取向，而这种评价尺度与价值指向无疑是由时代性的主体的合目的性与客体的合规律性的统一而确立起来的，也正是这种统一能够有效保证被评价作品的先进性及其价值。实际上，这也表现为文学批评的根本职责。换言之，当代中国的先进文化建设需要文学批评，是由文学批评的根本职责所决定了的。文学批评的根本职责就在于批评主体在合理而明确的文学观念与批评理念的指导下通过价值评估手段确立时代性的优秀作品的地位和意义，而这也正表现为文学批评参与当代先进文化建设的根本途径。从理论建构维度来讲，任何真正的、健康的文学批评的理论建构都不是抽象的、形而上学的，它并非超越时空的概念与范畴的推演和堆集，而是开放式地建基于鲜活的文学事实与文学批评实践活动的蓬勃开展之中，它是时代性的文学创作经验和批评实践经验的综合与提炼，其生命力的彰显往往就来源于这种对于时代性的先进经验的理论把握，甚至表现为建构主体的合目的性[①]基础之上的理想期待，它也正是通过这样的方式构建起与时俱进的理论学说和主张，与文学批评实践一道介入和参与当代先进文化的建设与发展。

我们可以明了的是，当代先进文化建设需要文学批评，在这里，理所当然地也包括马克思主义文学批评，甚至在某种意义上还可以说，当代中国的先进文化建设更需要马克思主义文学批评。无可置疑，马克思主义文学批评是当代中国先进文化建设的重要而又积极的力量。这是由马克思主义文学批评自身的明确而显豁的先进性品质所决定的。概而言之，马克思主义文学批评的先进性品质可以主要从以下几个方面来进行确认：其一，马克思主义文学批评以唯物史观作为其世界观与方法论，相较于历史中的其他文学批评模

① 这种主体的合目的性与客体的合规律性也是统一的，或者说，建构主体的合目的性的确立原本就是建立在其对于客体的合规律性的充分把握与认知的前提之下的。

式或形态，它开辟了文学研究与文学批评的一个新方向，是文学研究与文学批评领域内的一次重大变革。在唯物史观视野下，具体的文学批评实践不仅就文学问题展开“结构”式分析和历史性考察，它还更关注人的发展这一大问题，这理应成为当下文学批评的一个根本性的关注方向，它直接指向人的建设。其二，鉴于唯物史观视野的明确确立，马克思主义文学批评具体表现为美学观点、历史观点与人学观点的批评的辩证统一，从这些方面或维度来考察文学作品或以作品为中心的一切文学现象，无疑具有充分的合理性和先进性，因为，它深刻地把握着文学的根本质素。其三，从其一、其二往下继续深入思考，我们可以明确地认识到，马克思主义文学批评的社会历史维度深刻地指向社会现实的变革，这种对于社会现实变革的诉求倾向或精神品格是其先进性的集中体现。其四，由以上三个方面的先进性品质所决定，我们完全有理由相信，马克思主义文学批评毋庸置疑地拥有上文所简要论及的文学批评先进性的几个方面的价值诉求，即人民性、进步性、开放性、批判性、公正性与主体性，马克思主义文学批评的所有这些价值指向共同开创和铸造着当代文化建设的先进性方向。

在这里，我们需要明确认识到，为了顺应当代先进文化建设的根本要求，还必须在坚持马克思主义文学批评的同时发展马克思主义文学批评，在让马克思主义文学批评积极参与当代先进文化建设的同时发展其自身。当前，在具体的文学批评实践与批评理论建构中，坚持马克思主义文学批评是必要的，而发展马克思主义文学批评无疑更为重要。只有发展马克思主义文学批评，才能更好地坚持马克思主义文学批评。马克思主义具有与时俱进的理论品质，马克思主义文学批评自然也是如此。我们知道，发展是马克思主义内在的必然要求，也是马克思主义自身所具有的基本特点。发展才有出路，发展才能保证马克思主义包括马克思主义文学批评的旺盛的生命力。在当代中国，马克思主义文学批评的创新发展在根本上表现为马克思主义文学批评的当代形态的建构。

马克思主义文学批评的当代形态是相对于马克思主义文学批评的经典形态而言的，而在中国语境中的马克思主义文学批评的当代形态建构其所要面对的经典形态至少包括马克思主义的创始人也就是马克思恩格斯的文学批评以及中国化马克思主义文学批评的经典形态即毛泽东文艺思想或毛泽东思想文学批评，因此，从原则上说，我们在这里讨论的马克思主义文学批评的创新发展或者说马克思主义文学批评的当代形态建构也就表现为在马克思主义世界观与方法论视野之内，面对时代发展的新要求以及文学批评自身发展的新期待而开展的马克思主义文学批评的新的形态的建构，它是对于马克思主义文学批评经典形态的坚持与发展。这种坚持与发展或者说新的形态的建构必须坚守先进文化的前进方向，而且它自身也无疑代表着先进文化的前进方向，并以自身的实践积极参与着当代中国的先进文化建设。从另一个角度来说，当代中国的先进文化建设也需要这种新的形态也就是当代形态的马克思主义文学批评的介入与参与，因为，它无可置疑地是正在进行中的当代中国先进文化建设中的一支重要力量。

而且，我们还必须由此进一步认识到的是，在文化全球化时代，加强马克思主义文学批评的当代形态建构其实也表现为当代中国先进文化建设的内在基本要求。可以认为，它是在文化全球化进程中民族文化发展的一种根本性策略，也是文化自觉的基本体现。如是，中华文化在与世界各民族文化的差异性共存中将会获取更多的推动其自身发展进步的先进性。我们必须高度关注并持续探索这一既直接涉及马克思主义文学批评的当代发展又潜在地指向当代中国先进文化建设的重大问题。

第四章　文学批评基本问题探讨

文学批评基本问题是文学批评研究中的重要问题，针对这些问题的研究同样需要一种历史主义的态度。放在今天予以讨论，其当然更为需要的是当代视角。坦率地讲，笔者在这个方面多有关注，但实际的研究工作开展得还很不够，需要进一步明确研究对象，深入进行有针对性的讨论。

第一节　当代文学批评的主体性问题

文学批评主体性问题是一个重要的批评理论问题，自然，对于它的追求和确认也是一种重要的文学批评观念的彰显。20 世纪 80 年代，随着文学批评“方法论热”的出现、文学的自主性观念的确立尤其是文学主体性理论的提出，文学批评的主体性问题曾经得到了一定程度上的关注，并表现出在当代视域中的较为积极的建构倾向；然而，20 世纪 90 年代以来，从总体上而言，文学批评的主体性却呈现出一种颇为严重的缺失局面。在当下，我们需要在确立根本性的价值立场的前提下，致力于文学批评的主体性建设。无疑，这是当代文学批评自身发展的需要，更表现为一种当代视域中的文学批评理论观念的创新发展。

一、文学批评的主体性及其价值指向

应该说，主体性是文学批评的一种基本的精神品格，也是一种应有的价值诉求。那么，从普泛意义上来说，文学批评的主体性究竟应该怎样理解呢？毋庸置疑，在当代视域中，对这一问题的回应必须先从关注和明确人的

主体性问题开始。换言之，讨论文学批评的主体性是与对人的主体性这一哲学问题的明确认知密切相关的。因而，在这里，我们首先需要对主体性问题、人的主体性问题做一些必要的检视与判断。

我们明白，在人类的精神发展中，主体性原则的确立是一个关键的环节，而主体性原则在西方哲学中的确立本身又是一种极为复杂的思想现象。恩格斯说："在希腊哲学的多种多样的形式中，几乎可以发现以后的所有观点的胚胎、萌芽。"[①]确实，我们注意到，西方哲学中的主体性原则也肇始于古希腊思想。其时，普罗泰戈拉对"人"作为"万物的尺度"的确认和强调，宣告了具有主观能动性的人的"出场"；而苏格拉底则用德尔菲神庙墙上铭刻的"认识你自己"这句箴言根本性地扭转了古希腊哲学的方向，在他那里，"认识你自己"具有了主体性原则的初步萌芽。当然，西方哲学中主体性原则的发端是近代以来的事情。在这个阶段，笛卡儿是个中坚人物，他是近代西方理性主义的主体性哲学的奠基者。到了康德这里，主体性原则得以真正确立。这是经过文艺复兴、宗教改革等重大社会变动并在启蒙运动后期和法国大革命前后而确立下来的哲学原则。思维和存在、主体和客体如何可能一致？这是德国哲学革命面临的根本问题。康德是德国古典哲学进程中的第一个环节。其哲学中的主体性原则最终就是确立在对主体与客体之间关系的探讨之中。当然，看待主体性原则的确立这个问题，还是需要从对康德哲学的总体性质的理解和确认出发，这是一个相当复杂的问题，在此，我们就不多说了。从最终目的上说，以康德哲学为标志的主体性原则就是要从哲学上证明理性和自由是人的最高本质。在对这一最高本质的诉求和拥有中，主体积极能动地认识、构造甚至是变革对象或客体。康德确立的"主体构造表象""人为自然立法"这两个命题就是其根本性表现[②]。

"康德是通向马克思的桥梁"[③]，这也就是说，马克思深受康德的影响，在其思想形成过程中，康德及其思想是一个中间环节，在主体性理论问题上无疑也是如此。当然，在新的社会历史语境中，更根本的是对唯物史观视野的确立，马克思的人的主体性思想与康德确立的主体性原则存在本质上的差

① [德]马克思、恩格斯：《马克思恩格斯选集》（第4卷），人民出版社，1995年，第287页。

② 对主体性原则在西方哲学中确立问题的较为详细的探讨可参阅拙文《论西方哲学中主体性原则的确立》，载《内蒙古社会科学》（汉文版），2005年第1期，第64-68页。

③ 俞吾金：《实践与自由》，武汉大学出版社，2010年，"前言"第1页。

异。马克思的人的主体性思想是丰富的、深邃的①，在这里，为了集中论证的需要，我们仅简要地说一说两个方面的话题：其一，在马克思主义哲学视野下，主体性是属于哲学的哪一个层次的问题，即我们需要合理确认主体性问题的论域。首先，主体性问题不是本体论问题，这在20世纪80年代中国学界的主体性问题尤其是文学主体性问题论争中出现过不同的看法；同时，它不全是认识论问题，也不全然是历史哲学问题。人的存在的主体性问题当属人和世界关系的根本问题，它属于哲学的总体性问题，是哲学基本问题的进一步发展和具体化。思维和存在的关系本质上是人和世界的关系，它是人所特有的意识性的表现，而人所特有的意识性在其现实性上必然发展和表现为主体性，表现为人所特有的"主观能动性"，从而揭示出人和世界的关系，从根本上说就是主体和客体的关系②。确认这一点让我们明了马克思的主体性思想与马克思哲学的整体性关联，也让我们对文学批评的主体性问题形成了一种原则性的思考意向。其二，人的主体性的具体规定也就是主体的规定性问题。在这个方面，马克思曾经有过许多论述，概括起来主要就是指人作为社会实践活动的主体在对客体的作用过程中所表现出来的能动性、自主性和自为性。其中，人作为社会实践活动主体的能动性包含三个方面的基本含义，即主体对于主客体关系的自觉性、主体的选择性及主体的创造性。而创造性无疑又是主体能动性的最高表现。主体的自主性也是马克思的人的主体性思想中的一个重要内容。在他看来，真正的主体必然是具有自主性的主体，这种主体既有能力亦有权利"作为支配一切自然力的那种活动出现在生产过程中"③。主体的自为性是主体自主性的逻辑延伸，换言之，自主是自为的前提，自为是自主的目的。总体来看，马克思关于主体的能动性、自主性和自为性的相关论述无疑是相互联系着的，其中包含着丰富的辩证法智慧，也就是说，三者的结合和统一，才能造就完整的主体和实现真正的主体性。

由此，我们可以认识到，简单地讲，确认当代文学批评的主体性，在普泛意义上来说也就是在当代视域中强调文学批评的能动性、自主性与自为性的实现，而且，还是一种统一性的实现。当然，这是一种相当抽象的表述。

---

① 详见拙文《论人的主体性——一种马克思哲学视点的考察》，载《社会科学研究》，2007 年第 2 期，第 114-119 页。

② 参见李为善、刘奔主编：《主体性和哲学基本问题》，中央文献出版社，2002 年，第 41-45 页。

③ [德]马克思：《政治经济学批判（1857-1858 年草稿）》，《马克思恩格斯全集》（第 46 卷下），人民出版社，1980 年，第 113 页。

具体而言，结合当代中国文学批评的基本境况，笔者认为，文学批评的主体性主要存在三个方面的重要考量：其一，确认当代文学批评自身的独立性，即它不应该也没有理由依附于其他对象而存在，它具有一种自主的品格，从而也表现为一种文学批评的自为性；其二，强调批评者必须具有强烈的主体意识，在这个意义上说，文学批评的主体性是批评者的主体意识在批评实践中的具体化，尤其表现为一种文学批评的能动性和创造性的实现；其三，它还体现为当代视域中的中国的文学批评的主体性，这也就是说，在当前的全球化语境中或者说世界性的批评境况下，中国的文学批评应该营构、保持和发展其独立性与自主性。

论述至此，我们需要进一步明白的是，在当代视域中，我们追求和确认文学批评的主体性，其实是在确立当代文学批评的根本性价值指向。那么，这种价值指向究竟体现为一种什么样的性质呢？对这个问题的讨论，关涉我们对“现代性”问题的理解。无可置疑，对现代性问题的关注早已经成为一种世界性现象。它在世界范围内的反思与追求的二重主调语境下变得色彩斑斓。在现代性问题的探究上，不要说众多西方思想家之间存在着迥然的差异，即便是当代中国学者，也都基于各自的哲学立场和观察视点而对现代性问题持续地进行着不同的解读和阐释。相比之下，笔者更为赞同俞吾金先生的观点。受英国思想家安东尼·吉登斯的启发，他提出了“现代性现象学”的概念。俞吾金持论，现代性现象学也就是运用现象学的理念和方法，尤其是海德格尔的此在现象学的理念和方法，对现代性现象进行全面的考察。在阐述了现代性现象学的基本立场、观念和方法之后，从现代性现象的总体视域出发，并在对西方思想家现代性研究的几种有代表性的观点进行批判性考察的基础上，俞吾金分析指出：当我们把现代性现象课题化时，在我们的视域中呈现出来的是一组现象，即“现代化”“前现代”“现代”“后现代”“前现代性”“现代性”“后现代性”“现代主义”“后现代主义”；而且，当我们对这九个现象中的任何一个进行考察时，其他八个现象都会以共现的方式呈现在我们的视域之中。因此，必须在这一总体视域中来界定“现代性”的内涵。按照现代性现象学的阐释，“前现代性”、“现代性”和“后现代性”主要关涉前现代、现代和后现代三个不同历史时期的主导性价值观念。对“前现代性”和“后现代性”而言，“作为现代社会的价值体系，‘现代性’体现为以下的主导性价值：独立、自由、民主、平等、正义、个人本位、主体意识、总体性、认同感、中心主义、崇尚理性、追求真理、征服自然等”[①]。显然，这样来理解“现代性”问题，我们也就能够相当明确地认识到，在当下语境中，追求和强调文学批评的主体性，其实是在确立文学批评的现代性价值指向，主体性是现代性哲学的基石。

二、当代文学批评主体性的缺乏

在中国文学批评发展史进程中，文学批评的主体性诉求一直较为缺乏。这固然受制于长达几千年的封建专制所构造的政治与文化逻辑，也与根深蒂固的“以意逆志”的中国文学批评传统密切相关。在新民主主义时期，“政治标准第一，艺术标准第二”的批评尺度的确立，也让文学批评与国家政治、民族解放等宏大叙事更加紧密地联系在一起。历史地看，这是必要的，也具有其特定的价值和意义，但是，它也在很大程度上阻滞了文学批评的主体性的实现。通过前文的分析，我们已经得出一个结论，即追求和强调文学批评的主体性其实是在确立文学批评的现代性价值指向，而这一现代性价值指向的真正确立无疑又是需要以中国社会的现代化进程的强势推进作为基本前提的。这样，我们的讨论视野自然也就相应地进入中国社会的新时期。20世纪80年代中期，刘再复倡导“文学的主体性”，进而引发了大规模的学术论争。我们明白的是，文学主体性理论的提出以及围绕着它而展开的思想争论溢出了文学论的范围，它和80年代初发生在哲学领域里的主体性问题讨论等一道构成了一种重要的思想事件，或者直接说，它是一种显豁的与中国社会的现代化进程相伴随的思想事件。在这一现代性事件中，刘再复所说的“文学的主体性”存在三个重要的构成部分，即作为创造主体的作家的主体性、作为文学对象主体的人物形象的主体性与作为接受主体的读者和批评家的主体性。也就是说，在这里，伴随着人的主体性问题的浮现，文学批评的主体性命题被正式提出来了。对刘再复而言，文学批评的主体性就是伸张和确立文学批评的自由。尽管刘再复的文学主体性理论存在重大的思想局限，但文学批评的主体性作为一个重要的历史性命题的提出，其价值是不言而喻的。当然，历史并没有很好地接续这个话题。文学主体性理论在20世纪80年代中期被提出之后，随即遭到了几种重要学术力量的批判；其表现之一是，人们从后

---

① 俞吾金等：《现代性现象学——与西方马克思主义者的对话》，上海社会科学院出版社，2002年，“导论”第36页。

现代主义哲学视角出发，质疑主体概念与主体性理论的正当性和合理性。如是，文学批评的主体性问题也就很难再存在于人们的关注视野之中了。

有研究者分析指出：20世纪90年代以来的中国文学批评面临的文化语境非常复杂，文学批评的主体性同样缺乏。倘若寻找其原因，不外乎表现在两个最基本的方面：其一，随着中国市场经济向纵深处发展，其内在逻辑使文学批评必须服从于利益至上和效益优先的原则；其二，在全球化语境下，西方现当代文论的横向扩张相当强势而恣肆，这样，中西文化交流主体之间就存在一种关系的不对等性，于是，文论的交流实际上已经变异为西方文论霸权对中国文论的强势同化。这二者共同导致了中国当下文学批评主体性的深刻危机[①]。这一讨论和表述无疑是颇有道理的，但它也显得有些笼统和模糊，我们还需要寻求更为清晰也有可能更具拓展性和深入性的描述与论证。从前文我们对于文学批评的主体性问题的总体性认识和理解出发，概而言之，在笔者看来，当代文学批评的主体性的缺乏较为显豁地体现在以下几个主要方面。

首先，在很大程度上，当代文学批评处于一种非自主存在的状态，即“寄生”状态。这也就是说，尽管经过了长期的历史性发展，当代文学批评依然缺乏足够的独立性、自主性。在这里，“寄生”一词是笔者对有研究者在一已的理论视野内对文学批评较为普遍的“寄生”状态的个人描述的援用，当然，它更是一种拓展和延伸。这位研究者指出：不能“将文学批评仅仅当作文学作品的注释”，韦勒克与沃伦合著的“《文学理论》早已阐明，对文学作品所作的注释、说明，包括对作品版本的考证、对作品中所涉及的历史事实的钩沉、对作品中生僻字的注解等，虽然是文学研究中必不可少的步骤，但这根本就不是文学批评，充其量只能算是文学批评的准备工作。因此，把文学批评看成单纯的解释作品，只能是一种‘文本还原’式的批评观。在这种批评观的指导下，文学批评谈不到任何主体性问题，只能‘寄生’在原作之上对其进行一些注释、讲解、说明，甚至可能沦为作品的奴隶”[②]。无可否认，这一判断和评价是敏锐的、合理的，这种“寄生”式的文学批评在今天的文学研究者的具体批评实践中也包括在高校教师的文学课程的教学中大量存在，它极大地折损了在当代视域中实现文学批评的主体性的

① 胡功胜：《文学批评：主体性的危机及其重建之维》，《江淮论坛》，2012年第5期，第189页。

② 李卫华：《文学批评主体性的张扬——金圣叹、罗兰·巴特、希利斯·米勒文学批评观之比较》，《理论学刊》，2011年第6期，第119页。

可能。在此基础上，笔者所说的当代文学批评的“寄生”状态至少还包括两个方面的意思：其一，文学批评对于作家作品的严重依赖。一直以来，在文学界尤其是在作家那里存在一种一度曾经成为主流的观念，即作家的文学创作是第一性的，批评家的批评实践是第二性的。在当前，这种观念依旧存在相当大的市场，它极大地削弱了文学批评者的主观能动性和创造性。其二，当代文学批评仍然缺乏足够的独立性。这具体表现为两点，一是新时期以来文学批评学科建设尽管取得了不小的成绩，但批评学界的学科意识依然不够明朗，具体的文学批评实践缺乏应有的合理的批评方向确立的自觉，文学批评对于文学理论和文学史建构的积极价值与意义不甚彰显，二是当下的文学批评依然在很大程度上受制于广阔的社会文化语境，甚至是政治因素，在一定意义上说，文化批评的当代兴盛更为加剧了这一状况；相应地，在对批评的具体情境的关注前提下开展的自觉并相对纯粹的文学批评实践并不多。

其次，批评主体的缺席与批评力量的丧失。这里所说的批评主体的缺席，当然不是指没有人参与当代文学批评实践，也不是指当代文学批评者在具体的批评实践中没能表现出普泛意义上的一定的主观性；其在根本上意味着，由于真正的创造性和自主性的严重匮乏，当代文学批评者群体性地同时也是自觉不自觉地选择了一种趋于浅表性的、同质化的批评行为，拒斥独立的、批判的、在深层意义上有利于当代文化建设和社会进步的价值立场的有效确立，致使当代文学批评陷入了一种内质性的困境。这样，尽管文学批评实践行为依然在持续，却导致批评主体的实质上不在场。也就是说，从事具体文学批评实践的批评者的能动性、自主性与自为性严重缺失，这自然也就缺乏在根本上是由批评主体的能动性、自主性与自为性支撑起来的批评的力量。它主要表现为：第一，批评落后于创作。当代文学创作是生动的、丰富的，但文学批评实践却跟不上这一发展趋势，在不少批评者那里，批评实践成了一种惯性的操作或批评的“程式”，批评者与他从事的批评实践本身都被其固化的视野、立场和思维所“裹挟”，批评了无生气，自然更谈不上批判性和创造性。第二，部分批评家与作家或写手之间存在一种颇为显明的互利性共谋关系。“口红式批评”“捧杀式批评”等称谓的出现是对这一现象的形象说明。或许，这是在市场经济体制下和当代消费性文化语境中批评生态发展的一种必然。第三，批评者群体性地放弃价值评判。价值评判是文学批评实践的根本要求，也是其生命力的保证。然而，今天的批评家却耐人寻味地共同地表现出对于价值和价值评判的轻视态度，或者将自己放在一种独立的价值判断的“悬置状态”①。我们应该明白，“对价值的忽视甚至拒绝是使人文科学非人性化的倾向中最危险的一种”②；我们也需要铭记贡布里希的告诫和期望：“我们应该归还人文科学的惊讶感、崇敬感还有恐惧感。换句话说，应该归还人文科学的价值感”③。当然，这种现象的出现乃至蔓延也与当下的文化相对性时代普遍的批评尺度与标准的丧失不无关联。

最后，新时期以来，西方文学批评理论强势“入侵”，这自然有一种文化交流的必要，但在一定程度上也是中国学界主动“迎纳”的结果，其最终导致的是，在面对西方文学批评理论观念时，当代中国的文学批评几乎没有了自己的地位和“声音”，学理上的中西批评“对话”难以实现。无疑，这是在更为阔大的视野内对当代文学批评主体性缺失的一种确认，也是一种尤为值得注意的批评现象。这种文学批评主体性的缺失最根本的表现就是文学批评的“失语”。其实，近20年来，中国文学理论的“失语”问题一直颇受文艺学界的关注，不少学者对之进行了批判性考察，并取得了一定的研究实绩；但是，对于文学批评的“失语”的针对性探讨却并不多见。我们需要认识到，当代文学批评的“失语”，失去的当然不仅仅是中国形态的文学批评的概念和范畴，更是民族文学批评观念、精神和思维的丧失与民族批评范式的被改造。这样，当代中国文学批评出现了在根本上被西方文学批评范型同化的趋势，中国文学批评的民族性问题似乎不值得关注了。不得不说，在经济全球化、文化全球化的当下，这是中国文学批评领域中出现的一个相当严重的问题。哪怕仅仅就此而言，当代文学批评的主体性建设也已经势在必行。

三、文学批评主体性的当下建设

文学批评主体性的当下建设当然也不只是某一维度的，而是一个系统性的工程。在这里，择其要者，我们简要地谈一谈文学批评主体性当下建设应有的总体性价值立场和三个基本的建设维度。

笔者以为，总体而言，在当下进行文学批评建设包括文学批评的主体性

① 王列生：《批评危机：亟待走出的六种缠绕》，《华中师范大学学报》（哲学社会科学版），1996年第4期，第90页。

② [英]贡布里希：《艺术与人文科学》，范景中编选，浙江摄影出版社，1989年，第15页。

③ [英]贡布里希：《艺术与人文科学》，范景中编选，浙江摄影出版社，1989年，第56页。

建设理应基于现代性价值立场。也可以换句话说，确立当代文学批评的主体性是与明确文学批评的现代性价值诉求方向密切相关的，二者之间存在一种辩证性关联。主体性是现代性的主导价值之一，追求和确认文学批评的主体性其实也就是在伸张和确立文学批评的现代性价值；而在总体上确立文学批评的现代性价值立场，也就能够内在地推动和保证文学批评的主体性的当下实现。我们必须明确这一文学批评主体性当下建设的现代性诉求的理论视角和价值立场。而且，我们还需要由此进一步认识到，确立文学批评的价值诉求方向是当下文学批评建设中的一个极为重要的问题，甚至可以说是文学批评领域中压倒一切的根本性问题。这个问题不明朗，或者说其方向不明确，其他许多问题的性质也就不可能突显，相关研究也就不可避免地会出现偏差，甚至会造成文学批评建构问题本身的价值和意义的弱化。基于中国社会与文化的现实状况以及文学批评自身发展的要求，我们可以确认，坚持现代性价值诉求的发展方向是当下中国文学批评建设的根本选择。因为只有这样，才能保证当下文学批评的建设与当前中国社会文化的整体推动在总体发展方向上趋于一致，故而，确认这一方向事实上也是使建设中的当代中国文学批评具有现实性品格的基本要求。当然，现代性也是一把“双刃剑”。基于此，当下中国文学批评的建设一方面需要现代性价值观念；但另一方面，也必须发展现代性价值观念。这也就是说，我们需要认识到，现代性问题是一种双重现象，所以我们在追求现代性价值的同时，还必须采取措施有效地遏制“现代性”中的负面因素的蔓延，并根据中国现实国情的需要发展现代性价值观念，以便对于“现代性”价值的整体诉求行进在具有历史合理性的无限敞开的实践路途中[①]。如是，我们所进行的当下文学批评建设包括文学批评的主体性建设也就能够建立在对健全而又充分的现代性的认识和诉诸的基础之上；换言之，唯其如此，建设中的当下文学批评才能体现出对健全而又充分的现代性价值观念的诉求，无疑，这对文学批评主体性的当下合理建构是一种有力的推动，也是一种根本性的有效支撑。

在相对集中地探讨了文学批评主体性当下建设的总体性价值立场之后，结合前文对当代文学批评主体性缺失问题的考察，接下来，我们再说一说确立在这一总体性价值立场基础之上的当下文学批评主体性建设的几个主要方面。

首先，追求和确立文学批评的主体性，必须致力于批评主体的建设。当

① 詹艾斌：《主体伸张的文论建构》，社会科学文献出版社，2013年，第134页。

然，批评主体的建设也是一个复杂的问题，在这里，我们有选择地谈三点。一是需要确认和强化批评家的个体主体性。文学批评活动是一种个人性很强的实践活动，作为文学批评主体的批评家首先就是以个体的生命形式存在于历史之中的，对此，马克思说得相当明白而深刻："全部人类历史的第一个前提无疑是有生命的个人的存在。"[①]尊重、认可批评的个体性，强调批评个体的自由意志、自我选择和自我评价的有效性，充分肯定其在批评实践中的能动性、自主性和自为性，无疑是保障文学批评主体性的基本要求。当然，人并不是孤立的存在。批评家在强化自身的主体意识的同时，还应该自觉地将自我的存在同时代与社会联系起来，将自我的发展要求同国家和民族乃至人类的整体性发展要求统一起来，这样，其个体主体性的实现也就获得了最大限度的有效性和合理性。在这个基础之上确立起来的文学批评的主体性自然也就能够赢得我们充分的肯定。二是批评家必须注重自身的批判意识的确立和批判性思维的养成。批评家应该是一群具有特殊才能和卓越品质的人，而批评家的特殊才能和卓越品质的表现之一就是其具有高超的批判力，这是他能够在具体的文学批评实践中进行合理的价值判断的基本依凭。人往往受其惯性思维的驱使，会有效地转换思维方式，因而铸造个人的批判性思维和确立明确的批判意识是一个批评家的主体性的重要表现，当然，它也是文学批评的主体性得以实现的一个前提。三是必须关注和提高批评家从事具体的文学批评实践活动时的观念意识和精神状态。我们需要明白的是，批评家的观念意识和精神状态是区分层级的，也正是因为这样，文学批评家的观念意识和精神状态决定了文学批评主体性所能够达到的层次品位。这也就是说，批评主体的观念意识和精神状态直接关涉具体的文学批评实践活动的性质与质量，决定着批评主体在从事批评实践时是否具有或在多大程度上具有积极的能动性、自主性尤其是创造性。无疑，这与文学批评主体性的实现与否休戚相关。

其次，自觉克服和摒弃"程式"化的、封闭的批评，确立文学批评实践和批评理论建构的明朗而深刻的现实关注意识和问题意识。这里所讲的"现实"，包含四个方面的意义指向：一是当下文学与文学批评的现实。开展具体的文学批评实践和进行自觉的批评理论建构必须以这一现实为基本前提，如是，才能做到有的放矢，也才能产生和形成真正的问题意识。二是作为批

---

① [德]马克思、恩格斯：《马克思恩格斯选集》（第 1 卷），人民出版社，1995 年，第 67 页。

评对象的文本的现实状况、真实状况。无疑，关注这一现实的批评才是具有针对性的批评，也才能摆脱被固化的批评视野、立场和观念所“裹挟”的批评模式，从而获得批评的生动性与开放性的可能。三是广阔而丰富的社会现实生活本身，它更多的是社会生活的一种现存境况，指一切实际存在的东西，亦即自然现象、社会历史现象和思想的总和，与“可能性”相对。四是指现有事物在发展过程中表现为必然性的东西，即作为合乎规律的存在，它与虽然存在但已失去必然性的事物和现象相对。这样，要达到对于现实的正确理解，就内在地要求不仅要清醒地估计现实的全部复杂性，而且要认识到它的必然变化趋势①。这两种意义指向上的现实，构成了对于“现实”的哲学化理解。无疑，在此基础上开展批评实践完全可以获致对于文学、文学批评乃至整体的社会生活的深刻理解。总之，批评实践必须依凭现实，并持有明确而合理的问题意识，才能在“众声喧哗”和相对主义泛滥的当下更有效地确立其主体性。因为，这样的批评才是自主的批评，能够充分体现批评家的主观能动性的批评，有明确的问题指向的批评，卓具创造性的批评，非“寄生”状态的批评。

最后，面对西方文学批评理论的强势“挤压”，当代中国文学批评需要积极应对这种挑战，在全球化语境中实现文化自觉，以期寻求自身更为阔大的发展空间；无疑，这是当代中国文学批评发展的一种必然要求，也是一种在由于“挤压”而产生的批评“张力”之中的必然选择。这一观点与策略的确立，当然是期望能够有效地实现当代中国文学批评的主体性，而其中的关节点就在于需要迫切地提高文学批评中的民族自觉意识。在当代中国文学批评实践中，具备并提高了民族自觉意识，才能在保证批评的充分的民族性的前提下促使其主动参与全球化进程；换一个角度说，在当下的世界性语境中，中国文学批评也只有主动地参与全球化进程，才能保证其民族意识得以凸显的能动性和自觉性，从而实现批评主体性的当下建构。那么，在当下，怎样才能提高文学批评中的民族自觉意识呢？陈国恩先生说，期望达到这一点，还有许多工作要做，“一要按现代性的标准重新整理民族传统文化，使其富有生命力的部分融入人类普遍的意义体系；二要重视 20 世纪中国文学批评所取得的成果，因为此时期是中国从被动到自觉加入现代化进程的一个关键性阶段，所取得的文艺理论和文学批评成果更具现代性，更容易与当下世

---

① 冯契主编：《哲学大辞典》，上海辞书出版社，2001 年，第 1633 页。

界语境相适应；三要及时向世界展示中国文学创作与文学批评的成果，宣传中国的经验，让世界了解中国；四要以平常的态度对待西方的知识权力，反对民粹主义和盲目排外的情绪”[①]。对于西方文学批评理论，我们要努力做到与之平等对话，以期形成东西方文学和批评多元互补的新格局，“这种格局既遵循人类共同的意义准则，又使各民族保持自己的文化传统和特色。在此格局中，中国文学批评才能发出自己的声音，才会有自己的建树”[①]。这样的观点与费孝通先生关于在全球化语境中文化发展问题的相关论述是一致的，具有充分的合理性，也具有鲜明的前瞻性。我们期待，在经济全球化、文化全球化的当下，中国文学批评能够明确地确立并适时地提高其民族自觉意识，从而有效地实现其主体性。也只有在此基础上，我们才能最终寻求中国文学批评的真正的现代性范式转型。

第二节　文学批评的学科建构意识亟待加强

习近平在 2014 年的文艺工作座谈会上指出，要高度重视和切实加强文艺评论工作。他认为，有了真正的批评，我们的文艺作品才能越来越好。很显然，这是一个具有真理性的判断。总书记强调，当前，要以马克思主义文艺理论为指导，继承创新中国古代文艺批评理论优秀遗产，批判借鉴现代西方文艺理论，打磨好批评这把“利器”，把好文艺批评的方向盘，运用历史的、人民的、艺术的、美学的观点评判和鉴赏作品。为贯彻落实“讲话”精神和要求，几年来，我国的文艺批评工作有了很大的推动。中国社会科学院主管的《中国文学批评》和中国文学艺术界联合会主管的《中国文艺评论》两家“国字号”学术杂志在 2015 年相继创刊。经中国文学艺术联合会批准，由国家级文艺评论家组织中国文艺评论家协会与国内部分高校、地方文联共建的首批 22 家“中国文艺评论基地”也在 2015 年 9 月举行了授牌仪式。短时间内出现这样的“集体行为”情形在一般意义上自然会触发人们在文学批评问题上产生两个向度的思考：其一，当代文学批评已取得了很大的成绩，相关平台建设是“锦上添花”之举，其目的是进一步推动和促进文学批评的发展与繁荣；其二，新时期尤其是 21 世纪以来的文学批评在其发展过程中尽管

① 陈国恩：《加强文学批评主体性建设》，《中国社会科学报》，2011 年 11 月 15 日，第 11 版。

取得了不小的成绩，但问题也相当突出，从理论上深入探讨文学批评的规律，并在这种规律的确认中切实加强文学批评工作已经成为一种时代性要求。确定无疑的是，后一个向度的思考才更为贴近对象讨论的本质性要求和真实状况，也是我们在对象研究中应该确立的明朗的问题导向意识的基本体现。

其实，当代文学批评包括理论建构和批评实践存在较为严重的问题早已成为学界和批评界的共识。尤其是20世纪90年代以来，随着中国社会结构的深刻变动，人们至少是在心理、体验与经验上步入了一个思想和文化选择的多元化时代，相对性的批评语境得以生成乃至在一段时间内被强化。在这种批评语境下，文学批评中的问题也就更为突显，相应地，由问题的存在而催生的以上共识也就更为明朗。那么，在文学批评的当代发展中，尤其是在当代文学批评实践中，到底存在哪些基本问题呢？择其要者，我们可以认识到，它在根本上表现为基于文学与文学批评的实质性理解的批评理念的阙如、科学合理的批评标准或批评尺度的匮乏与批评公信力的缺失，从而深度影响和制约马克思主义生态观视野下的当代和谐批评生态的生成与发展。

造成这种现象的原因显然很多，研究者们完全可以从不同的理论视角出发来对之进行颇为有效的论证。然而，与一些学者存在较为明显的认知差异的是，笔者认为，这其中的一个重要原因或者说诱发力量是当前的文学批评学科建构意识的相对薄弱，从而引发文学批评理论建设与具体实践缺乏必要的、合理的规范和导向。这也就是说，在文学批评学科建构这样的关涉文学批评当代发展的“顶层设计”问题上着力不够，也就不可避免地会引致文学批评在当代发展中的诸多具体问题的产生。其实，换一个角度进行思考，我们还可以认识到，文学批评学科建构意识的薄弱不仅是造成当代文学批评在其发展中存在诸多问题的一个重要原因，其自身同时还是当前文学批评存在的诸多问题中的颇为突出的一种。在某种意义上说，它还是文学批评在其当代发展中诸多问题形成、产生和强化的原生促成力量。因此，在批评实践中，我们看到的往往是这样的情形，囿于“眼力”，也受制于批评惯性，不少文学批评实践者缺乏对文学批评的性质、文学批评的价值功能等根本性的批评理论问题，在一定意义上，它们对其他相关批评理论问题的探索是具有统摄意义的；换言之，其他相关批评理论问题的探讨需要从对这些根本性批评理论问题的研究中得到进一步的解释或由之才存在理论阐释的更大空间或深入讨论的可能——的认知，缺乏对这些根本性批评理论问题进行探讨的当代维度的确立的自觉。如是，我们又怎么可能真正推进当代文学批评的健康发展和有效建设当代文学批评的和谐生态呢？毋庸置疑，这是我们必须加以正视的当代文学批评在其发展中存在的重大问题。

我们在上文着重提及的当代文学批评研究的问题导向，在根本意义上，体现在对当代文学批评发展过程中的基本矛盾的寻找和确认上。将辩证唯物主义社会矛盾分析法运用于当代思想与意识形态领域，运用于当代批评精神与批评生态问题的探讨和研究之中，我们可以清晰地认识到，当代文学批评发展或“运动”中存在一对颇为突出的矛盾，即文学批评学科理论建构与文学批评实践的疏离、隔阂，二者处于一种明显的非一体化关系，非理想状态。这种关系或状态显然是既不利于文学批评学科理论的科学建构也无益于当代文学批评实践的深入开展的，进而，它也就严重制约和阻滞了当代文学批评的深入发展。这一当代文学批评发展中存在的问题的解决无疑特别需要诉诸文学批评的学科理论建构。当然，我们明白，解决当代文学批评问题，需要具有整体性思维，需要寻求解决途径的整体推动，但是，基于对当代文学批评发展的宏观、综合考量，我们的一个明确的看法是，加强文学批评的学科建构是其中的一个极为重要的方式或途径。在思想理论与意识形态层面上，它具有某种决定性作用。以此而论，在当下，我们无疑迫切需要加强文学批评的学科建构意识，确立当代文学批评学科建构的正确方向。

在这里，我们不能忽略的一个问题是，近些年来，文学理论的批评化倾向在很大程度上加剧了文学批评学科建构意识的淡化局面。文学批评的理论建构在一段时期内不受重视，学界更付诸行动的是文学批评实践本身，这固然造成文学批评的表面繁荣景象，但其问题的堆积也是一个基本的事实。换言之，它并不能从根本上规范文学批评实践，真正的文学批评的繁荣必须有赖于理论建构的强力规范和推动；与此同时，随着批评实践的逐步繁荣，文学批评的学科理论建构也就具备了更为丰富和坚实的批评实践经验的支撑。当然，我们也要看到，新时期尤其是 21 世纪以来文学批评学科建设也取得了不小的成绩。但是，在这里，我们必须有针对性地指出，其至少有两个方面的问题是必须予以高度重视的：其一，批评现场感缺乏，缺少批评实践的有效支撑，更多地表现为理论抽象，体系建构愿望过于突兀；其二，正因为以上问题的存在，它也就难以适应当代文学发展与文学批评实践的需要，这就使得其价值功能相当有限。

加强文学批评学科的当下理论建构，需要体现出创新思维。这种创新思维体现在“建构”的深入探索之中，它是一种创造性建设，需要解放思想，确立立体性视点。诸如，我们应该确认：文学批评的学科建构是基于当下文学批评实践的；是利于文学批评主体性的实现的；它能够自觉突显批评的伦理要求；它是逻辑自洽的，趋于思想完满的；它高度关注文学批评的价值观问题，自觉把核心价值观融入当下文学批评实践以及在此基础上的理论建构；同时，它还是指向文学批评理想发展的可能的；而最根本的是，它鲜明地体现出推进和促成唯物史观视野下的人的发展的价值立场。如是，当代文学批评发展的新气象与新常态才有可能得到基本的呈现与保障。

文学批评是时代性的先进文化，它是推进中华文化繁荣兴盛的一种重要力量。习近平总书记指出，实现中华民族伟大复兴需要中华文化繁荣兴盛。基于此，在当前乃至未来的一段时间内，我们必须强化文学批评的学科建构意识，以此真正推动文学批评的理论建构与具体实践的良性开展，构建和谐批评生态，有效推进当代先进文化建设，促进中华文化的繁荣发展。

第三节　文学批评实践的意识要求与方法论特征

在当代文学活动中，文学批评是一个重要的环节。文学批评实践如同文学创作一样是一种精神性生产活动，它需要在一定的哲学理念、价值观念以及具体的文学理论与美学理论的指导下，运用特定的批评方法，在深入研究文学作品、文学现象的基础上对其做出分析、判断与评价，并努力揭示出文学创作和发展的规律问题，以指导具体的文学实践活动。总体来看，文学批评实践是具有一定的意识要求和方法论特征的。本节即就此探讨其中几个根本性的问题。

一、文学批评实践的意识要求

进行文学批评实践，要求批评家必须具备当代意识。

这里所说的当代意识，首先是指批评家必须具备自觉地以其批评实践参与当代文学、文化和社会建设的意识。这也是当代批评家应该具备的基本立场。从原则上说，今天的文学批评实践，应该结合当代社会的现实发展需要来进行，而且更为直接的是，它不能不考虑解决当代文学创作和文学理论甚至是广泛的当代思想领域中存在的问题，以推动当代文学、文化和思想的发展。其实，这样来强调，是与对文学批评的当下功能问题的思考密切相关的。一般而言，文学批评的功能主要体现为阐释功能、评价功能、审美功能、意识形态功能和哲学功能等。其中，阐释功能是文学批评的基本功能，评价功能是文学批评的最根本的功能。阐释是指批评家对文本意义的探究和解释。但显然文学批评还会在此基础上把触角伸向广阔的社会领域，即通过对作品的阐释向社会生活发言，这就是文学批评的意识形态功能的价值之所在。换句话说，文学批评的意识形态功能主要表现为通过文学批评中的价值导向，影响人们的意识和行为，提高读者理解现实生活、辨别美丑善恶的能力，从而维护或批判某种意识形态，推动社会的进步。我们明白，这一功能的实现是具有公共情怀的历代批评家或知识分子介入社会的一种重要方式。文学批评的哲学功能主要体现为文艺学——文学理论、文学批评、文学史是文艺学的三个分支学科——内部的相互运动。文学批评以其鲜明的实践性和对方法体系的自觉追求，对文学理论和文学史产生着革命性的影响。同时，文学批评的哲学功能还表现在它所具有的普遍精神上，这是当今文学批评不同于其他时代的一个重要特征。20 世纪以来，文学批评的理论意识和学科意识日益增强，它已不仅仅在文艺学体系中发挥作用，更是跨越文艺学的边界，以一种求索和突破的精神，通过消化其他领域的研究成果，建构自身的知识谱系，在批评理论和实践中提出新的思想与命题，实现认识论、方法论上的革命。[①]正是出于这样的认识，我们认为，批评家在对文学作品、文学现象等批评对象进行深入探讨时就必须具备上面所说的当代意识，最大化、最优化地实现文学批评的相关功能。

其次，这里所说的当代意识要求是指批评家必须具备开阔而深邃的当代视野与眼光。批评家应该深刻把握当代的社会与文化精神，并以此作为文学批评的重要参照。“一切历史都是当代史”，这里所说的首先是一种研究观念，一种研究的“当代性”基本意识要求。对当代文学作品、文学现象的批评固然需要这样的视野与眼光，然而，即使是面对已经成为历史的文学作品和文学现象，批评家也应当站在当代的价值立场和视野中对其进行重新评价与探讨。美国学者韦勒克和沃伦早在20世纪40年代就这样强调指出，“我们在批评历代的作品时，根本不可能不以一个 20 世纪人的姿态出现：我们不可

① 胡亚敏：《论当今文学批评的功能》，《社会科学辑刊》，2005 年第 6 期，第 172-177 页。

能忘却我们自己的语言会引起的各种联想和我们新近培植起来的态度和往昔给予我们的影响。我们不会变成荷马或乔叟时代的读者，也不可能充当古代雅典的狄俄尼索斯剧院或伦敦环球剧院的观众。……用我们这个时代的观点去评判一件艺术品……是一般文学批评家的特权；一般的文学批评家都要根据今天的文学风格或文学运动的要求，来重新评估过去的作品”①。显然，这是一种成熟的文学批评态度，也是文学批评实践者尤其是当代文学批评家在具体的批评实践过程中必须加以贯彻的基本要求。立足于具体的批评对象，进入当代、影响当代理应成为当代文学批评家明确而自觉的选择。

二、文学批评实践的方法论特征

在文学批评实践中，除了要根本性地确立当代意识之外，还必须明确文学批评的方法论特征问题；而批评实践的方法论特征无可置疑地表现为多个方面，在此择其要端，谈两点根本性内容。

其一，宏观考察与微观剖析的结合。从一个特定的向度上说，文学批评实践是批评家在对评论对象进行宏观考察与微观剖析的过程中完成的。可以认为，宏观考察与微观剖析是进行文学批评实践双向而又一体的基本途径与方式。

文学作品，尤其是具有深厚历史和思想蕴含的文学作品都是特定的社会文化的产物。这要求批评家在评价某一部作品或某一文学现象时将之置于广阔的文化、文学背景中进行宏观考察；广阔的文化、文学背景也就构成了批评家判断评论对象价值存在的重要参照。例如，有批评家指出，当代女性作家林白的小说《一个人的战争》的重大价值之一表现为自《一个人的战争》之后中国女性写作就不再是“一个人的战争”了。做出这样的评价，显然与批评家对中国女性写作的主流书写方式的历史审视和对中西女性主义文化思潮发展的整体性概观之间有着密切的关联，表现出批评家具备一种宽广而宏阔的批评视野。又如，对于在20世纪80年代中后期兴盛起来的中国新写实小说的价值评价同样也有赖于宏观层面的文化与文学考察，至少需要批评家对现实主义文学的发展尤其是在当代中国文学领域中现实主义问题探讨的深化有着明确的认识。与像《创业史》这样的当代写实小说强调“典型化”和表

① [美]韦勒克、沃沦：《文学理论》，刘象愚等译，生活·读书·新知三联书店，1984年，第83页。

现历史本质的观念和主张不同，新写实小说关注的是世俗化进程中平庸的社会现实和普通人逼仄的日常生活，它“是在商品经济大潮掀起，进一步引发人们对自身生存状态与社会进步发展的深切思考的情势下产生的。同时，也是对20世纪80年代中后期文坛的‘现代派’‘新启蒙’‘反传统’思潮的反思，力求在继承和超越现实主义文学传统的新变中，重建当代文学发展的价值基点”①。由此伸展开来，我们也就应该认识到，在一个重要的维度上，新写实小说是在当代中国社会的世俗化进程中以日常生活世界图景的多样呈示来积极参与着重构社会历史的书写努力；而且，它是以现代的个体意识与世俗意识作为重构社会历史的文化支点的。此外，我们还需要认识到它与20世纪90年代之后兴起的新现实主义作品和“底层写作”在现实主义文学发展问题上的重大差异。如是，我们方可对当代文学中的新写实小说现象做出总体而又合理的认知与判断。

其实，进行宏观考察，对批评家而言是一种主体心智结构的要求，一个成熟的文学批评者理应具备这样的能力。如果缺乏这样的宏观审视素养，批评者的理论评价和审美表达将是十分有限的，他往往只见树木而不见森林，既无法从广阔的文化、文学语境中去探索、发现和揭示文学创作的一般规律和特殊规律，也无法合理、科学地判断评论对象的价值所在。当然，仅有宏观考察而缺乏精到具体的微观剖析的文学批评也是不足取的，它往往不容易落到实处，从而可能制约对批评对象价值存在的深度开掘。在文学批评实践中，具体的微观剖析是不可或缺的。

微观剖析，显然主要针对文学作品本身进行分析，它需要进入作品内部做深层次观照。这种分析越是具体，越是落到实处，就越有可能将具体研究导向深入。对这个方面，20世纪西方的文本主义理论尤为重视和强调，其认为文学的意义、文学的本体就在于文本本身，文学作品是一个自足体。一些批评家也主要由此而探讨文学性问题。这给我们以深刻的启发。我们评价某一部作品，必须对其语言、主题、题材、结构、形象刻画、创作方法、艺术风格等诸多方面做出深入、细致的剖析，这样才有可能形成对批评对象的真正而又恰当的判断和评价。

批评家是在宏观考察和微观剖析的有效结合过程中形成个人的一己性观点的。当然，在具体的文学批评实践中，宏观考察与微观剖析的有效结合和

---

① 陈传才：《中国20世纪后20年文学思潮》，中国人民大学出版社，2001年，第200页。

完满表达存在一定的难度，但优秀的文学批评家可以而且应该做到这一点。这也是不乏例证的。例如，李劼的《历史文化的全息图像——论〈红楼梦〉》[①]，这是一本从历史文化和生命美学的高度重新解读《红楼梦》的史论专著。全书共分"贵族精神和审美定位""总体结构及其存在论意味""贾宝玉的死亡准备""林黛玉的爱情期待"等十五章。作者摆脱了传统的阅读方法而从《红楼梦》所提供的真实图像和丰富的信息之中，解析出人类文化的历史命运。在王国维的悲剧说和胡适的考据说之后，标出了又一个新的学术观点，即从灵、梦、情的三维结构上探讨《红楼梦》的总体结构、叙述风格、人物造型、意象构建，及其之于整个历史文化的审美价值和整个人类精神的反省意味。从一定意义上说，这一著作既解读了《红楼梦》，又解读了中国文化及其作为参照的西方文化的背景。显然，论者如果不把《红楼梦》放到广阔的文化、文学背景中进行宏观审视，同时又做出精到的微观剖析，那是不可能挖掘出作品这样丰富的文化意蕴和审美特征的。

其二，美学观点、历史观点与人学观点批评的统一。文学批评实践需要运用一些特定的方法，这样有利于对评论对象的真正把握及其价值的深刻省察与揭示；而且，运用不同的批评方法去解读文本和对象，往往会让我们做出不同的认识和评价。然而，方法又是需要根据评论对象的不同特点而做出差异性选择的。也就是说，文学批评的方法是多样的，在具体的关于某一文本或对象的批评实践中，方法也可以是多样的。尤其是 1985 年文学批评"方法论年"以来，随着对西方文学理论和文学批评方法的译介，各种文学批评方法在当代中国文学批评实践中被大量采用，这对文学批评以及当代文学和文学理论的发展产生了重要的推动作用。然而，我们又必须认识到，尽管现当代文学批评存在多种形态、方法和原则，但它们都不能代替马克思主义的批评方法与原则。与各种各样具体的批评形态及其方法和原则相比，由恩格斯直接提出的马克思主义文学批评的美学观点和历史观点[②]是文学批评中具有宏观视野的一种原则与方法论，它科学地选择和包容着各种批评形态的合理因素，也在当代中国文学批评界作为一种权威性批评话语指导着各种具体的

---

① 李劼的《历史文化的全息图像——论〈红楼梦〉》由东方出版中心于 1995 年出版。

② 需要说明的是，恩格斯关于文学批评标准问题的美学观点和历史观点的阐述是否代表着马克思主义尤其是马克思本人的文学批评观念，当代中国文学理论界和文学批评界在这一问题上是存在争论的。本书暂搁置这一争论，而采用学界习惯性的表述，对其的深入研究是另文探讨的内容。

批评方法，具有明确而显豁的方法论价值与意义[①]。

在写于 1847 年的《卡尔·格律恩“从人的观点论歌德”》一文中，针对所谓的“真正的社会主义”的代表人物卡尔·格律恩从抽象的、唯心主义的人学观念评价歌德从而造成对歌德及其作品的曲解倾向，恩格斯批判性地强调指出：“我们决不是从道德的、党派的观点来责备歌德，而只是从美学的历史的观点来责备他；我们并不是用道德的、政治的或‘人’的尺度衡量他。我们在这里不可能结合着他的整个时代、他的文学前辈和同代人来描写他，也不能从他的发展上和结合着他的社会地位来描写他。因此，我们仅限于纯粹叙述事实而已。”[②]在 1859 年 5 月 18 日给斐迪南·拉萨尔的回信中，就拉萨尔的历史悲剧《济金根》，恩格斯说：“我是从美学观点和史学观点，以非常高的，即最高的标准来衡量您的作品的，……”[③]在这里，恩格斯从马克思主义的文学观念出发，明确地把美学观点和历史观点的批评看成文学批评的最高标准。那么，究竟应该怎样来理解恩格斯所倡导的文学批评的美学观点和历史观点呢？准确而全面地把握了这个问题，我们也就能够明了这一方法论思想与基本原则对于具体的文学批评实践的直接的指导性意义了。

以美学的观点来要求、衡量和评价作家作品，最重要的是看作家的创作是否符合艺术创造的规律和遵循正确的审美法则，是否表现出独特的艺术个性从而具有丰富的审美意蕴和较高的审美价值；用一句话来说，即是否“按照美的规律来构造”[④]。作家从事文学创作这一审美创造活动，对此必须具有明确的认识，并应把它贯彻到具体的创作实践之中去。批评家的批评实践自然也应以此来考量评论对象的艺术水准。不按照艺术创造的规律和遵循正确的审美法则而“制造”出来的作品，是不可能具有丰富的审美意蕴和较高的审美价值的。马克思和恩格斯之所以对拉萨尔及其作品《济金根》持批评态度，一个根本的原因就在于他们认识到：拉萨尔“席勒式地把个人变成时代精神的单纯的传声筒”[⑤]，“为了观念的东西而忘掉现实主义的东西，为了席勒而忘掉莎士比亚”[⑥]。这也就是说，拉萨尔严重违反了文学创作应当从生活

---

① 童庆炳主编：《文学理论教程》（修订二版），高等教育出版社，2004 年，第 358-359 页。

② [德]马克思、恩格斯：《马克思恩格斯全集》（第 4 卷），人民出版社，1965 年，第 257 页。

③ [德]马克思、恩格斯：《马克思恩格斯选集》（第 4 卷），人民出版社，1995 年，第 561 页。

④ [德]马克思、恩格斯：《马克思恩格斯选集》（第 1 卷），人民出版社，1995 年，第 47 页。

⑤ [德]马克思、恩格斯：《马克思恩格斯选集》（第 4 卷），人民出版社，1995 年，第 555 页。

⑥ [德]马克思、恩格斯：《马克思恩格斯选集》（第 4 卷），人民出版社，1995 年，第 559 页。

出发而不能从概念出发的美学原则，其作品《济金根》也就谈不上具有什么审美价值和现实主义力量。在中国现当代作家中，不少人的作品颇具审美价值，达到了很高的艺术境界。其中，老舍的戏剧语言和贾平凹的小说语言就很有艺术独创性，其丰富而深厚的审美意蕴耐人寻味，这在中国现当代文学研究者中是具有共识的。

以历史的观点来要求、衡量和评价作家作品，具有两个方面的基本内涵。首先，要求批评家持有一种历史主义态度，从历史角度考察作品，把文学作品置于其写作时期的观念、习俗和人们的态度之中，从而进行与作品的历史内容相适应的社会的、政治的、哲学的、道德的分析和评价，看作品是否描写了某一历史时期的真实图景，是否反映了历史的进步要求，是否体现了历史发展的必然内涵与趋势。恩格斯以历史观点批评歌德及其作品，正确地揭示出了歌德的思想结构与当时德国的社会结构之间的密切关联。他指出，歌德在德国文学中的出现是由当时德国的社会结构"安排"好了的，歌德思想上的二重性是由当时德国社会的历史结构所决定了的。以这样的视野和方法来看待"十七年时期"的文学作品，如梁斌的《红旗谱》、柳青的《创业史》等，我们就可以认识到，它们都真实地再现了特定历史时期中国的基本面貌，并形象地揭示了中国社会发展的必然趋势。历届获茅盾文学奖大多数作品都可作如是观。其次，用历史的观点评价作品，是指作为批评主体的批评家，应该具备他所处时代的先进的历史视野和立场，这正如我们在上文所说的批评家必须具备开阔而深邃的当代视野与眼光，这样，方可合理确定具体文学作品的历史地位及其在现实社会中的价值与意义。所以，历史的观点在这里也就意味着是马克思主义的唯物史观在文学批评中的具体应用。

由此再深入探讨下去，我们必须意识到，恩格斯提倡的文学批评的历史观点应当包括人学观点。因为，人是历史的人，历史是人的历史。历史是人的活动的舞台，是人的活动的具体展开。从历史唯物主义的观点看人，必然会从历史观点中引申出人学观点。其实，文学就是人学，是人们对世界、人生、人性等体验、感悟、认识和思索的审美化呈现。显然，这在中外文学史上是有着悠久而深厚的传统的。在前面，我们已然提到，针对卡尔·格律恩对歌德及其创作的错误理解，恩格斯指出"我们并不是用道德的、政治的或'人'的尺度衡量他"，对此，我们应当理解为，恩格斯是说不能用抽象的"人"的观点和狭隘的偏私的道德的、政治的和党派的观点来评价歌德，而不是解读为，不要以人学观点来评价歌德及其作品。事实上，恩格斯所倡导的以美学观点和历史观点进行文学批评包含并理应体现对作家作品进行人学的、道德的和政治的评价。而且，恩格斯在批判格律恩的带有浓重的费尔巴哈的人本主义的抽象的人学观点时，也正面阐述了历史唯物主义的人学观点。以人学观点评价作品，从根本上说就是看批评对象是否形象地传达出了马克思主义对人的基本理解，是否有利于促进人的解放和自由全面发展。我们应该认识到，马克思主义经典作家倡导美学观点、历史观点和人学观点的批评，其实是与他们基本的文学观念及其价值立场相契合的。这三种观点的批评的统一正反映出文学形态丰厚的艺术精神、历史精神和人文精神的存在①。当然，在进行具体的批评实践时，这三种观点的批评并不一定同时采用和进行，而是完全可以依据实际情况和批评对象的特点做出取舍或有所侧重。

第四节　文学批评的特点及其基本文体形式

文学批评活动是批评家在一定的世界观、价值观和文艺观的指导下，运用一定的标准对以文学作品为中心的包括文学作品在内的一切文学现象的分析、判断、评价和总结。它存在几个根本性的特点，也呈现为若干常见的文体形式。

一、文学批评的特点

文学批评的特点是由其基本性质决定的。而文学批评的性质问题实际上也表现为文学批评的学科定位问题。从根本上说，文学批评具有科学与艺术的双重性质。因此，在学科意义上，文学批评是一种艺术性科学。正由于文学批评具有这样的性质，也就使得它存在以下几个方面的基本特点。

（一）审美性

文学批评是美学批评，具有审美性。审美性也称艺术性。文学批评是审

① 陆贵山、周忠厚主编：《马克思主义文艺论著选讲》（第 4 版），中国人民大学出版社，2007 年，第 154 页。

美活动的一种特殊形式，是一种审美评价活动。它以文学作品为主要研究对象，即使是对文学问题的理论批评，一般来说也不能脱离文学创作和文学作品的实践基础。关注作品的艺术性和审美取向是批评家不可回避的首要任务。评论者必须按照美的规律，对文学艺术作品从艺术方面进行考察，进行美学分析，做出审美判断和美学评价，使人理解作品的美学价值，提高读者的艺术欣赏能力，培养读者健康的审美情趣。马克思主义经典作家明确提出这样的理论要求，同时在他们的批评实践中还始终把美学分析与历史阐释有机地统一起来，因此他们的批评实践也就产生着重大的影响。

文学批评具有审美性还表现为这样两点：第一，文学批评洋溢着评论家丰富的审美情感。面对评论对象——文学作品，评论家始终需要把它作为艺术来看待，欣赏、分析、判断与评价中蕴含着饱满的审美热情。这是一般的科学认识和理论抽象活动所不具备也不必具备的，但对文学批评这一审美评价活动来说却是不可或缺的；第二，文学批评的写作会运用各种艺术表现方式，以对批评对象进行形象化描述、分析、判断和评价，这将导致批评的形象性和"批评意境"的形成；正缘于此，批评文本也就卓具可读性甚至文采斐然，优秀之作大都可以作为散文来欣赏。这一点也是一般的科学性著述达不到也不必达到的，而对文学批评来说又是不可缺少的。

（二）科学性

从掌握世界的方式看，文学批评既用艺术的方式，也用科学的方式。科学不同于艺术的、宗教的、实践—精神的这三种掌握世界的方式的特征就在于其抽象理性思维和逻辑综合判断的运用。在一定层面上，文学批评的写作就是把评论家面对批评对象时的抽象理性思维的过程以逻辑综合判断的形式表现出来。与此相关的是，文学批评的科学性还体现在其具有学术研究的性质。这即是说，文学批评对文学作品的审美分析、判断和评价要符合作品的客观实际，做到客观公正，深刻且不乏创见。它不仅对作品进行说明、解释，正确评价作品的艺术价值和思想意义，而且要通过范例，总结经验，探讨规律，发展理论，因而要求评论家必须具备科学的创造性。创造是一切科学研究的根本要求，也是文学批评成果自身存在价值的重要标志。文学批评的科学性区别于其他科学研究的科学性，研究对象、思维方式、研究方法、研究成果都有其特点，关键就在于它是建立在对艺术规律和特点的深刻理解、对作品的独特个性和艺术感染力的合理把握的基础上，从艺术的审美视角对评论对象做理性思考。这也就是说，批评家展开具体的批评实践，是从文学实际出发，以客观事实为基础，他需要详细占有相关研究材料，同时以一定的文学理论为指导，文学史和文学批评史知识为参照而进行周密、系统的分析、判断与评价。批评家不可掺杂个人偏见以及存在集团、帮派等狭隘利益，不可主观想象，而必须以实事求是的科学态度、辩证合理地去评论作品。

（三）公信力

正因为文学批评的审美性、科学性特点，尤其是后者的存在，那么，具体的文学批评就应该具有公信力。公信力的诉求也是文学批评的一大特点。公信力的概念源于英文词 accountability，是指在社会公共生活中，公共权力面对时间差序、公众交往以及利益交换所表现出的一种公平、正义、效率、人道、民主、责任的信任力。公信力既是一种社会系统信任，同时也是公共权威的真实表达，属政治伦理范畴。我们平时说的媒体公信力作为一种无形资产，体现了一个媒体存在的权威性、在社会中的信誉度以及在公众中的影响力等特征。文学批评的公信力概念同样可以这样相应地来理解。如果采取从受众角度出发的方式研究文学批评的公信力，那可以把它理解为文学批评能够获得读者信任的能力或者说具有普遍地让人信服的力量，反映了文学批评所传达出的信息被读者认可、信任乃至赞美的程度。由此可以看出，文学批评的"公信力"的核心是信任、信赖，而这种信任的主体是具体文学批评的受众，即读者。文学批评的公信力是其自身魅力的重要表现，没有公信力的文学批评终将失去生命力，被受众鄙弃。然而，在今天，文学批评的公信力却是需要加以强调的，因为当前文学批评存在的根本问题之一就在于其"公信力"的缺乏。20 世纪 90 年代以来，多样化、多元化的批评态势日趋明显，甚至可以说出现了一种繁杂而混乱的局面，口红式批评、谩骂式批评、学院式批评、帮派式批评、媒体式批评等评论样式和情态相继产生并且日益盛行，使得当前的文学批评在总体上失去了一个良好的生态。文学批评要获得很大的发展，在强化其审美性和科学性的同时，还必须重建其公信力。

二、文学批评的基本文体形式

文学批评的类型是人们在长期的批评实践及其发展过程中形成和确立起来的。依据不同的分类标准，文学批评可以划分出不同的类别。例如，按文学批评的对象的体裁来区分，主要有小说评论、诗歌评论、散文评论、戏剧评论等。以文学批评的文体形式也就是文学批评文本的体裁样式[①]而论，大体上说，历史上曾出现过诗歌体、戏剧体、对话体、书信体、评点体、随笔体、论说体、序跋体等不同类别。其中，有些体式现已经非常少见甚至消失，如诗歌体、戏剧体；目前常见的体式则有论说体、随笔体、序跋体等。在这里，我们简要讨论论说体、随笔体、书信体、对话体。

（一）论说体

论说体文学批评是文学批评中最常见、最严谨、最重要的一种样式。它是比较系统地阐述某种文学观点或分析、判断、评价某些文学现象的文本形式，主要包括学术论文和专著两类。它要求观点明确、论据充分、论证明晰，有较严密的逻辑性。由于这种形式便于作者细致深广地表达个人见解，并有利于问题讨论的深入，从而受到了批评家的广泛喜爱，一般的文学研究者也乐于阅读这类著述。

中国现代意义的论说体文学批评应该说是从王国维的《红楼梦评论》开始的，它是现代文学批评诞生的标志。尤其是“五四”以后，不少批评家积极吸纳西方文学，包括西方文学批评理论资源，在他们的努力下，中国文学批评出现了重要转型。批评范式较之古典形态出现了重大转变，批评思维也由原来的直观感悟转变为分析与综合的逻辑思维。经过近百年的发展，可以说，论说体的批评俨然成为中国文学批评的新传统。特别是20世纪90年代以来，论说体的“学院派批评”已确立了其在中国文学批评中的中心地位。例如，2000年华夏出版社出版的由赖大仁教授主编的“九十年代文学批判丛书”就因其论说性的学院本色在文学批评界产生了重要影响。

论说体文学批评按其研究对象来看，又可以区分为综论、作品论、作家论、思潮论、专题评论等。综论文章，是对某一时期或某一地区的文学发展总体状况进行分析、判断、评价和总结。如吴义勤的《20世纪90年代的中国文学批评》[②]等。作品论，显然是其中最主要的一种，从而也就最常见；它必须从文本分析入手，揭示作品蕴含的丰富而又具有独创性的价值与意义。作家论，可以是对一个作家的特别评论，也可以是对几个作家的比较评

① 张利群主编：《文学批评原理》，广西师范大学出版社，2004年，第264页。
② 吴义勤：《20世纪90年代的中国文学批评》，《文艺研究》，2002年第5期。

论；同时，我们还需要认识到，所谓作家论其实并不能单独存在，它总是不可避免地与作品论结合在一起，在这个意义上，作家与其作品是一体的。思潮论，是对在特定时期或作品中共同表现出来的文学思想、创作倾向、创作风格等所做的评论；这类文章往往涉及一些文学思想、观念和倾向的合理性与否甚至是非问题，它具有一定的针对性，对现实的文学发展产生着强烈的干预和推动作用。专题评论，是就某一文学现象、文学问题所做的专题性研究，这类评论理论性较强，往往从一个独特的理论视角来把握和审视文学中某些具有一般性和规律性的东西，从而有可能推动文学史和文学理论学科建设的发展。

（二）随笔体

与职业批评家和文学研究者习惯于写论说体文学评论不同，作家、艺术家和一般的读者写评论文章往往是采用一种以我为主的方式、通过谈天说地的散漫笔致来表达自己的文学观念和审美旨趣，寓理论于知识和故事之中，这就是随笔体文学批评。这类批评把艰深晦涩的文学理论问题讲得浅显、通俗、明白，具有绰约轻灵、笔调洒脱、行文自由、语言生动、个性突出、趣味性强等诸多特点。例如，作家秦牧的文艺随笔集《艺海拾贝》就因为具有这样的特征而在当代文学史上产生了广泛的影响。在中国现代文学史上，李健吾著名的评论集《咀华集》也是随笔体评论，其随笔体批评与他的印象主义批评方法结合在一起，相得益彰。在西方，随笔体的鼻祖是蒙田，他开创了这种“自由之笔”的文体，其《随笔集》风靡世界。需要特别强调的是，随笔虽然注重知识性和趣味性，但这显然不是目的；它从花鸟虫鱼、趣闻逸事等常见易懂的现象出发而联想到抽象复杂的文学问题，其根本性指向在于表现出作者的一种基本的文学、美学思想和观念。写随笔体文学评论需要作者具备丰富的想象力、出色的语言驾驭能力和深厚的文学理论功底。随笔体批评是当前普泛化的文艺报刊的一种常见评论样式，纯文学理论杂志的《文学自由谈》中的一些文章也采用这样的形式来呈现。

（三）书信体

书信体最初用于文学批评表现为作家、评论家、读者之间的私人通信，他们以书信的形式交流对文学的看法。历史上知名的书信体批评是相当丰富的，如曹植的《与杨德祖书》，白居易的《与元九书》，韩愈的《答李翊书》，郭沫若、宗白华和田汉三人之间的通信《三叶集》，马克思、恩格斯分别致拉萨尔的信以及列宁写给高尔基的许多谈文艺问题的信等都是书信体批评的优秀范本。这类评论的写作相对随意，且较为亲切。随着书信体批评的发展，后来又出现了一种作者写作时就准备公之于众、只是采用书信的格式写作的文学评论。它头尾带有信的外形，但接受者并非特定的个人，而是广大的读者；它以这一假想的读者为交流对象，轻松、自由、随意、亲切地表达出作者的基本文学见解和观念，如巴金的《一封未寄的信》。也有的书信体评论原本是一篇规范的论文，只是作者后来把它改成书信体的形式了，如普列汉诺夫的《没有地址的信》，在 1899 年最初发表时就曾命名为《论艺术社会学的研究》。

（四）对话体

对话体批评就是采用对话形式来进行文学批评，表达文学思想和观点。对话体是西方最早出现的学术语体，思想家们用对话的形式去追问重大的学术和社会问题。根据希腊语文学家的考证，用对话形式解说深邃的思想早在苏格拉底之前就已经盛行，并渗透到希腊语言中去了，哲学中的“辩证法”一词在希腊语中就是“对话”“谈话”的意思。最早树立对话体典范的是柏拉图，他用对话来体现“苏格拉底式的辩证法”，揭示对象各个侧面、各个层次上的矛盾。《柏拉图文艺对话录》是西方最早的对话体文学评论，其他如别林斯基的《在书店偷听到的文学谈话》、爱克曼辑录的《歌德谈话录》等都是优秀的对话体批评。在中国古代，对话体更是被广泛运用，《论语》就是主要记录孔子和他的弟子的对话与言行的著作，李泽厚还将其译为“孔子对话录”，其中有大量关于文艺问题的对话。其他如《庄子》《孟子》《韩非子》等著作中对话也是重要组成部分。新时期以来，对话体的文学批评在中国学界很是兴盛，如陈平原等的《“20 世纪中国文学”三人谈》（载《读书》1985 年第 10 期至 1986 年第 3 期）、王晓明等的《旷野上的废墟——文学和人文精神的危机》（载《上海文学》1993 年第 6 期）等就是其中的代表性作品。

对话体批评需要设定对话的角色，一般是两人，也可以是多人。当然，这些人可以是虚拟的，甚至干脆就可以用符号来表示，如别林斯基的《一八四一年的俄国文学》中的对话者是 A 和 B。对话者设定之后，需要选择、确定话题。这实际上是对谈话内容与主题的一个大致限定；对话，就是这一确定了的话题的多层次展开及话题所包含的各种矛盾的解决。既然是对话，并期望在对话中展开交锋和解决矛盾，那就必须具有论辩性。只有在论辩中，思想才会被激发，认识也会逐渐深入，从而矛盾得以解决。因此，对话体评论的真正魅力并不在于使读者看到思想的最终结果，而在于领会思想的辩证发展过程。这一过程的绽放是最美的。

在上文我们说到，20 世纪 90 年代以来中国文学批评的公信力颇为缺乏，重建其公信力已然成为一种时代性的文化发展要求，不同类型的文学批评实践都理应为之做出自身的努力。如是，当代中国文学批评方可迎来一个新的繁荣局面，从而为当代先进文化建设和国家文化软实力的提升贡献力量。

第五章　当代文学批评形态探索

从学理上说，文学批评的“形态”是一个颇为复杂的，有待深入探讨的问题。在这里，笔者有意识地适度淡化其学理色彩，而在普泛的意义上使用它，或者说，是一种“借用”。依据近年来的主要关注点，本章讨论三种文学批评“形态”，即相对主义批评、生态批评和空间批评。

第一节　相对主义批评的学理性批判

葛红兵在1997年2月15日的《作家报》上撰文《相对主义：批评的可能立场——对批评现状的一个思考》之后，在很短的时间内又相继在《文论报》《文艺争鸣》《上海文学》《钟山》等报刊上发表了同一主题的几篇文章（包括他与其朋友之间的讨论）。在这些文章中，葛红兵以其对文学批评问题的读解并在对20世纪90年代以来的中国文学批评状况进行个人判断的基础上提出了相对主义文学批评问题。为此，理论界曾展开了一段时间的讨论。也正因为其立场的鲜明性，葛红兵获得了一个“相对主义者”的称谓[①]。笔者注意到，相对主义者葛红兵也把他的批评称为个体型批评[②]。在《我的批评观》一文中，他这样自述，批评必须不断返回到“个体”那深深的沉痛和悲伤中去，“我希望有一天我仅仅只为我自己写作，也许这才是批评的最高境界”[③]。在此，“个体”就是“我（单纯的个人）”，文学批评就是“个

---

① 戈雪：《相对主义者葛红兵》，《南方文坛》，2001年第3期，第14页。

② 葛红兵：《批评的屈辱——当代批评现象批判》，《小说界》，2000年第4期，第165页。

③ 葛红兵：《我的批评观》，《南方文坛》，2001年第3期，第1页。

体”的批评、“我”的批评。当然，葛红兵的这一立场并不是完全彻底的，在其发表的文章中他又这样说：“在这个时代，批评家们如果固守某个单纯的个人倾向，某个单独的社会阶层的立场，都难以真正把握文学的未来，批评应当能做的就是用它的大度和宽容看护文学的成长，……”[①]；“真正的批评家要反对任何形式的附和与鸹噪，它只对批评家内心深处的个体性体验以及对这个时代的强烈的使命感负责”[②]。尽管其中存在批评观念上的一些冲突与矛盾，但通观其文字，我们还是能够认识到，相对主义立场在葛红兵的基本批评观念中是一以贯之的。其实，批评中的相对主义不仅是一种批评问题，它还内在地表现出一种基本的哲学态度。在当下的思想和文化语境中，讨论相对主义问题是很有必要的。在这里，我们着重对相对主义批评立场进行学理性批判，以期在把握当前文学批评状况及相关问题的基础上就如何更为合理地确立批评的主体观和价值观做一些建设性的思考。

一、相对主义的哲学意蕴与批评中的相对主义的意义取向

首先我们需要从对相对主义的哲学意蕴的简要阐释中来相应地揭示葛红兵及其朋友对批评中的相对主义的意义取向的总体理解。

相对主义问题是复杂的，相对主义学说也存在多种，在关于它的讨论的过程中出现了作为语义学概念和作为认识论概念的相对主义的这两种最为重要的形式。但无论是哪种意义上的相对主义，它都可以简单地定义为这样一种学说：即不存在普遍的标准[③]。而在 20 世纪 90 年代后一种重要的中国文学批评形式和方法中出现的相对主义显然首先是而且在根本上也是一个认识论问题。

在 1983 年出版的《超越客观主义与相对主义》一书中，美国哲学家理查德 · J. 伯恩斯坦集中关注蕴含在他早期哲学研究中的认识问题。在他看来，库恩、温奇、伽达默尔、哈贝马斯、罗蒂、阿伦特（Arendt）的哲学代表了“我们时代的精神”，即一种远离笛卡儿基础主义、走向以某种方式超越客

① 葛红兵：《价值多元时代的批评——对当代批评状况及走向的一个考察》，《社会科学》，2006 年第 7 期，第 183 页。

② 葛红兵、叶片红：《大众传媒时代艺术批评标准问题之我见》，《艺术百家》，2007 年第 4 期，第 17 页。

③ 江天骥：《相对主义的问题》，李涤非译，朱志方校，《世界哲学》，2007 年第 2 期，第 32 页。

观主义和相对主义的运动。伯恩斯坦指出：当代许多西方哲学家深受“笛卡儿忧虑”的苦恼。他们认为要么有某种东西支撑我们的存在，有一个确立的基础支撑我们的知识，要么我们无法逃脱使我们陷于疯狂、理智和道德混乱的黑暗力量。在这二者之间进行选择显然构成了一种二难现象。哲学家们的这个“二难抉择”通常被视为在客观主义与相对主义之间的一种选择。根据伯恩斯坦的论述，客观主义是指“存在或必定存在某种永恒的、超历史的基质或框架；依靠它们，我们能够决定合理性、知识、真理、实在、善行或正义这些概念的性质”，而相对主义则认为上述概念的性质“是相对于一个特殊的概念结构、理论框架、范式、生活方式、社会或文化相关的事物”的；对一个相对主义者来说，“没有任何实质的中心框架或简单的元语言”，“只要依靠它们，我们能够合理地判定或一般地评价两个范式的竞争主张”①。在伯恩斯坦看来，许多当代哲学家就是在这两个极端的立场上摇摆不定，那个根本的“笛卡儿忧虑”梦魇般地缠绕着他们，它一直在客观主义者和相对主义者的论战背景之中“盘旋”。伯恩斯坦持论，我们必须驱除“笛卡儿忧虑”，从而使自己从它迷人的诱惑中摆脱出来。在个人的对于比较分析哲学和大陆哲学的深入研究的基础上，他认识到，一些西方当代哲学家通过提供一种新的合理性理论使我们能够驱除“笛卡儿忧虑”；这种新的合理性理论不要求任何超历史的框架而又避免任意武断。现在，“……我们正目睹并参与一场超越客观主义和相对主义的运动”②，在伯恩斯坦看来，库恩和伽达默尔是这个运动的中坚人物。很显然，伯恩斯坦在这里所揭示的相对主义的实质在于其二元论或二元背反的性质，它和一元论的客观主义直接对立。而且，他的哲学观念是明确的，如同对待客观主义一样，相对主义也必须被超越。

在认识论视域中，相对主义还有另外的理解。古希腊伟大的智者普罗塔哥拉指出：“人是万物的尺度，是存在物存在的尺度，也是不存在物不存在的尺度。”普罗塔哥拉的这个命题在他那个时代有力地冲破了传统的人与神、人与自然关系思想的束缚，把人置于历史舞台的中心地位，对人们积极地干预社会生活、确立自身的主体性起到了重大的历史作用；但它也同时体现出普罗塔哥拉的思想中存在着相对主义观念，第欧根尼就以此认为普罗塔

① Richard J. Bernstein, *Beyond Objectivism and Relativism*, Basil Blackwell, 1983, p. 8.

② Richard J. Bernstein, *Beyond Objectivism and Relativism*, Basil Blackwell, 1983, p. 49.

哥拉第一个宣称对每一样东西都可以有两种完全相反的说法，并使用这种方法进行论证[①]。应该说，第欧根尼对于普罗塔哥拉相对主义观点的理解与在前面我们所说过的伯恩斯坦对于相对主义二元论或二元背反的实质的揭示是一致的。然而，我们必须注意到，20世纪90年代中国文学批评界的相对主义批评论者却并非如是来理解相对主义的。葛红兵认为普罗塔哥拉“人是万物的尺度”这句话说出了一个道理：一切衡量最终都依赖于人，而人是具体的，没有抽象的人类、族类，只有具体地生活在一定时期和空间之下的个人，换句话说，人的尺度也就是个人的尺度，这是相对主义的根基[②]。显然，这是从个人的角度出发来理解相对主义的。我们无法探究葛红兵对普罗塔哥拉表达的包含其相对主义观点的那句话进行局部的引述是否是有意而为之；当然，弄清楚这个问题也许并不重要。其实，普罗塔哥拉的相对主义观点在哲学意义上可以做出两种可能性的阐释：其一，即前面所论述的植根于二元论或二元背反的基础上且与一元论绝对主义（如柏拉图把知识看作对永恒理念的认识，而理念是绝对、最高的真实）相对立的相对主义；其二，既然普罗塔哥拉把人看作“事物”的尺度，他就是表达了一种相对的、以人为中心的认识事物的观点。他承认个体认识的局限性，但他又充分肯定个体的认识本身以及个体认识的意义。明显地，在这种阐释之下的相对主义其实质在于多元论，它既针对一元论的绝对主义，又区别于建立在二元论或二元背反基础上的相对主义，这是一种在一般意义下所理解的相对主义。葛红兵等提出的批评中的相对主义在根本的意义范围内即关乎于此。范钦林说：“我们提倡的相对主义批评立场是多元主义的批评立场。”[③]

二、相对主义批评的主体观批判

明确了相对主义批评论者对批评中的相对主义的总体哲学理解，我们就可以从葛红兵等的言论出发具体考察相对主义批评的主体观。葛红兵说：在

① 北京大学哲学系外国哲学史教研室编译：《西方哲学原著选读》（上卷），商务印书馆，1981年，第54页。

② 葛红兵：《相对主义：批评的可能立场——对批评现状的一个思考》，《作家报》，1997年2月15日，第5版。

③ 范钦林、王晓华、葛红兵、韩雪临：《关于相对主义批评观的讨论》，《文艺争鸣》，1998年第1期，第53页。

批评领域，相对主义立场就等于个人立场，相对主义的立场是以个人本位的角度来看待这个世界；相对主义批评观作为一种方法是批判的个体论方法。“现在我们承认相对主义就是要抛弃那个绝对主体，要消灭那个绝对主体，充分肯定在这个世界上的无数相对主体在真理面前的平等地位。在这个基础上，相对主义批评又等于相对主义主体批评，相对主义主体论。它是对批评家相对主体身份的一个确认。”[①]从葛红兵的反复申说中，我们认识到，相对主义批评的主体观是一种以个体为本位的主体论态度和倾向。当然，相对主义批评论者也注意到应对批评中的相对主义进行限制。范钦林表示：“我们把相对主义批评限制在理性的相对主义多元批评的范畴之内。”[②]通读其言论，我们无法把握他所说的“理性”到底何指；更严重的问题是，用所谓的“理性”来限制建立在多元主义哲学基质之上的批评中的相对主义，其意义和作用又究竟有多大呢？葛红兵也思索着如何限制批评主体的问题：“文学批评的相对主义立场自然也存在着矛盾，既然是相对主义的了，那么谁也没有权力否定‘我’了，这个个体的‘我’将如何自我制约呢？”他开出的“药方”是批评家必须面对心灵的真实，“我得说还只有一个‘真实’能够救我们”，“我所说的真实是指批评家的主观趋向”，“是对批评家学术品位和操守的要求，是一种学术上的自我尺度，是批评家的主体法则”。也许，葛红兵在这里是在追求一种相对之中的绝对性，为此，他对心灵的真实做出了一个形而上的设定，把真实置于先验知识论的意义之中，他认为：“对于人类来说，本原的真实的心灵都是一致的，只有沉沦于世失去本原和真实的心灵才是彼此龃龉彼此对立的。”[③]相对主义批评观认可一切知识都是相对的，反对绝对的、形而上的、先验的存在，然而在这里，为了证实心灵真实的有效性却又赋予人类心灵本原真实的形而上意义并予以先验设定，这分明是一种悖论。每个个体都是一种相对独立的、主观的存在，从相对主义立场出发，我们又如何规范、确立心灵真实的普遍性法则？相对主义意义下的心灵真实只不过是主观主义的一种衍生物。正如列宁所深刻指出的：“把

---

① 范钦林、王晓华、葛红兵、韩雪临：《关于相对主义批评观的讨论》，《文艺争鸣》，1998 年第 1 期，第 50 页。

② 范钦林、王晓华、葛红兵、韩雪临：《关于相对主义批评观的讨论》，《文艺争鸣》，1998 年第 1 期，第 53 页。

③ 葛红兵：《相对主义：批评的可能立场——对批评现状的一个思考》，《作家报》，1997 年 2 月 15 日，第 5 版。

相对主义作为认识论的基础，就必然使自己不是陷入绝对怀疑论、不可知论和诡辩，就是陷入主观主义。……从赤裸裸的相对主义的观点出发，可以证明任何诡辩都是正确的。”[①]批评中的相对主义无法对主体做出有效的限制，它的主观主义倾向是显明的，其极致表现为每个个体都代表一种立场，而每种立场又都被相对主义证实是“正确”的。看得出来，这种建立在多元主义哲学基础之上的相对主义批评，由于对主体无法进行有效的限制，在进行具体的文学评价时，就很可能甚至是必然会让人产生一种无所适从感，显然，这将造成文学批评在价值取向上的混乱局面。由此，有批评者对相对主义批评论者夸大文学批评的相对性从而模糊甚至拒斥文学批评的绝对尺度及其合理的普遍性原则的立场其实是无立场的尖锐批评就不是没有道理的了。

我们需要看到，相对主义批评论者确立以批评个体为本位的主体观的一个根本前提是出于他们对 20 世纪 90 年代中国文化时代特征的判断。他们认为，一段时期以来人们在观念上深情呼唤的个体文化伴随着市场经济在中国的建立已经来临了。葛红兵说：“90 年代的文化转型奠基于市场经济的基础之上。市场经济诞生意味着社会生活以阶层为单位逐渐演变为以独立个体为基本单位。落实到文化领域便形成了个体本位文化，个体本位文化使超级绝对主体不存在，强调任何人都是平等个体，都是相对的有它的限度，因而不能成为绝对仲裁。个体本位文化的显著特征就是消灭超级主体和群体的二分法，上帝没有了，人们从‘群众’中回到自己的‘家’，成为那个独立的一个人”[②]；“90年代是一个以个体为主导文化的时代，……在这样一个时代试图使整个时代的批评统一于一尊，立足于一个超个人的大叙事的可能已经不存在了”，“批评的绝对客观性观念在我们这个时代几乎已经土崩瓦解了”[③]。既然我们已经幸运地不期然地处于个体文化时代，那么在这个时代的批评策略理所当然地也就是个体主义的了。在相对主义批评论者看来，这至少在逻辑推论上是一件顺理成章的事情。因此，他们认为，相对主义批评“提高了批评的意义，它使批评上升到个体文化时代的建构体系当中，成为个体文化的建构者”，这样，相对主义批评就“成为个体文化时代的一个重

① [俄]列宁：《列宁全集》（第 18 卷），人民出版社，1988 年，第 137-138 页。

② 葛红兵：《第三种批评：个体文化时代的批评策略》，《文论报》，1997 年 8 月 1 日，第 3 版。

③ 葛红兵：《相对主义：批评的可能立场——对批评现状的一个思考》，《作家报》，1997 年 2 月 15 日，第 5 版。

要方面，在批评的领域里我们每一个主体都贡献出个体的立场”[①]。他们持论：今天的相对主义就是反对批评领域里面的一元独尊、话语霸权，呼唤批评领域里的民主、平权，相对主义应该是建构的个体主义的批评学，在这个方面，相对主义就是个体论的批评；相对主义的批评立场实际上就是对霸权主义的怜悯。面对如是的批评理念和批评主体观，我们需要思考的问题有：第一，相对主义批评论者对20世纪90年代后中国文化时代特征的判断是否正确？也就是说，社会主义市场经济的建立所带来的就果真是如同他们所确认的个体主义的文化时代吗？第二，在批评领域中，以相对主义批评主体观的个体主义来反对批评中的霸权主义和专制主义究竟是否具有足够的有效性？第三，如果通过以上两个方面的分析，表明相对主义批评的主体观存在严重的问题，那么合理的批评主体观又到底应该如何确立？

关于第一个问题，本著的开篇“序”中已经做出了较为详细的剖析和论证，此不赘述。我们的结论是明确的，那就是，我们今天所处的时代并不是相对主义批评者确认的个体主义的文化时代。

第二个问题。在批评领域，相对主义批评论者以个体主义反抗霸权主义和专制主义，这委实具有足够的勇气和批评激情，而又不乏真诚与果决。批评中的霸权主义和专制主义自然是需要坚决反对的，然而，从相对主义批评的主体观出发，以个体主义来反对批评中的霸权主义和专制主义又能取得怎样的效果呢？或许，人们可以凭着个体主义的努力在一定的条件下为自己争得一些有限的空间和权力；但是，这些空间和权力明显的是孤立的。试问，这种“孤立”有什么力量可以推翻霸权主义和专制主义？只有建立在充分自觉基础上的共同（而非孤立）抵抗和有力批判，才有可能真正打倒霸权主义和专制主义。这可以从社会进程的历史经验中得到证明。“五四”浪潮没有以个体主义解决霸权主义和专制主义问题，之后恰恰是在由此而产生的个体自觉的基础上走向个体的联合，以社会群众运动迎来民族的解放和国家的独立。与此相关的是，在思想领域中推翻霸权主义和专制主义至少有赖于具有充分合理与进步倾向的思想及学术共同体的建设，而在相对主义哲学立场下，这样的共同体是无法得到真正的确立的。可以说，从相对主义批评的主体观出发，批评只是对个体做出了一种模糊性的虚假的个体自由的允诺，因

① 范钦林、王晓华、葛红兵、韩雪临：《关于相对主义批评观的讨论》，《文艺争鸣》，1998年第1期，第51页。

此，它必然合乎逻辑地“乞求于”个体心灵的“真实”而遁入心灵领域，从而形成以自我为中心的思想取向和批评态势，或者说，它发展的是一种以自我为中心的个体论倾向，个人的主体意识得到极致式伸张。弗莱德·R. 多尔迈认为，以自我为中心的占有性个体主义必须被超越，因为它是一种有缺陷的、不成熟的人的主体性[①]。这样的富有深意的揭示对于相对主义批评论者而言应该成为一种重要的思想启迪。

第三个问题。对于这个问题的解决，需要从讨论马克思关于主体问题的论述开始。尽管明确的“主体”和“主体性”概念直到近代才出现，但凝聚于其中的思想却由来已久[②]。马克思哲学中主体思想的提出自然需要以在其之前的历史的而又是整体性的西方主体性学说作为理论资源，但它直接面对的思想前提却又无疑是德国古典哲学中的人学理论，尤其是康德、黑格尔和费尔巴哈的主体性理论。换句话说，从根本上而言，马克思哲学中的主体理论是他在改造德国古典哲学的主体概念尤其是在对康德、黑格尔和费尔巴哈的人的学说的批判总结基础上建立起来的。“现实的人”是马克思探讨主体问题的立足点。在马克思看来，历史的现实前提是人，“全部人类历史的第一个前提无疑是有生命的个人的存在”[③]。在这种现实前提之下，符合现实生活的考察方法就是“从现实的、有生命的个人本身出发，把意识仅仅看作是他们的意识”[④]。作为主体的人，首先无疑直接地是自然存在物，马克思把“自然人”视为把握作为主体的人的生物学前提。在实际生产中，“主体是人，客体是自然”[⑤]；而除了作为客体的自然是一个出发点之外，从事实际活动的“作为主体的人必须是出发点”[⑥]。马克思的这一思想说明，只有人才能做主体，而主体又离不开作为客体的自然。这就将辩证法、唯物论和实践观同时

---

① 参阅[美]弗莱德·R. 多尔迈《主体性的黄昏》（上海人民出版社，1992 年）第 1 章。在其著作中，多尔迈“把现代主体性的兴起和以人为中心的个体主义看作是一种可以避免的错误，然而却是人的解放和成熟历程中的一个阶段”（见该书前言）。他所说的“现代主体性”是指以自我为中心的占有性个体主义、以统治自然为目的的人类中心说和排斥交互主体性的单独主体性。

② 詹艾斌：《论西方哲学中主体性原则的确立》，《内蒙古社会科学》（汉文版），2005 年第 1 期，第 64-68 页。

③ [德]马克思、恩格斯：《马克思恩格斯选集》（第 1 卷），人民出版社，1995 年，第 67 页。

④ [德]马克思、恩格斯：《马克思恩格斯选集》（第 1 卷），人民出版社，1995 年，第 73 页。

⑤ [德]马克思、恩格斯：《马克思恩格斯选集》（第 2 卷），人民出版社，1995 年，第 3 页。

⑥ [德]马克思：《1844 年经济学哲学手稿》，刘丕坤译，人民出版社，1979 年，第 75 页。在人民出版社 2000 年出版的《1844 年经济学哲学手稿》第 82 页中，这一译文稍微有所变化。

引入了主体观念。此外，马克思还把唯物史观引入其主体思想[①]，从而把主体理解为具体的、历史的主体。这样，我们就应该把现实的主体当作在历史中行动的人去研究。现实的个人必定是在一定的社会关系中的人；脱离了这样的关系，脱离了对人的存在的现实性的考察，对主体的理解就偏离了历史唯物主义主体概念的内涵。相对主义批评论者所确立的主体是站在个体主义立场之上的批评家个人，由于其哲学立场的局限，他们是不可能科学地看待主体问题的。同时，相对主义批评论者还设想出一个没有独裁和威权的批评家"个人"的联合体，并认为在这样的联合体中，任何一个批评家都是"个人"。换句话说，在这样的联合体中，他们都拥有了个人的自由。马克思恩格斯在《德意志意识形态》中也曾谈到过建立起关于自由人的联合体的设想。他们认为，"只有在集体中，个人才能获得全面发展其才能的手段"，这种联合体是"真实的集体"，"在真实的集体的条件下，各个个人在自己的联合中并通过这种联合获得自由"[②]。这时个人的自由、个人的全面发展同真正的普遍道德的统一才能实现。但是，他们认识到，要达到这一步，首先必须以生产力的高度发展、强制性的社会分工的消灭为前提，同时必须经由无产阶级革命达到阶级的消灭和国家的消亡。由此，我们认识到，相对主义批评论者对站在个体主义思想立场之上的批评主体的吁请和认定、对批评家个人的联合体的设想就只能是一种基于当下中国社会现实之外的超历史的遐想。相对主义批评论者造成这样的失误以及我们前面所说的他们对20世纪90年代中国文化特征的不合理判断的原因之一就在于葛红兵等忽视了批评主体是需要在一定的社会关系中来确立的必要性，他们似乎忘却了人存在的现实根基及其根本性的制约。

坚持马克思的主体理论是确立文学批评主体观的一个根本点。由此出发，批评主体观应该肯定批评主体在从事实际的社会性的文学批评时的能动性、自主性和自为性，亦即主体性。而人作为批评活动主体的能动性又包含三个方面的基本含义：其一是批评主体对于批评活动中主客体关系的自觉性，其二是批评主体的选择性，其三是批评主体的创造性。这就要求我们必须尊重批评的个体性，因为它能有效地保证充分自觉的个体批评意识的张

① 詹艾斌：《论人的主体性——一种马克思哲学视点的考察》，《社会科学研究》，2007年第2期，第117页。

② [德]马克思、恩格斯：《马克思恩格斯全集》（第3卷），人民出版社，1960年，第84页。

扬。但是，尊重批评的个体性，并不意味着我们所要确立的批评主体观是以个体为本位的，也就是如同相对主义批评论者那样采取个体主义的批评立场。肯定个体性的批评是确保批评家的主体性得以伸张的必要手段；然而，科学合理的批评主体观还必须在肯定个体性批评的基础上实现对批评个体性的超越，诉诸对一定的在价值取向上构成相对统一的批评主体思想的寻求与认同。对这种一定的在价值取向上构成相对统一的批评主体思想的寻求主要依赖于对普遍性的批评规范的建构。因为，建构普遍性的批评规范有利于促成文学批评的有序化，而这种有序化的批评过程会适当地规约批评主体思想的价值倾向。我们认识到，现实的处于社会关系中的人存在着对社会价值祈求的共同扭结点，也存在着对社会进步发展的共同期望，这就为我们在当下这个多元的世界里确立普遍性的批评规范提供了可能。在这个方面，汉思·昆致力于构建“世界伦理”的设想无疑是引人深思的，“只有在这个世界上不再存在不同的、互相矛盾的甚而互相斗争的伦理学地带，那么我们生活的这个世界才有一个生存的机会，这样一个世界需要这样一种基础伦理：这样一个世界共同体无疑不需要一种统一的宗教或统一的意识形态，但是，它却需要一些相互有联系的、有约束力的准则、价值、理想与目标”①。当文学批评有了这样一些相互有联系的、有约束力的准则、价值、理想与目标，或者换句话说，当批评家在这样批评规范的主导下产生了一定的在价值取向上构成相对统一的批评主体思想时，文学批评中的个体主义倾向可望得到抑制。实际上，文学批评的这种在肯定个体性批评的基础上实现对批评个体性的超越以寻求和认同相对统一的批评倾向的运思与努力，在更为深层的意义上也是为了人的自由与全面发展的需要。可以说，这也正是马克思人学的基本要求在批评主体观上的体现。我们相信，重视和保持个体性批评以及对其的超越之间的张力，亦即在肯定个体性批评的基础上实现对批评个体性的超越并致力于普遍的、合理的批评尺度的建构的文学批评，将会在保证批评家的主体性得到伸张的同时又能有效地抑制和克服批评中的相对主义。

三、相对主义批评的价值观批判

价值论问题与主体观问题是联系在一起的，价值总是相对于主体而言

① [瑞士]汉思·昆：《世界伦理构想》，周艺译，香港三联书店，1996年，第5页。

的。在以上讨论相对主义文学批评的主体观的基础上，我们再来集中探讨一下其价值观问题。在当前学界致力于文学批评价值重建的学术语境中，这一讨论是必要的，也由此而具有特别的意义；或者说，探讨相对主义文学批评的价值观问题，可以有效地促进和深化我们在当下进行的文学批评价值重建问题的思考。而且，扩大来说，关注相对主义文学批评的价值观问题并由此围绕着价值问题而延展开来，那么，对我们在当下社会主义市场经济条件下深入进行价值与市场化关系问题①的学术探索也是不无裨益的。

历史地来考察，价值作为一个科学的范畴最初出现于政治经济学领域。经国际权威哲学史著作和哲学社会科学的百科全书确认，德国哲学家洛采第一个将价值范畴从政治经济学引进哲学②。到尼采，文化价值问题被置于哲学思考的中心。他揭示了价值研究的重要性。在尼采看来，“价值”是人类生存的基本特征，也是文化的真髓。他说，“任何民族不判断价值，便不能生存”，“估价，然后有价值；没有估价，生存之核桃只是一个空壳”，而人之所以为人乃是因为他们是“估价者”③。尼采认为，当时欧洲面临的文化问题根本上是由虚无主义的价值引发的；这样，要解决文化的问题就必须对既有的虚无主义的价值进行重新评价。在整体的文化领域中需要做出价值判断；自然地，文学批评也就不可能脱离价值判断。正如德国学者 N. 麦克林堡所说的：评价问题对文学评论来说，是一个相当原则的问题。无视这一问题，文学中的任何一个派别都难以行得通。对评价的理解关涉到评论的最基本和最深刻的原理，它决定着评论的地位、职能和任务④。价值评价、价值判断是文学批评的核心问题。

客观地说，相对主义批评论者并没有回避批评的价值判断问题。葛红兵指出：“批评上的相对主义不否认对于文学作品的价值判断的存在和意义，不过相对主义的价值判断不是独断的也不是道德主义的，而是个体主义的，是一种个体的价值判断。”⑤葛红兵的批评矛头毫不隐讳地指向了客观决定论

① 赖永海：《价值与市场化》，《江西师范大学学报》（哲学社会科学版），2010年第6期，第16-17页。

② 赵修义、童世骏：《马克思恩格斯同时代的西方哲学——以问题为中心的断代哲学史》，华东师范大学出版社，1994 年，第 562 页。

③ [德]尼采：《查拉斯图拉如是说》，尹溟译，文化艺术出版社，1987 年，第 66-67 页。

④ [德]N. 麦克林堡：《文学评价》，见中国社会科学院情报研究所、《国外社会科学著作提要》编辑部编：《国外社会科学著作提要》1981 年第 4 辑，中国社会科学出版社，1981 年。

⑤ 葛红兵：《相对主义：批评的可能立场——对批评现状的一个思考》，《作家报》，1997 年 2 月 15 日，第 5 版。

与道德理想主义批评的价值观，提出相对主义批评的价值标准决定于面向心灵真实的个体判断。作为对绝对主义批评观、决定论批评观等的反拨，相对主义文学批评的这一价值定位在一己的批评视域中宣告了普遍主义和决定论的价值贫困，推翻了批评中的旧的中心和价值普遍性原则。这一消解中心和价值普遍性的立场是需要勇气的。然而，我们又必须认识到，消解中心和普遍性原则带来的往往是个人的迷茫和价值判断的无序；当前文学批评中价值取向上的混乱当与此存在密切的甚至是直接的关联。那么，我们究竟应该怎样确立对相对主义批评进行价值论批判的理论立足点呢?

我们知道，在价值论史上，对洛采的学生、著名的哲学史家、新康德主义弗莱堡学派创始人文德尔班而言，整个哲学就是价值哲学。而该学派的主要代表之一李凯尔特更是认为“哲学开始于价值问题开始的地方”[①]。经过这些价值哲学先驱者的努力，价值哲学在其形成和发展过程中，提出了一些基本论题，诸如价值与事实的区别问题、价值的多样性与统一性问题、价值的主观性和客观性问题、价值的相对性与绝对性问题、价值评价的合法性依据等。众多价值哲学家就这些论题进行过一些不同程度的研究。然而，19 世纪末 20 世纪初由于哲学相对主义的泛滥曾一度造成价值哲学研究的衰微。时至今日，西方哲学界依然面对着价值哲学的这些复杂且长期没有得到有效解决的问题。当代中国哲学界同样也在做出价值哲学研究的努力。而且，我们需要认识到的是，当前中国社会不断推进的市场化带来的一个重要的价值难题就是：面对当下一般世界状况我们如何健全地生活；而要应对这个价值难题，我们就必须积极关注和探索价值哲学中的以上基本论题。下面，我们就从价值哲学基本论题中的几个重要问题入手，在中西价值哲学研究的已有基础上，对相对主义批评的价值观进行必要的审视与批判。

（一）价值主体与价值本质的确定问题

在价值哲学发展史上，对价值的本质是什么等问题，一个世纪多以来的学者们——包括20世纪80年代初开始研究价值问题的中国学者——都从各自的哲学立场提出过不同的见解，但至今未获得一致的意见。讨论价值的本质问题，首先必须明确谁是价值主体，也就是说要确定对谁有价值。相对主义批评论者认为价值主体是个体。以个体为价值主体，一个不可避免的逻辑而

---

① [德]李凯尔特：《文化科学和自然科学》，涂纪亮译，商务印书馆，1986 年，第 129 页。

且又是事实的结果是导致从主观出发来看待价值的本质。可以说，这与价值哲学在其形成初期的一些哲学家确定价值的情感性和理想性本质的观点有诸多相似之处，二者所说的人都是一般意义上的个人。这显然并不能很有效地确定价值的本质问题。那么，到底谁是价值主体？又到底应该怎样来研究价值的本质呢？邓小平理论认为，价值论应以人民为价值主体，从对人民的实际效益、效果中去确定价值的本质。王玉樑认为，邓小平对价值哲学研究中长期困扰人们的价值本质及价值的客观性问题的正确揭示为科学地进行价值评价奠定了基础①。当前，我们国家正在进行社会主义核心价值体系建设，核心价值体系的价值主体无疑是社会群体②。在现阶段，在社会主义条件下，文学批评同样必须以人民、以群体为其价值主体，从批评这一实践活动对非个人的群体的影响中去确定价值的本质。人，首先是社会关系中的人，马克思指出："人的本质不是单个人所固有的抽象物，在其现实性上，它是一切社会关系的总和。"③脱离社会关系来谈人，并以个体为价值主体，势必会把价值本质的确定问题引向主观主义的泥淖。相对主义批评在价值论上的失误就表现于此。

（二）价值评价的合法性依据问题

我们知道，西方近代的个人主义发展到 19 世纪中叶已经演化出一种价值相对主义和价值虚无主义。在这种思潮之下，人们也就没有任何普遍的价值标准、价值原则需要遵循，由此，也就无须为建立超越个体尺度的普遍的价值标准寻找合法性的依据。个人的意义和价值被无限度夸大。价值哲学在 19 世纪末的兴起，就其主流倾向而言，就是针对这种价值相对主义的。无论是洛采站在超验唯心主义立场，文德尔班站在先验唯心主义立场，还是尼采站在自然主义的生命哲学立场，都力图寻找一种普遍的价值尺度，并把论证其合法性的依据作为价值哲学的主要使命。在他们中间，文德尔班的主张是卓具代表性的，他曾断言："相对论是哲学的解体和死亡。哲学只有作为普遍有

---

① 王玉樑：《价值哲学发展的里程碑——邓小平对价值哲学的重大贡献》，《中国社会科学》，1998 年第 1 期，第 7-10 页。

② 原魁社：《主导 · 核心 · 主流——社会主义主导价值体系与核心价值体系的有机整合》，《江西师范大学学报》（哲学社会科学版），2011 年第 3 期，第 19 页。

③ [德]马克思、恩格斯：《马克思恩格斯选集》（第 1 卷），人民出版社，1995 年，第 60 页。

效的价值的科学才能继续存在。”[①]从他们的基本的哲学思想中，我们可以看出，对他们而言，价值评价的普遍尺度是存在的，但不是一种客观性存在，而是在头脑中的唯心设定。我们肯定其对价值评价合法性依据的诉求，但必须反对其背离唯物史观与辩证法的基本哲学立场。然而，相对主义批评关于价值评价合法性的立场同样背离唯物史观和辩证法，它选择了经验与个体，从而也就不可能承认批评的价值评价存在超越个体经验的普遍尺度。相对主义批评价值论的个体主义和经验主义主张是特别显明的。上文已经提到，在葛红兵看来，相对主义的立场就是个人，相对主义批评观作为一种方法是批判的个体论方法。他认为，在相对主义立场之下，“每一个批评家个人都以平等的身份立足于批评的场中，这里存在的只有一个又一个个人，没有权威、圣人，更没有神，任何一个个人都不可能也不必要成为别的个人的仲裁者”[②]。这是一种浪漫而又纯粹的个体设想。也许对个别批评家来说，他能够以权力的名义使自己的“个体”批评取得合法而又威严的地位。然而，对绝大多数批评者而言，在现存条件下，却是一种无法达到的可能。也就是说，它并不表现为一种必然性，因而也就不具备哲学意义上的现实性。恩格斯在《路德维希·费尔巴哈和德国古典哲学的终结》这篇长文中对黑格尔的命题“凡是现实的都是合理的，凡是合理的都是现实的”“现实性在其展开过程中表明为必然性”进行了具体分析并做出了一些肯定性评价[③]。这些肯定性评价不仅有认识论和历史观上的含义，还有价值论意义。相对主义批评论者对此显然没有一种哲学审视的自觉和足够合理的理论认识。

马克思主义要求我们以实践结果作为价值评价合法性的依据，从中确立价值评价的客观性。事实上，实用主义哲学家杜威曾经从经验主义出发，把科学中的实验法引入价值评价问题，用行动的后果作为检验价值判断是否正确的标准。明显地，这对解决价值评价的科学性、客观性问题具有重要意义。应该说，这是杜威对价值评价理论的重大贡献。然而，杜威的自然科学的实验法并不完全适用于价值领域；也就是说，他的从经验主义出发而得出的实验性后果并不能成为价值评价合法性的依据。在这个问题上，我们依然可以从邓小平的价值哲学思想中得到启示。总的来说，邓小平确立了在社会

---

① [德]文德尔班：《哲学史教程》（下卷），罗达仁译，商务印书馆，1993年，第927页。

② 葛红兵：《批评的立场——对当前批评现状的思考（之二）》，《作家报》，1997年4月17日，第3版。

③ [德]马克思、恩格斯：《马克思恩格斯选集》（第4卷），人民出版社，1995年，第215-218页。

主义条件下以"三个有利于"作为价值评价的根本尺度。"三个有利于"用实际效益、客观效果做价值标准，具有很强的说服力，坚持了人民的价值主体性和价值客观性[①]。由此，我们可以相应地提出，文学批评应以其是否有利于马克思人学思想的推动与实现作为价值评价的普遍标准。马克思人学肯定人的个体性与社会性相统一，即它既充分尊重人的个体价值，同时又深刻地洞察到了人的社会性属性，人的主体性只有通过社会性的实践活动才能表现出来。人的发展与自由是在一定的社会关系中的群体和个体的共同发展与自由的统一。个体价值的实现应以群体价值的实现为前提。这样的批评价值论坚持以群体为价值主体，在追寻群体价值实现的过程中充分肯定个体的价值，如是将可有效地保证价值评价的客观性。

（三）关于价值的一元性与多元性的关系问题

就社会生活中的主体与客体而言，同一客体对不同的个体主体、群体主体的价值不同，即价值具有多元性；同一客体对同一时空条件下的同一主体及对社会主体的价值是一元的，即价值具有一元性。在文学批评领域同样存在价值的多元性与一元性的关系问题。也就是说，同一文学作品或文学现象（客体或对象）对不同的个体主体、群体主体而言，其价值评价是不同的，因而价值具有多元性；但是同一文学作品或文学现象对同一时空条件下的同一主体及对社会主体（这是主要方面）而言，价值又是一元的，因而价值具有一元性。相对主义批评以个体为价值主体是无法做到价值评价中价值的一元性与多元性的统一的。邓小平确立的"三个有利于"这一价值评价坚持了价值的一元性，它要求在社会主义条件下各项工作都以"三个有利于"作为评价的根本标准，即各行各业的集体、个人的各种价值评价都要以"三个有利于"为指导，服从于"三个有利于"这一根本的价值标准，在这一标准指导下实现各行各业的集体和个人的价值。这就确保了以价值一元性为指导的价值一元性与多元性的统一[②]。正如上文已经指出的，以是否有利于马克思人学思想的推动与实现作为价值评价根本尺度的批评价值论，其基本立足点在于以马克思人学为指导，在充分肯定个体价值的基础上，以群体价值的实现

① 王玉樑：《价值哲学发展的里程碑——邓小平对价值哲学的重大贡献》，《中国社会科学》，1998年第1期，第11-13页。

② 王玉樑：《价值哲学发展的里程碑——邓小平对价值哲学的重大贡献》，《中国社会科学》，1998年第1期，第13页。

为旨归。应该说，这是一种具有充分合理性的批评价值观。在社会主义条件下，群体价值的实现与个体价值的实现辩证地联系在一起。这是我们必须维护和坚持的，也是价值评价中价值一元性与价值多元性之间联系的关节点。这样，我们就可以认识到，以是否有利于马克思人学思想的推动与实现作为价值评价根本尺度的批评价值论能够有效地解决价值一元性与价值多元性在文学批评中的统一问题。

美国当代哲学家理查德·罗蒂指出："相对主义这种观点认为，在某个问题上或者也许是在所有问题上的每一个信念都与每一个其他的信念一样好。"[①]在他看来，没有人会持这样的观点。但相对主义批评论者却显然存在这样的危险。相对主义批评极有可能消解文学批评应有的价值尺度，尽管其倡导者并不否认批评的价值判断问题。也许，他们还会把这种有可能导致人们在价值评价上无所适从的个体立场的充分展示视为民主精神的体现。葛红兵说过，相对主义的根本所在是对知识的等级制度提出了挑战，它"等于知识领域里的平等主义、民主主义"，"在批评领域相对主义立场就等于个人立场，它反对批评领域的神授与特权，肯定批评的平等和民主，是一种批评上的自由主义和个人主义"[②]。然而，艾伦·布鲁姆教授提醒我们："相对主义价值观是否同民主精神和谐一致，是一个我们需要解决但从未提出的问题。"[③]他认为，美国教育正是在相对主义价值论思潮主导下"败坏了民主，空乏了当代学生的心灵"[④]，使之"不能考虑或观察他们的未来"[⑤]。相对主义哲学观还诱导我们习惯以偶然性的立场进行价值判断。这同样是一种不能合理、全面地评价具体事物或现象的思想倾向。"一旦我们感受到了一股巨大的力量，以为我们当下的话语实践既不是上帝赋予的，也不是本质直观赋予的，更不是理性的狡黠赋予的，而仅仅是由于偶然，那么，我们所拥有的文化就不仅缺少知识理论与进步的感受，而且缺少一切尼采称为'形而上宽慰'的源泉。"[⑥]当下世界确实呈现出多元共生的繁复而壮丽的景观，这为相

---

① [美]理查德·罗蒂：《后哲学文化》，黄勇编译，上海译文出版社，1992年，第251页。

② 葛红兵：《相对主义：批评的可能立场——对批评现状的一个思考》，《作家报》，1997年2月15日，第5版。

③ [美]艾伦·布鲁姆：《走向封闭的美国精神》，缪青等译，中国社会科学出版社，1994年，第160页。

④ [美]艾伦·布鲁姆：《走向封闭的美国精神》，缪青等译，中国社会科学出版社，1994年，第1页。

⑤ [美]艾伦·布鲁姆：《走向封闭的美国精神》，缪青等译，中国社会科学出版社，1994年，第135页。

⑥ R. Rorty, *Consequences of Pragmatism*, University of Minneapolis Press, 1985, p. 194.

对性认识的滋生与泛滥提供了土壤；历史地看，相对主义认识也表现出一定的进步性[①]。但是，在文学批评领域一味地不加批判地倡导相对主义却是不足取的，因为它极容易摧毁我们这个年代为了文学批评乃至人本身的健康发展而尝试建立的基本准则与标准。显然，正如前文已然指出的，我们生活的这个世界是需要一些相互有联系的、有约束力的准则、价值、理想与目标的。面对现实并着眼于未来，开展以是否有利于马克思人学思想的推动与实现作为价值评价根本尺度的文学批评不仅是一种期望克服批评中的相对主义取向的哲学式选择，更是旨在促成人类长远进步的历史性的必然要求。笔者以为，当前，学界展开文学批评价值重建乃至文学价值重建问题的研究是需要也是应该考虑到这一根本性维度的。

四、合理主体观、价值观的确立与文学批评公信力建设

以上我们对相对主义文学批评的学理性批判主要是从辨析与评价其主体观和价值观两方面进行的。由此，我们需要进一步认识到的问题是，文学批评合理的主体观和价值观的确立与文学批评公信力的建设存在着颇为密切的关联。换句话说，建设当代文学批评的公信力是有利于合理的批评主体观和价值观的确立的。

以往，研究者们习惯性地从考察文学批评的性质问题出发，认为其特点主要在于审美性和科学性；但在笔者看来，公信力、对公信力的诉求其实也理应成为文学批评的一大特点。如本著第四章第四节所论，文学批评的公信力是其自身魅力的重要表现，也是批评家所开展的文学批评实践的基本样貌，没有公信力的文学批评最终必将失去其生命力、影响力和文化构造力。或许，我们还可以说，如同伦理学知识具有理想性[②]一样，文学批评的公信力也是文学批评实践的一种理想性要求，失去了这种理想性追求，文学批评也就丧失了其基本价值乃至学科特质。

20 世纪 90 年代以来，由于社会结构的深刻变动，当代中国进入了一个思

① 詹艾斌：《相对主义认识的进步性与局限性》，《内蒙古社会科学》（汉文版），2006 年第 3 期，第 56-59 页。

② 焦国成：《论伦理——伦理概念与伦理学》，《江西师范大学学报》（哲学社会科学版），2011 年第 1 期，第 27 页。

想和文化选择的多元化时代。20世纪90年代后的中国文学批评正是处于这样一种情境之中，与之密切相关的是文学批评尺度的相对性倾向。当然，肯定20世纪90年代后中国文学批评呈现出的明显的多元思想与文化语境下的相对性特征，并不意味着笔者认可建立在多元论哲学基础上的相对主义批评论者的思想主张。一个明显的事实是，持相对主义哲学立场的文学批评由于其自身主体观和价值观存在局限而难以形成公信力。批评如同文学一样，也具有公共性，它是非个体的。有论者敏锐地指出，20世纪80年代以来的中国当代文学三十年，既是文学公共领域形成的过程，也是文学公共性消失的过程[①]。其实，文学批评亦如此。而文学批评公共性的消失自然与20世纪90年代以来文化和哲学领域中的个体主义、相对主义思潮存在重要的关联。面对20世纪90年代后的中国文学批评状况——它已然在总体上失去了一个良好的发展生态，应该说，建设文学批评的公信力是一种迫切的要求。这对我们在当前进行先进文化建设和开展提升国家文化软实力的宏大工程都将产生重要影响。

当然，文学批评公信力的建设是一个复杂的问题。在上文我们提到的确立普遍性的批评规范无疑是有利于文学批评公信力的建设的；同时，坚持以是否有利于马克思人学思想的推动与实现作为价值评价根本尺度的文学批评也必将极大地推进当代文学批评公信力的建设。我们必须明白，文学批评公信力建设问题的理论探讨及其实践需要学界的共同努力，无可置疑的是，当文学批评确实建立了一些如前所说的相互有联系的、有约束力的准则、价值、理想与目标，文学批评公信力的建设显然就具有了足够的理论基础。

第二节　拒斥当代文学批评中的相对主义

新时期以来，伴随着中国社会文化的深刻转型以及当代文学与文学批评自身生长的需要，中国文学批评获得了很大的创新发展；然而，不可否认的是，其在发展中面临的问题以及在发展过程中必然产生的问题也是多样的、严峻的。其中的一个重要方面就是批评中的相对主义的盛行，这严重制约着

① 赵勇：《文学活动的转型与文学公共性的消失——中国当代文学公共领域的反思》，《文艺研究》，2009年第1期，第30-39页。

当代文学批评的持续、健康发展。期望建构文学批评的良好秩序与和谐生态，必须拒斥当代文学批评中的相对主义。

一、当代批评实践与理论建构中的相对主义

众所周知，在根本意义上是由于当代中国社会结构的深刻变动，20 世纪 90 年代以来尤其是 21 世纪之后的中国文学批评呈现出明显的多元思想与文化语境下的相对性特征，由此而极致化发展，便形成批评中的相对主义。这在当代批评实践及其理论建构两个方面都表现得相当突出。

众声喧哗、多元共生是当前文学批评实践的一个基本特征，在很大程度上也正是它构造出当代文学批评的一种表面繁荣景象。这一景象的构造与获取在根本上来源于对批评实践中的多元解读合法性的不加批判的盲目认同。尤其是一些批评实践者生硬地、肆意地介入某些西方现代文学批评理论对中国文学作品进行偏离文本的强制性的解读和阐释，就更加剧了这种情形的存在。然而，在他们看来，如此这般的多元解读似乎具有一种无须辩驳的真理性，与此同时，他们也就在这样的批评实践中欣然地体验着话语权力的获得感。“不加批判”意味着反思意识和真正的问题意识的阙如，这样，文学批评实践中的意图误置等现象的滋生与凸显也就司空见惯了。无疑，这必然会带来文学批评实践中的思想文化甚至是价值观的混乱。

批评实践是这样，相对主义批评的理论建构也不甘落后。在 1997 年 2 月 15 日的《作家报》上撰文《相对主义：批评的可能立场——对批评现状的一个思考》之后，年轻学者葛红兵在较短的时间内又相继在《文论报》《文艺争鸣》《上海文学》《钟山》等报刊上发表了同一主题的几篇文章。基于对 20 世纪 90 年代以来中国文学批评总体状况的个人判断，并结合自身对文学批评发展问题的理解，葛红兵提出了相对主义文学批评这一理论命题。相对主义批评中的“相对主义”实质在于多元论，它既针对一元论的绝对主义，也区别于建立在二元论基础上的相对主义。在这种哲学基础之上，相对主义批评的主体观表现出一种以个体为本位的主体论态度和倾向。与其主体观密切相关，相对主义批评的价值判断也是个体主义的。这种批评理念暗合了 20 世纪 90 年代以来中国社会文化的某些特质，由是，相对主义文学批评在提出之后随即成为一种令人颇为关注的批评形态。我们可以明确的是，尽管葛红兵及其同道者在后来的阐述中对相对主义文学批评的理论言说有所变通与调

整，但这一批评主张无疑在一定程度上助长了 21 世纪以来文学批评实践中的相对主义的蔓延和泛滥。

二、相对主义认识的虚妄

相对主义问题是复杂的，其学说也有多种。在当代中国文学批评中存在的相对主义首先是而且在根本上也是一个认识论问题。无可否认，作为一种历史的产物，相对主义认识具有一定的进步性，但我们更需要充分明确其局限和虚妄。

作为客观主义的对立面，相对主义指出了人的认识的可能与限度，揭示出人的认识的相对性与局限性。由此出发，一种认识上的危险也就很有可能发生。既然人的认识是相对的、局限的，那么，事物和认识的相对性必然会被片面夸大；相应地，事物和认识的绝对性也因此被否认和泯灭。上文所说的在当代文学批评实践中存在的对多元解读的不加批判的盲目认同倾向显然就植根于这种哲学基础。列宁深刻地指出：把相对主义作为认识论的基础，必然使自己不是陷入绝对怀疑论、不可知论和诡辩，就是陷入主观主义。从赤裸裸的相对主义的观点出发，可以证明任何诡辩都是正确的。确实如此，在当前极度的多元解读的批评实践中，文学文本意义的绝对性往往被漠视甚至被遗弃；也正是在这种被漠视和被遗弃中，文本解读的多元取向获得了可能，进而赢得了在相对主义的文化逻辑之下的其价值存在的无可置疑的合法性。很显然，这是我们不能接受的，它与唯物辩证法的认识论存在严重的对立。

当代美国哲学家理查德·罗蒂指出，从相对主义观点出发，必然产生一种认识，那就是，在某个问题上或者也许是在所有问题上的每一个信念都与每一个其他的信念一样好。这有力地揭示了相对主义观念的本质。简单地说，相对主义就是这样一种学说，它否认存在普遍的标准。也正是如此，相对主义表现出其最大的虚妄。我们知道，在文学批评实践中对批评尺度或标准的寻求和确认是不可或缺的。恩格斯对所谓的“真正的社会主义者”卡尔·格律恩的歌德论的批判，马克思恩格斯对莎士比亚、巴尔扎克的批评等都表现了对马克思主义文学批评标准的贯彻与坚持。尤其是恩格斯在 1859 年对拉萨尔的剧本《济金根》的评价中，更是提出了批评的美学观点和历史观点的著名论断，这也被恩格斯称为文学批评的最高标准。然而，在相对主义的文学批评实践中，批评标准其实是缺席的，“怎么样都行”成了相对主义文学批评的一条醒目的、根本性的隐性逻辑。在这样的文化逻辑的主导与驱使之下，文学批评失去了其应有的目的性和价值标尺，无法对文学文本做到有效解读（低效或无效），也就彻底丧失了其理应作为时代性的先进文化的根本性质，最终不可避免地走向失效。

三、主导性文学批评形态的寻求与确立

既然我们明确，以极度多元解读为代表的相对主义的批评形态存在着无可置疑的局限性和不合理性，那么，寻求新的文学批评形态尤其是新的主导性的文学批评形态就成了当前文学批评的一项重要任务。

文学批评形态的确立，其根本意义来源于我们对文学的最具本质性的理解。换言之，对主导性文学批评形态的寻求和确立，首先需要批评者在文学的根本理解上有明确而合理的认知。我们认为，文学是人学，是社会现实中从事实际生活活动的人的"精神分析"学，是生命评价的一种形式，是唯物史观视野下由人参与其中并构筑而成的流动着的社会存在的基本反映和体现，是人实现其自由自觉特性和确证其本质力量的基本方式；依凭它，人类可以艺术地掌握世界，而它也实践和呈现着人性的多样性和丰富性。在漫长的人类文明发展进程中，文学已然渗透到我们的日常生活和精神生活中，它构造着我们的社会生活、政治生活乃至经济生活世界，也塑造着我们的身体、思想与灵魂。

基于这样的一种对文学的根本性理解，面对当前纷繁复杂的批评态势，我们主张的是一种一元主导下的多样化形态并存的文学批评观。目前来看，更为重要而迫切的是确立马克思人学意义上的文学批评。马克思人学批评，简而言之，就是一种以实现马克思人学理念为根本目标的批评形态。择其要者，主要表现为以下六个方面：其一，人、人的问题是文学批评的主体，这是当下文学批评尤其是在批评实践中理应确立的一种主体意识，文学批评的价值实现在很大程度上在于建构和确立这一主体意识；其二，当代文学批评实践对于人的关注、对于人的解读和理论建构，应该建立在马克思的人的主体性的理论基础之上，力求对处于社会现实关系中的人具备完整而准确的理解，充分发挥文学批评的效能，推动和促成人的发展与进步；其三，当代批评者理应在持续的批评实践中积极寻求其主体性的实现，发挥能动性、自主性和自为性，这就要求批评者能够创造性地开展文学批评实践活动；其四，在批评的主体观问题上，坚持马克思的人的主体性理论是确立文学批评主体

观的一个根本点；肯定个体性批评并在此基础上实现对批评个体的超越以寻求和认同相对统一的批评倾向。这一运思与努力，在更为深层的意义上是为了人的自由与全面发展；其五，在批评的价值论问题上，以群体为价值主体，在充分肯定个体价值的基础上，以群体价值的实现为旨归。如此，也就确立了价值评价的合法性并有效解决了具体文学批评实践中的价值一元性与价值多元性的统一问题；其六，在基本目标上，马克思人学意义上的文学批评最终的关注点是人，它以马克思人学思想为理论资源参与并促成了人的自由与全面发展。

总之，我们拒斥的并不是文学批评中的相对性认识，而是在极度多元解读与相对主义批评的理论建构中把这种合理性的相对认识无限夸大的哲学相对主义倾向。寻求和确立文学批评的主导性形态，是规避和拒斥当下文学批评相对主义的基本途径；而拒斥批评中的相对主义无疑又是在当前的批评生态下建构具有公信力的文学批评的一种有效方式。

第三节　生态批评的理论基石及其反思

一、生态批评的提出

生态批评是产生于20世纪70年代的一种文学批评理论。在20世纪70年代初出版的《生存的戏剧：文学生态学研究》一书中，美国学者约瑟夫·密克尔提出“文学生态学”（literary ecology）这一术语，主张应当探讨文学所揭示的人类与其他物种之间的关系，要细致并真诚地审视和发掘文学对人类行为和自然环境的影响[①]。1978年，威廉·鲁克尔特在《爱荷华州评论》第9期上发表了《文学与生态学：一次生态批评的试验》，首次使用“生态批评”（ecocriticism）这一概念，其认为应该把生态以及和生态有关的概念运用到文学研究中去[②]。此后，生态批评迅速发展，并引起了学术界的广泛关注。到20世纪90年代，生态批评逐步成为文学批评理论中的显学。

---

① Joseph W. Meeker, *The Comedy of Survival: Studies in Literary Ecology*, Charles Scribner's Sons, 1974, pp. 3-4.

② 王莉娜、苗福光：《生态批评述评》，《山东外语教学》，2004年第4期，第53页。

目前，学术界对生态批评概念的界定广泛采用的是美国文学与环境教授彻丽尔·格罗费尔蒂下的定义，“生态批评是研究文学与物理环境之间关系的学问，……按地球中心的方法入手来研究文学”[①]。前一句可以看作对生态批评对象的界定，以文学和物理环境（自然）的关系为研究对象；后一句则意在说明研究的方法，“以地球为中心来研究文学”可以理解为站在地球生态的立场上来研究文学，探讨人与自然的关系，创作更多的生态文学作品，唤起人们对生态环境的保护意识，从而建构一种更为合理的生态理念。

生态批评产生于后现代语境之中，属于后现代批评理论，受到解构主义思潮的影响，它挑战、揭露、批判“逻各斯中心主义”，消解中心，颠覆传统。生态批评攻击的“逻各斯中心主义”表现为“人类中心主义”。“人类中心主义”是近代以来西方主流哲学文化价值观，是“现代性”的重要特征之一。它以人与自然的二元对立为前提，主张人是自然的主宰、世界的中心，拥有至高无上的权利；自然是人类统治、驾驭的对象，自然界作为“他者”没有任何“内在”价值。“人才是一切价值的主体，是一切价值的创造者和承担者。”[②]这是一种绝对的“人类中心主义”价值观，它将人在世界中的地位极度拔高，过分强调人的主体意识，这严重扭曲了人与自然合理的生态存在关系。这种价值观在人类生产力水平不高、人类的生活活动还不足以对自然构成巨大威胁的历史时期曾发挥过积极的作用，促进了人类文明的进步。近代文艺复兴以来，出现了培根的“命令自然”、笛卡儿的“使自己成为自然的主人和统治者”以及康德的“人是自然的立法者”等“人类中心主义”思想的突出表述，这也表明了近代“人类中心主义”思想的形成。

在这种思想的支配下，人类为了满足自身生存和发展的需要，在制造灿烂的物质文明的同时也在饱尝着现代科技文明带来的苦果。对此，人们不禁感到困惑，人类拥有了比以前更为强大的科技力量，但为何面对当下困境却束手无策，人类究竟应该以什么样的方式去生存？人与自然到底应该处于一种什么样的生存关系？应该建立一种什么样的生态生存理念？基于当下境况，这些问题越来越突出。文学是人学，理应思考当下人与自然关系语境下人的问题，承担起应有的责任。可以认为，生态批评的提出和建构在最为根

---

① Glotfelty, Chery ll, *What is Ecoriticism, Her Lecture at 1994 Western Literature Association*, http://www.amazon.com，2004-04-20.

② 蒙培元：《人与自然：中国哲学生态观》，人民出版社，2004 年，第 56 页。

本的意义上正是出于这样的一种理论努力。它旨在挖掘并揭示生态危机的思想文化根源，揭示人类的思想、文化、科技、生产和生活方式、社会发展模式如何影响、甚至决定了人类对自然的恶劣态度和竭泽而渔式的行为，导致环境的恶化和生态危机。从根本上来说，生态批评是一种生态危机现实下迫切需要的思想批评，是以生态整体观、系统观、动态平衡观作为主导思想的、以文学作品为媒介的文化批评[①]。可以说，这样一种批评形态和方法展现了一种全新的文学批评视角，拓宽了文学研究的领域，将自然纳入文学批评的范畴，使得自然的地位、特性和价值得到了凸显。

二、生态中心主义——作为生态批评理论基石的生态存在论审美观

人与自然的关系问题是一个历史性话题。人来源于自然，与自然万物有着起源上的一致性和依存性。于是，在历史上就有一种天人合一、人与万物同生、与自然万物和谐相处的思想，主张田园式的回归自然的生存哲学。但人与自然万物又不是等同的，不是一个层次的生命存在体。人类文明的历史往往又是一部征服自然、改造自然的历史，这与人类为了维护和满足自身的生存与发展需要有着密切关联。

正是在这样一个历史进程中，当下，自然物种在不断消失，自然资源在不断枯竭，人类自身的生存与发展面临着巨大的威胁。那么，如前所说，人类与自然之间到底应该构建一种什么样的关系呢？越来越多的理论研究者在思索着这个问题。在这样的理论语境下，“生态中心主义”思想被提出。作为对“人类中心主义”思想的反拨，“生态中心主义”被认为是一种全新的价值理念，是对传统价值观的一次超越。

需要认识到的是，“生态中心”原则中最重要的是对“生态平等”原则的理解。当然，“生态平等”只是一种相对的平等，而不是人与万物处于一种绝对的平等地位，是万物所具有的在“生物环链”之中的平等以及在“生物环链”之中享有生存发展权利的平等，同样，人类也享有自己在“生物环链”之中的吃穿住行等生存发展权利的平等。“生态中心”原则倡导的是一种生命相对平等价值观。自然万物的生命存在都应得到尊重，人与自然不仅

① 王诺、宋丽丽、韦清琦：《生态批评三人谈》，《三峡大学学报》（人文社会科学版），2006年第3期，第18页。

有冲突、斗争的一面，更有相互依存、不可分割的一面。人与自然应遵循“普遍共生”与“生态自我”的原则。“生态中心”原则试图用这种生命的对等性实现对“人类中心主义”的超越。在这里，人并不是自然的主宰、世界的中心，生命是普遍共生的存在主体。人的存在要以自然万物的生命存在为前提。人与自然万物原本是合一的，万物原本是一个整体[①]。“我们生活于其中的现实世界并非是一个与自然界判然两分、主客对立的世界，而是一个人与自然理应和合与共，人与天地万物同生共运、不分彼此地保持着一体化亲密关系的生态世界。”[②]这种价值理念明显有别于传统的主客二分、人与自然二元对立的主体性哲学价值观。主体性哲学凸显人的主体地位，将人与自然分离，认为人是一切价值的核心，一切价值的裁判者。而“生态中心”理念不主张人是绝对的主体，在生态系统中人只是“生态环链”中的一个环节，人与自然理应和合与共。

这种生态存在论审美价值观构成了生态批评理论的基石，“将这种生态存在论审美观运用于文学艺术的批评实践即是著名的生态批评”[③]。

三、对“生态中心”原则的反思

“生态中心”原则提出之后也遭到了许多批评和质疑。有论者指出，由“人类中心”到“生态中心”的切换必然会导致美学中“人”的缺失；而且，这一转换也并不是一种思维方式、价值观念的彻底转型，在“生态中心”理念中人类自身的利益和价值依然是考虑的最终目标，不管怎么表述，这一点都是掩盖不了的。人们之所以用“生态中心”代替“人类中心”是认识到了人类一贯对待自然的态度已经对人类自身的生存造成了巨大的威胁，必须对人类自身所奉行的价值观念和对待自然的行为进行反思。但“生态中心”仍然是一种主客二分的思维模式，因为它依然明晰地意识到人与周围环境的区别，并且分别构成了问题的两极。只不过以往的哲学观凸显了“人”这一极的重要性，而如今强调的则是另一极——整体的生态系统（包括人在

① 曾繁仁：《当前生态美学研究中的几个重要问题》，《江苏社会科学》，2004年第2期，第205页。

② 马驰：《对生态美学研究的几个追问》，《江汉大学学报》（人文科学版），2005年第5期，第11页。

③ 曾繁仁：《当前生态美学研究中的几个重要问题》，《江苏社会科学》，2004年第2期，第205页。

内）。这种生态理念突出了人与自然万物（生态系统）的相互依赖性和起源上的无差别性，但在一定程度上消解了人的主观能动性，造成了人在自然中地位的暗淡和缺失[①]。

如上所说，“生态中心”的最终目标仍然是最大限度地维护和实现人类自身的利益与价值，人还是被考虑的最终目的。恩格斯早就指出：“我们只可能有以地球为中心的物理学、化学、生物学、气象学等等，而这些科学并不因为说它只对于地球才适用并因而只是相对的，而损失了什么。如果认真地对待这一点并且要求一种无中心的科学，那就会使一切科学都停顿下来’。所谓‘以地球为中心’，也就是以人生存的环境为中心，也就是以人为中心。取消了‘以地球为中心’就取消了一切科学，否认了‘以人类为中心’就否认了人类的活动，就把人与自然的关系降低到动物的水平。”[②]因此，现在学界有人从维持人与自然关系的协调出发批评“人类中心化”，尽管有一定道理，但并不全面。生态危机实质上是人与自然关系中“人的危机”；强调人与自然关系的协调，也是因为只有协调才对人类有利，仍然是以人类为中心的[③]。当然，在生态中心视野下，依然把人作为被考虑的最终目的，与学界习惯性批判的“人类中心主义”并不是一回事，也不能把它看成一种新的“人类中心主义”。如前所论，在人与自然的关系问题上，“生态中心主义”者所要建构的是一种整体性的生态存在论审美价值观，而并非是一种新的“人类中心主义”价值观——尽管它的最终目的仍然是满足人类自身的利益及让人类自身更好地生存，它主张的是人与自然万物在“生物环链”（生态环境系统）中达到生命的相对平等，建构一种人与自然万物之间的“主体间性”关系，也就是主体与主体之间平等对话的关系。可以认为这是人类一种理想的生存方式，一种诗意的栖居；尽管在实际的层面上缺乏可操作性，但作为一种审美价值观的提出是具有非常重大的意义的，标志着人们价值观念的一种转型。生态理念、生态文明成为当前社会发展的核心理念。而近代确立起来的“人类中心主义”则是人类的一种非审美的生存方式，其对自然采取一种主宰式态度，凭着目的理性、工具理性对自然进行任意的奴役和过度的

---

① 李文斌：《对生态美学的两点质疑》，《三峡大学学报》（人文社会科学版），2005 年第 6 期，第 33-34 页。

② [德]马克思、恩格斯：《马克思恩格斯选集》（第 3 卷），人民出版社，1972 年，第 559-560 页。在 1995 年出版的《马克思恩格斯选集》第 4 卷第 339 页中，关于恩格斯这段论述的译文有所改动。

③ 袁贵仁：《马克思的人学思想》，北京师范大学出版社，1996 年，第 110 页。

开采与利用。这两种生存价值理念显然是具有明显差异的。

尽管生态批评的学理基础还有待进一步深入探讨，但它在当下所具有的现实意义和对人类命运的终极关怀意识却是不可否认的。当代，人类社会正由工业文明向生态文明转型，“环境文化是人类的新文化运动，是人类思想观念领域的深刻变革，是对传统工业文明的反思和超越，是在更高层次上对自然法则的尊重”，“生态危机产生环境文化，环境文化的核心是生态文明。环境文化即是今天的先进文化”①。因此，应该说，生态批评正是在这一大的时代背景下产生的，是时代发展的内在要求。

第四节　空间批评的内在精神意蕴②

我们在一个新的时代里徜徉已久，世界正在以一种高速运转的一体化运营体制对旧的世界形态进行各个层面的冲击。明显的，文学领域包括文学批评领域，在新的社会语境中，面临着新的质询与反思。而所谓全球化的侵袭并非只是给我们带来关于文学危机这类问题的思考，面对新时代带来的各种思维方式、理解途径、心理内蕴的改变，我们需要做的，是更加明确地认清局势，分清楚文学进程中可能存在的发展趋向，以对各层面文学实践的发展途径有一种清醒的认识。

就文学而言，在 20 世纪的语言学转向之后，如今正面临着或已经进行着文化转向。在批评领域，传统意义上的文学批评正遭遇着蓬勃发展的文化批评，这意味着对文学本身的看法与认识的变化，同时也彰显着参与者思维方式与思考路径的转变。文学不再局限于文学形式、技巧、深刻内蕴、读者的参与批评、单纯社会因素等，在更大程度上趋向一种多维度的融合，语境、对话、互文、生产、权力等成为文学观照的重要维度。所谓意义、本质已经不复其本来的地位，而语境却得到了更加突出的强调。正如乔纳森·卡勒所言，“意义由语境限定，但语境没有限定”③。对语境的关注可视为整个后现代相关理论的首要特点，无论是解构主义对恒定意义的消弭及新历史主义文

① 潘岳：《环境文化与民族复兴》，《中国青年政治学院学报》，2004 年第 1 期，第 26-27 页。

② 本节的初稿撰写者为戴彧，詹艾斌修订完成。

③ [美]乔纳森·卡勒：《文学理论》，李平译，辽宁教育出版社，1998 年，第 71 页。

论的“历史文本化”和“文本历史化”理论，还是女性主义理论家对长久历史场域中“女人”一词的审视与怀疑，都在强调社会语境或权力对所谓意义、结构等原本被认为是先验、恒定之物的生成作用。我们可以看到，所谓语境的彰显，或者对现行概念体系构造性形成过程的强调，其实都在呈现一种空间思维方式，亦即虽不完全排斥否认之前历时性思维方式注重沿袭因革路径、意义追求等思维特点，却更多地将考察事物的历时性质素置于共时性场域之下进行探讨，并将现行概念或物质当成以往、现在甚至将来（作为延伸性之可能的考察）历史场域的权力性构造物，并进行相关分析。

人所面临的时代语境的变化与人的思维范式的转变有着一种双向的作用力，一方面，各领域全球化的到来将各种异质性因素的影像呈现于一个平面之上，必然使得人类思维方式从之前的历时性路径向空间之共时性路径转变；另一方面，人的思维方式的改变，又必然使社会各领域的境况产生新的变化，因而进一步引发各领域原有的一些理论体系开始产生某种程度上的面对新境况的失语现象。文学领域、文艺学领域也不例外。

正如陶东风谈到的，文学理论遇到的最大的尴尬，便是不能很好地对当前的一些文学新境况做出有效的回应[①]。这一现象无疑是值得我们重视和警惕的。在此语境下，空间批评作为一种提供了新的视角与考察路径的文学批评样式，自然也就有着相当重要的意义。

由上，我们首先可以做一简要表述，即空间批评是 20 世纪后半叶西方知识及政治领域进程中呈现的显著的“空间转向”中明确提出的空间理论在文学批评领域的话语实践。本节旨在对其昭示的整体精神意蕴进行分析和概括。这不仅意在以“空间批评”为视点对我们所处的当下世界进行一种可能性的阐述，还为进一步了解“空间批评”的内涵提供更加坚实的基础。

一、哲学意蕴

（一）思维路径的改变：时间——空间

正如弗雷德里克·杰姆逊“后现代主义是关于空间的，现代主义是关于时间的”[②]这一表述所彰显的，大多数理论家皆把此种空间转向视为一种在当

① 陶东风：《文学理论基本问题》，北京大学出版社，2012 年，第 2 页。

② [美]弗雷德里克·杰姆逊：《后现代主义与文化理论》，唐小兵译，北京大学出版社，1997 年，第243 页。

代社会情境中思维路径的改变。在之前的理论场域及社会领域之中，空间未必不被关注，只不过人们对其的了解多数被统觉于时间性理解之下，如在马克思主义相关理论中，社会空间生产被视为一个重要的维度加以阐释探究，其不仅对资本主义发展中社会空间变迁的必然规律进行了考察，还对社会空间的复杂性进行了考察，这在其对城乡矛盾的分析中表现得十分清楚：“城乡之间的对立只有在私有制的范围内才能存在。这种对立鲜明地反映出个人屈从于分工、屈从于他被迫从事的某种活动，这种屈从把一部分人变为受局限的城市动物，把另一部分人变为受局限的乡村动物，并且每天都不断生产他们利益之间的对立。”①但是，马克思主义的空间分析被历史决定论所统摄，这种受制于时间性的空间分析一方面启发了一群后马克思主义理论家，如索亚、杰姆逊等对当代境况的思考，一方面又越加不适应现实情境的发展，于是，视角的转变势在必行。

具体而言，社会情境的变迁导致了人类生活环境的变化，要适应这一新的文化秩序，思维的转换就成了一种自然的要求了，而此种时间向空间的转换也可以说明，人类现代性进程的继续、全球化魅影的浮现等情境越加将人们置于空间的思考视域之中。在这种状况下，无论是以梅洛·庞蒂、海德格尔为思想基础的第二次世界大战后的现象学场所论，抑或20世纪80—90年代杰姆逊、戴维·哈维所持的空间论，再或者如后现代情境下福柯、列斐伏尔、鲍德里亚、麦克卢汉等的表述，无一不将此充满力量的异质性的空间思考维度明确表达出来。而这种思维路径的转变，在多学科领域如社会学、文学、政治学、经济学等中表现得极为显著。

（二）理论承接关系的说明：现代——后现代

空间批评作为一种后现代式的理论形态，并非与之前的理论呈背离或脱节的姿态。事实上，后现代主义诸流派表面上虽表现出一种对现代主义价值体系的极端背离，但是在某种程度上，后现代主义可视为一种对现代主义的反思，在哈贝马斯那里，则是一种“未竟的现代性”②。其实，在结构主义这

① [德]马克思、恩格斯：《马克思恩格斯全集》（第3卷），人民出版社，1960年，第57页。

② 1980年9月，在获得由法兰克福市颁发的阿多尔诺奖时，哈贝马斯发表了题为“现代性——一项未竟的方案”的受奖学术演讲，认为现代性是一项自启蒙运动以来未竟的规划。该演讲的第一次完整的英文译文见 Habermas and the Unfinished Project of Modernity: Critical Essays on The Philosophical Discourse of Modernity, edited by Maurizio Passerin d'Entrèves and Seyla Benhabib, Polity Press, 1996, pp. 38-55.

种典型的现代主义理论流派之中，便蕴含着一种自己孜孜以求的对结构的解构，典型表现出来的有索绪尔所言的能指的随意性，与符号意义决定于系统内和其他符号的差别而彰显出来的情境性，而这些都是后结构以来诸流派用以解构某种逻各斯中心主义、永恒超验的意义等现代特征的有力武器。另外，后现代作为一种思维方式，其明显地存在着现代主义理论资源。而且，正如著名后学理论家利奥塔所言，“一部作品只有当其首先成为后现代的，它才能成为现代的。按照这种理解，则后现代主义不是现代主义的消亡，而是现代主义的萌生，而且是不断持续发展的现代主义”①。现代主义作为一种对人的理性能力的肯定、对精神自由的向往的思维时段，由于产生于特定社会情境，其必然地表现出一些特点，诸如对科技或者知识的寻求与依靠、对主体性的高扬等。然而，在资本主义发展进程中，由于多种因素如经济、政治及其自身的演变，现代性的特点被极端化了，而其原初追求的自由精神等也逐步被消弭。这导致了一系列的理论与社会问题，而后现代作为一种起初以消解为特征的思维路径，正是现代主义对自己的批判与否定，从而真正成为福柯、德里达等所进行的超验真理结构的意义之所在。不可否认的是，后现代在某个时段表现出一种极端的拆解倾向，但是，这种理论姿态在特定场域是有其必要性的，而且，在后学的发展进程中，这种极端也被纠正了，现代主义与后现代主义的角力正可视为一种发展的可能性。空间批评作为一种后学意义上的强调生成性与情境性的考察方式，正是架构于结构主义、语言学、马克思主义等理论之上并对它们进行了整合与吸收。

（三）时代精神的提要：后现代生存境遇

后现代作为一种社会情境与思维方式的描述，表现了人们现世生存的整体环境的变化，而事实上，这样一种萌发于西方后工业时代对现代性的全面颠覆背离的思潮，在对人的现代性生存境况进行了反思与反叛的同时，又在另一个极端上把人带进了一种新的生存境遇乃至于困境。

弗洛姆曾在《逃避自由》一书中对现代人的生存困境进行了详细深刻的分析。他认为，在古典时期，人由于存在一种精神与肉体上严苛的被管教和束缚而不自由，但是，却由于有某些信仰（如中世纪的神学信仰等）而有着

① Jean-Francois Lyotard, *What is Postmodernism? in Postmodernism. An International Anthology*, Wook-Dong Kim, Hanshin, 1991, p. 278.

某种精神上的归宿感。然而，随着资本主义以及现代科技的发展、某种神秘信仰的祛魅以及经济原则的主导性胜利等，人们越加获得一种自由，只是，这种自由却是以信仰的消弭为代价的，曾经的对人的理性与精神自由的追求在现代科技的发展之下走向了自己的背面，工具理性与利益原则的极端发展使得人变成了城市中的孤岛，孤独感与分裂感成为一种人性病症。正如弗洛姆所言："这个日益加剧的个体化进程又意味着孤独感和不安全感日益增加，也意味着个人对自己在宇宙中的地位、对生命的怀疑增大，个人的无能为力感和微不足道感也日益加深。"[①]而后现代思潮在某种程度上便可以视为对此种状态的反叛，其将这种人性的僵化与分裂归咎于现代社会对理性、统一感、阶级感、秩序性的追求，因而以一种极端的姿态对所有表征秩序的体系进行解构，以达到一种日常生活的、鲜活的、流动的自由精神，然而，它这样一种极端的姿态使得其初衷走向了另一个极端，同样地对人的生存境况造成了另一层面的分裂。

就社会大环境来说，后现代主义作为一种以空间性、消弭、多元异质、阐释性为主要呈现特征的社会思潮，表现在具体的领域如文学，则呈示为一种对传统美学标准、经典文学作品与传统文学规范等的解构。与此同时，经济全球化的到来，一方面使得经济繁荣发展，另一方面也使得市场原则成为各领域共同的隐形原则。在文学文化场域，大众文化的发展以及文化娱乐化一方面使其呈现出极度繁荣的状况，另一方面却又使得许多问题得以显现，如深度模式的消解、文学距离的消失、文学边界的模糊等，而所有的这些都在给人们塑造一个不确定的平面化、娱乐化的环境，人们沉迷在物质追求与被催生的消费欲望和感觉享受之中，沦于一种画面的碎片叠加，这样，作为人的一种基本素养的反思判断能力也就日益被消解，这种境况无疑是需要我们高度重视的。

然而，空间批评作为一种强调"情境性""多元性""异质性"等空间性思维方式，能在相当的程度上对后现代生存境遇进行某种概括。通过空间批评，我们可以达到一种对现实境况的反思与深刻解剖，并能达到一种新的思维方式与批判能力的养成，乃至对自我生存境况的警醒。

---

① [德]弗洛姆：《逃避自由》，刘林海译，国际文化出版公司，2002 年，第 24 页。

（四）美学意蕴

正如许多学者所察觉到的，空间理论已经在社会各领域形成了一种思维方式的变革，当然，美学也不例外。

空间理论包括空间批评作为一种对多元、异质的彰显与对主体间交互关系的考察，首先表征着一个考虑到多方利益、平等对话的世界——类似于哈贝马斯所论及的公共领域与交往理性；其次，这种对话性世界的显现也表现出对各群体、各人的生存场域与人的存在境况的关注，有一种生存论的空间美学的意蕴。

正如保罗·蒂里希认为的："存在，就意味着拥有空间。每一个存在物都努力要为自己提供并保持空间。所以，在生命的一切领域之中，为空间奋争都是一种存在论的必要。"[①]人是一种空间性的存在，特别是在当代社会境况中，权力运作、文化生产等都无一不在彰显人生活的空间性规律，社会空间在规制生成人的生存维度的同时，也在隐性地为人的生存状况所构造。而空间作为一种多维生成性的社会织物，其核心质素必然也是处于交互关系中的人。这样的生存性空间，充满着因个体的不同而形成的精神追求、思维方式、理论视野等的差异，而正是这种生机勃勃的生存差异成为美学以至文学领域的不绝动源。总之，对空间进行生存论美学的关注，是当代社会中对人进行人文观照的重要维度。海德格尔曾在强调人的本真"存在"以及批判现代科技对人性的割裂时提出"诗意的栖居"这一命题。所谓诗意，亦即对物质追求功利眼光的摒弃，而转向一种与存在的整体、与自然合一的状态。而空间批评作为一种对现实境况权力关系、真实状态进行探究的文学路径，必然在某种程度上以实现此诗意的栖居为内蕴，以此种美学意蕴为旨归，即将空间批评奠基于一种生存实践论美学，"审视生存体验、空间体验与审美体验的内在关联及其对审美主体的影响；探寻文学如何运用象征、想象、意指、隐喻等手段，建构型塑空间的文化表征意义，以此实现艺术空间生产与生存体验、审美体验、空间体验的系统化研究，拓展了美学研究的深度和广度，为当代美学建构提供了崭新的理论视域和资源"[②]。

另外，作为一种对人的生存状态以至于社会境况的描绘的后现代理论形式，空间理论包括空间批评不但蕴含着一种生存论的空间美学，而且对后现

① [美]P. 蒂里希：《蒂里希选集》，何光沪编，生活·读书·新知三联书店，1999 年，第 1119 页。

② 谢纳：《空间美学：生存论视阈下空间的审美意蕴》，《社会科学辑刊》，2009 年第 4 期，第 16 页。

代其他一些美学精神进行了昭示和应答。例如，空间批评作为一种考察文学空间中多维、异质的社会权力关系的理论形态，对“日常生活审美化”问题进行了某种程度的呈现。

二、社会学意蕴

社会学的空间转向是一个已经引起了多方关注的话题，所谓社会空间学，即特殊社会境遇中思维路径的改变导致的社会学研究范式的转向。

在这样一个社会学空间维度得以持续关注的发展进程中，列斐伏尔起着关键的作用。他对城市问题进行了研究，视城市化为全球化的典型标志，并依据自己的理解对马克思社会学理论进行了阐述，如其提出的三度空间模式（“空间实践”“空间呈现”“呈现的空间”三者的辩证统一），亦即在描述一种当代社会境况。这种认识对传统社会学理论进行了修正，它不仅从宏观场域对大层面的城市问题（城市之内各权力质素的交互）进行考察，还从微观场域对城市内部人的日常生活进行探究，提出了众多空间概念，如绝对空间、矛盾空间、社会空间等，这样一种思维方式的改变与考察路径的变化在对社会境况进行回应的同时，实际上也造成了一种空间社会学。此外，齐美尔、卡斯特尔等也在这一问题上做出了自己的理论贡献。

至此，传统社会学的研究路向有了一个明显的变化。这首先表现在“社会”的定义的改变。之前，“社会”主要被理解为一种历时性的事件秩序。在这样一种观念下，空间的异质对话的特性被丢弃了，而被视为一种时间的附属物、一种均质的容器、一种用以计量与表述方便的客观存在。于是，同样的，时间性的社会也是一种似乎按照永恒规律均质运行向前的流动物，成为某种规律性的、超验意义上的历史结构物。而这样一种线性时间观与社会观已经明显失去了对当今社会情境的有效阐释权，人们一般把晚期资本主义的发展逻辑视为一种空间逻辑，亦即通过一种共时性质素的交互的阐释与开发（如所谓“时空压缩”），达到某种权力运作或者利益追求。这一进程大概从20世纪70年代左右随着城市问题开始受到人们的重视，由是，“社会”的含义随之发生变化，被视为一种空间性视角之下的各权力质素之间的交互关系。当然，在这里，并非说社会到如今便已经成为一个抽离了时间性质素的纯空间性表述，人作为社会的组成基点归根到底是一种时空存在，而空间社会学的凸显，不过是对以往遭到忽视的空间性秩序进行主动、自觉的探究罢了，同时，这也是时代发展的一种召唤。而时间性依旧作为一种参照系而存在，只不过不再具有以往的一元决定性地位，更多地以一种社会参与者的实践行为方式与空间发生联系。这便涉及社会学一种考察路径的变化，即从之前的、纯粹的历时性考察变成了一种时间、空间与社会实践三者辩证统一的考察样式。这样，社会学的考察目的也发生了改变，空间理论包括空间批评作为一种蕴含了丰富社会学意蕴的话语场域，其逻辑路径使我们认识到了一个多维指涉意义上的社会空间：一种经济、社会、权力、政治等多重因素的复合。这样一种概念与考察范式使得我们的社会学从一种历时性的、高高在上的、大写的知识系统变成了一种旨在揭示人类实践活动的理论话语，这无疑是具有十分突出的意义的。

三、文学意蕴

总体而言，空间批评作为一种空间理论在文学批评领域的话语实践，具有深广的文学层面的含义，在此，笔者将从两个方面进行初步而简要的分析和探讨。

（一）新的文学批评范式的开启

从 20 世纪西学文论场域来看，主要存在以下几种文学批评范式。其一，以俄国形式主义、英美新批评为代表的形式主义批评范式，其在根本上认为文学作为一种形式、语言、技巧的自足体而存在。它的一个主要概念便是“陌生化”，其意在使用某种形式手段使得语言或者句式产生一种令人难以一时理解的效果，以期唤起人们对日常之物的感知。这是它用以获得其孜孜以求的“文学性”的基本手段；其二，以接受美学、阐释学等为代表的阐释——接受主义的批评范式，其意在说明文本的意义形成于读者的经验，这打破了新批评独立封闭的批评范式而参之以读者的阐释经验等。如伊瑟尔的“召唤结构”说或者姚斯的“期待视野”说等，都在说明文本作为一种语言织物，并非是一个确定的、先验的、自足的存在，其本身存在诸多空隙或者可能性，等待着读者进行阐述与填充；其三，以结构主义为代表的视文学为一种结构秩序的理论流派，其批评范式在于期望通过对文本的细读，去芜存精，以寻求一个存在于文本之外的具有超验意义、普遍解释能力的结构秩序；其四，以德里达、利奥塔等为代表的后现代批评范式，在这里，语言变成一种完全的游戏性符号，而文本变成一个完全的意义不确定的、随意的等待填充与解构的符号秩序。在德里达等看来，阅读或者批评的途径与意义便在于对文本的意义进行拆解，向人们表明所谓意义的无限解构；其五，即一定程度上对极端后现代形式进行的某种修正，这以新历史主义为代表，其主要考察文化与文本、文本与历史、文化与社会等权力要素的互动性表述。这不仅为彻底无序的后现代批评样式提供了一种相对合理的秩序与意义，而且在某种程度上以一种现代社会境况的合理性对前者进行了一种“合理化”教导；等等。通过前文的相关论述，我们可以明确地认识到，空间批评的核心理念和价值倾向与这样的一些批评范式之间存在着显著的差异。这正如范式概念的提出者美国著名科学哲学家托马斯·库恩的范式理论所表明的，新旧范式之间不可通约，它们之间没有公约数，只有质的区别。在科学领域，范式的突破导致科学的革命，从而能够使科学获得一个全新的面貌；在文学领域亦如此。总而言之，空间批评以其对社会、文学的空间性了解，以一种空间性质素之间的权力流动关系为考察路径，提供了一种当代境况之下的与他者迥然有别的新的文学批评范式。

（二）对文学本身看法的改变

与上文论及的批评范式相对应，就西方总体情势而言，各时段流派对文学的看法大概经历了几个阶段。其一，若参之以艾布拉姆斯提出的文学四要素理论进行说明，我们可以看到：自古希腊之始的模仿说至现实主义之再现说这一阶段，对文学的理解多持一种“世界”意义上的理解，亦即认为文学是一种对客观世界的再现，自然主义——强调对自然的记录式写照——可视为此种文学观的极端表述；其二，从浪漫主义的表现说至唯美主义之前这一时段，其多对文学做一种“作者”意义之上的理解，亦即认为文学主要作为一种作者心态、情感、精神的表述与强烈抒发，以华兹华斯为代表的湖畔派诗人的相关见解等都说明了这一点；其三，从唯美主义至俄国形式主义、英美新批评这一时段，其主要对文学持一种“作品”意义上的观点，亦即主要将文学性视为一种聚集于作品内部的形式技巧、语言等，而认为所谓文学完全限于文本之内，与外部世界无涉，更以意图谬见与感受谬见隔绝了作品与作者、读者之间的联系；其四，以阐释——接受理论为代表的以“读者”为基点理解文学的这一时段，认为文本是一种等待填充的未完成品，读者的阅读与阐释是文学意义得以形成的关键因素；其五，即自结构主义开始显现，而经后结构主义、新历史主义、后殖民主义、女权主义等后现代主义流派而盛行的回复到“世界”意义上的文学观点。此种观点因索绪尔能指与所指之任意性而始，经后现代诸流派对情境性、社会生成性、权力规制等的强调而发展至一种大势所趋，主要考察文学与“世界”的关系，认为，文学作为“世界”的产物，也同时构成了“世界”的秩序，这无疑是在强调两者之间的互动关系。然而，需要说明的是，正如黑格尔关于精神的自我回复之说所表明的，这样一个螺旋性上升的自我回复过程，回复到达的原点或者“自我”已经是一个丰富发展了的、更加完满意义之上的“自我”，因而，此处第五阶段所回复的“世界”层面，已经与最开始那个客观物理之意的世界不同，而更多地表现为一种“文化”的世界，即一种社会情境之下的以人们的社会实践交互关系为基础而形成的一种空间性秩序，这实为一种社会文化世界。而空间批评正是基于这样的一种文学观的理论表述。

四、结语

空间批评是世界语境下当代文学发展进程中出现的一种新的批评样式与模态，它为当代文学批评的发展与变革带来了某种可能。中国批评学界需要对之予以足够的关注和重视。空间批评的整体精神意蕴是丰富而复杂的，笔者在此尝试性地探讨了它所包含的三个根本维度。由此，我们还可以进一步明了的是，理解了空间批评的整体精神意蕴，也就在根本意义上把握住了空间批评乃至空间理论的思想内质。

下篇

当代艺术与文化评价

第六章　影视艺术作品时评

当今时代，影视艺术作品越来越受到观众的喜爱。应该说，对影视艺术作品的关注是人的一种内在的精神需求。作为一种远胜于纸质文学文本的时代性的精神消费品——仅从大众接受角度而言，我们对于它的适时的价值评价是必要的；其实，这也是我们的一种文化态度的基本体现。

第一节　现代性症候下的单面人与苍白艺术

在这个大众不再习惯于主要从书本获取非经验知识的所谓图像时代里，影视文化对人们日常生活产生深刻的影响和强大冲击力是不言而喻的。影片《手机》公映后，笔者注意到这样一些现象的出现：①有朋友说，他得知一对夫妻在看过《手机》后没几天因为影片而离婚了；②有恋人在看影片的过程中，女方受剧情激发抢过男方的手机查看通话记录和短信记录，这自然影响了双方观看电影的心情，最终只能不欢而散；③中国社会科学院（以下简称社科院）研究生院一些学生私下议论该怎样起诉制片者，因为影片中确指《有一说一》节目策划人费墨的情人是社科院的一个美学研究生，他们认为这损害了社科院和社科院研究生院女研究生的声誉；④有人肯定地说，严守一不就是中央电视台新闻综合频道《实话实说》节目前主持人崔永元吗？⑤不少女孩看完电影之后感到郁闷，她们问：男人都像严守一、费墨、出版社社长一样吗？她们对男人失去了信心；⑥也不乏有批评眼光的人说，看过《手机》感到很压抑，因为在影片中看不到人的亮色……

后两种现象关系到对当下社会情势中人们的人生状态问题的认识。要形成关于这个问题的针对性讨论，那我们就必须大体把握影片《手机》总体上采用了什么样的对于人的生态的叙述策略，换句话说，我们需要找到一个切实的解读视角从而能够较深入地审视影片所体现出来的人性状况。

历史是人的活动的舞台，或者说，历史体现为人的活动的具体展开。影片表现人的生活，也就是在构筑历史。但作为具体文本，它们怎样叙述人的活动却是存在历史性的差异的。了解这种差异，无疑有助于我们阅读历史以及特定历史条件下的艺术文本。倾力展现人的日常生活世界景观显然是影片《手机》最根本的叙事特征。片头矿工劳作的宏大场面和镇上广播里反复申说的“我们无限忠于毛主席革命路线、无限忠于毛泽东思想、勇敢捍卫、热情关怀毛泽东思想”的政治意识形态宣传都只是作为十三岁的严守一和表嫂吕桂花找寻牛三斤这一日常活动的背景而存在。刘震云当年创作新写实小说的基本叙事模式在这里得以重现。众所周知，为了完成对宏伟叙事的历史的构造，在 20 世纪的中国，日常生活一度成为现实社会坚定不移的改造对象。这样，在一定的历史阶段里，人们的日常生活就被整合进或说神圣化、理想化、诗化进了波澜壮阔的社会政治运动和艺术世界之中。在如此的一般社会文化状况下，人们创造着自己的历史，然而却又是一个没有或基本没有了日常生活世界的残损的历史，人们的日常生活世界被非日常生活世界的巨大“光晕”掩盖。由是，我们可以说，在一定的意义上20世纪80年代中后期以前中国社会的总体发展是以把人们的日常生活世界视为一个隐在的背景世界加以轻视为代价的。然而，在此之后，随着中国社会现代化进程的加快，随着政治经济领域的一系列深刻变革，随着因这种变革而带来的人们的价值观念与思维方式的巨大变化，人们的日常生活世界凸显了出来，而且在外部生活的急剧变化中，人们的心理机制也随之或快或慢地发生了根本的改变，就这样，个体的生命体验与经验等都渐渐地被确认为有意义的事件或进入有意义的领域。在这样的总体认知背景下，我们可以说，影片《手机》关注人们的日常生活世界的叙述选择本身就是伴随着中国社会现代化进程的一种现代性事件。事实上，介入现代性视角，我们能够把影片解读成它是在向人们呈示当今时代的现代性症候问题。影片在片头以极短的时间完成了对当代中国现代化这一特殊的社会变迁形式的叙述，它既通过具体的时间“三十年过去了”来说明，也借助于社会变革中的工具变革这一最为基础的层面来进行物象展现：严守一的代步工具从 1969 年的由他父亲卖了一头猪而换来的羊角把自行车变成了高档轿车；镇上的摇把电话作为特定年代的印记已成为过去，“严守一们”随身携带的都是高科技手机。在人们生活的现代都市世界里，现代性症候日益突出：一方面，以科技进步为显赫表现的现代社会的来临极大地便利了人们的生活，人们尽情地享受着科技文明所带来的成就和丰裕的物质；另一方面，在现代社会进程的冲击下，不少人的价值理念、道德观却日益疏离了基本的社会规范，非正常的社会现象的出现引发了维系人与人之间的伦理道德观念的合法性的危机，一句话，人的问题更加突出了。在影片刻画的几个主人公形象中，严守一是唯一的有“根”的存在，他有着充溢美好的道德质素——年少的他骑自行车带表嫂拐过迂回的山路去镇上，想的是给吕桂花的丈夫打一个“重要”的电话（为此他们不惜排队等了一个中午），即问他最近是否回家。家是联系男人和女人的纽带，事实上我们可以把这个重要电话的含义理解为女人对于男人的终极追问，影片以歌曲的形式强化了这一追问；从严守一“第一次在世界上传得这么远”的沙哑而又兴奋的“俺带俺嫂子打电话回来啦”的呐喊声中我们感受到的是制片者对少年严守一人伦道德观念的刻意营构——少年记忆，然而，几十年后，这种道德感已完全丧失，其精神世界在现代社会洪流的冲刷下产生了质的变化。

以此为支撑点，影片集中呈现了现代社会进程中都市人生态的单面状况，在此我们可以从三个方面予以简要的述说。第一，影片中的人物除了纠缠于日常事务之外，没有了高尚理想、精神理念和内在涵养的锤炼与铸造的需求。严守一是不必说了，费墨在被严守一发现有婚外情之前扮演着道德家的角色，他隐藏得很深，在严守一戏谑他是“顶着麻烦上了”时，他立即说道“严守一，做人要厚道”。他写“对我们认识自己是有指导作用的书”，但它只会帮助人们更加了解人类的骗术发达史。他不看好自己的书会有很大的市场空间，因为他的书写的不是风花雪月、凶杀或破案之类的事情，即使是盗版的人也是无利可图的。这并不能说明他写的书有多么高雅，我们毋宁说这是制片者有意地以此间接揭示当下社会一般的知识状况和人们的趣味取向。面对妻子的激愤宣泄，他对严守一说的“误会呀”“确实有点儿审美疲劳”“还是农业社会好啊”“（手机）近得人都喘不过气来喽”的一番话丝毫没有对自己的行为和观念进行批判反思的意味，倒是可以理解成在为自己进行辩护。而且，尤为值得我们注意的是影片对市立戏剧学院十二名女学生深夜两点之后由一轿车送回学校的场面的图像展示。她们没有外出的疲劳，爬墙时还残留着的此前积攒下来的热情和兴奋远远抵御住了雪夜寒冷对肉身的肆虐侵袭。沈雪和房间里唯一留守的学生的对话耐人寻味：——“人呢？”“我不知道，我什么都不知道。”——“你怎么在啊？”“我生病了。”这里的潜台词是，如果这个学生没生病，那她必然也出去了。在影片中，学生理应作为学习者的面貌荡然无存，少年的精神世界是如此的空白。第二，“交换”成为人与人之间关系确立的基本原则。在费墨新书发布会之后，严守一按照与武月的约定进了宾馆518房。武月播放了她与严守一合欢的现场录音，并要求严守一帮她进《有一说一》节目组当主持人。严守一说：“你这是讹诈呀！”武月正色道：“是交换。三年了，你不能让我什么都得不着吧？”严守一与费墨之间存在长期的、默契而牢固的交换关系，他们各自为对方撒谎，蒙骗李燕或沈雪。出版社社长安排于文娟工作是以占武月的便宜为交换条件的。李燕原来不接受沈雪，但为了互相交换信息监督各自的男人的需要她们走到了一起。第三，面对处境的艰难，严守一开始寻找活法，他试图理清生活中简单与复杂的关系问题。在老家他奶奶的丧葬过程中，严守一将手机扔进了火里，给他带来生活变故的手机与已然逝去的奶奶一起在这个现实世界消失了。在此，由奶奶这一形象积聚起来的代表着传统农村素朴稳定特质的道德含义得以合理地展示，连同片尾再次响起的女人追问男人的歌声，我们看得出制片人的希冀。影片说，严守一回北京后再也不用手机了，面对牛彩云拿出的带移动梦网的先进手机，他感到极度的恐怖。通过技术处理，影片着意突出了从严守一瞳孔里放大了的夜色中的河南老家，严守一似乎还沉浸在对乡村生活和农业文明的怀恋与追忆之中。这一结局处理不能不让我们产生如下认识：面对现代社会的工具理性的挤压，人（指被现代科技文明浸染的都市人）的主体性消解了，他没有了为了捍卫现代主体生存和发展权力而抵抗外在压迫的积极的因应抉择，人在现代社会工具理性的挑战下，其铸造自身强大精神力量的心理机制趋于瓦解，从而在根本上整体性地成为丧失了合理地批判社会现实的能力的单面人。这，也是我们在影片中看不到人的亮色的根本原因所在。

我们在上文列举的影片公映之后出现的诸多现象中的前四种现象直接涉及生活真实与艺术真实之间的关系问题，结合上面的讨论往深处推究，它还必然引发我们对艺术理念的确立问题的思考。很多观众把影片中高度浓缩而且刻意展现和集中化的人的活动图景等同于身边的生活事实了。我们没有理由责怪大众混淆了生活与艺术——如果这个年代的影视在总体上还能称为艺术的话，也同样没有理由去责怪一些人不曾对影片的艺术蕴含进行合理的挖掘。当下社会如同严守一、费墨般“滥情”现象大量存在的事实和影片本身的诸如“中国移动通信三元桥营业厅”“希尔顿酒店”“友谊宾馆”“大西洋新城210楼3门21B”“社科院美学研究生”等对一些北京人来说不可能不熟悉的字眼的运用“撩拨”进而催发了人们对影片“真实”的感受。其实，人们是大可不必把影片中的人的活动图景直接看成身边的生活事实的。我们只要看出影片混乱的时间设置这一“硬伤”就可以说明这个问题了。在此仅举两个例子：①严守一收到直接导致其与于文娟离婚的武月发来的短信的时间是“04/16/2003　1：04”，以此来推断，我们就不知道这之后他怀着“阴暗心理”（沈雪语）与沈雪一块儿“逮学生”（严守一语）的那个深夜的雪是哪个季节下的了，因为这之后他收到武月在青岛给他发的“你骗我可以，我不能骗你……”的短信的时间是“06/11/2003　18：27”，更不用深究片尾他自说的同“雪儿”已经在一起生活了两年的时间该从什么时候算起了；②在费墨新书发布会现场，严守一收到武月的以“我想看你的肢体表演，咬死你”为内容的短信的时间是“06/11/2003　18：44”，我们不去追问这同上面提及的他收到武月在青岛发给他的短信的时间构成冲突的问题，而感到更为荒唐的是，武月收到严守一回复她的“挑逗”的短信的时间竟然是“04/29/2003　19：36”。也许有人会说，这一时间上的混乱是制片者有意所为，它作为一种叙述策略被运用，意在暗示影片构筑的人的活动图景的非真实性。我没有找到足够的理由让自己赞同这种看法，而是径直把它视为影片制作的粗糙。其实，这部影片的真实性恰恰是有待质疑的。《手机》最大的不真实体现在由它所采取的对于人的生态的单向度叙述视角而决定的对人是一种复杂性的社会存在这一事实的漠视，人们在现代社会的单面突围的精神努力没有进入其视域之中。如果硬要加上“真实”之类的评语的话，那也只能说它对人们日常生态的片面真实进行了夸张式的图像展现。《手机》选择在新年档期上映有对于票房收入进行考虑的因素，但笔者更为关注的问题是，正是由于这一选择和电影本身的卖点而引发的大众观看热潮助长了以上我们列举的现象的发生，这就迫使我们不得不进行生活真实与艺术真实之间的关系以及艺术理念问题的学理叩问。艺术对复杂的生活真实究竟怎样展开才具有更大的合理性？对艺术功能的把握应该确立在一种什么样的艺术理念之下？艺术具有“无用之用”的功能特征，人们希望艺术激发他们的健康心灵并能给他们的生活带来亮色，但收获的却是由严守一的恐惧而带来的对人性的感叹和困惑。我们明白，在这个价值取向日益多元化的时代，艺术理念之间存在差异是一件很正常的事情。但是，我们需要重视的问题是：影片《手机》舍弃了对人的强大精神力量和人格尊严的叙述，没有了对于生活片面真实的超越性的艺术诉求，从而消解了艺术的规约与导引立场，也导致了其艺术表现力和艺术想象力的根本性匮乏，这是否表明其在艺术建构上的缺乏血性的本质性苍白？抑或说，它的“出场”本身就是现代性症候的又一诊断依据？

《手机》没有了以往贺岁影片的轻松，留下的是关于现实、人生和艺术思索的沉重！

第二节 青春、女性与情感成长的失重
——《玉观音》：从小说到电影

影片《玉观音》的首映已经过去较长的一段时日了；但是，它所体现出来的关于青春、女性与情感成长的主题还是让笔者产生了一种写下一些文字的兴致。其实，在《玉观音》公映之前，“2004 年第一部情感巨片”这样的海报招贴画广告用词就已经很吸引笔者的注意了。说真的，笔者那时就有了一种期待：看看该片导演是怎样用影像来展示海岩同名小说中的情感世界的。

通过比较，我们不难发现，小说与影片对情感主题的铺陈和揭示存在很大的差异。在这个价值取向日趋多元化的时代，差异是一种醒目的存在。差异的出现和被肯定是历史的进步，它作为一种历史性的表征存在于人类世界中。进入现代社会以后，差异更是得到了显著的强调；我们现在的差异观在很大程度上是现代社会产生结构性根本变革的必然结果。影片《玉观音》与小说文本间的差异显然是由制片者对原著的改编而引发的，它作为一种电影叙事策略在影片中被加以运用。

择其要端，二者之间的差异呈示大致体现在以下几个方面。第一，整体结构的改造。小说《玉观音》选取杨瑞为第一人称叙述视角，但同时突出安心这一主要人物的塑造，可以说，为了完成对青春成长的浪漫而又不乏悲剧意味的爱情故事的营构，海岩采用了杨—安复线叙述结构；在影片中，杨线则相对淡化而更突出安线，尽管它还是力图以杨瑞来串接所有的情节设置，但正是这一改造，影片就变成了一个关于女性及其情感成长的故事，甚至它的主题还有可能因其商业化卖点的炒作而被人们读解成一个女人和三个男人的情感纠葛。第二，关于“玉观音”。小说写到，一向不信佛的妈妈在安心遭遇变故之后出于保佑女儿的想法求来了玉石观音并送给了女儿；在离开南

德去北邱之前，安心专程到广屏市人民医院看望并拥抱了从太平间冷藏室里拉出来样子已经有点变形的爱人张铁军，她忏悔、孤独，请求李师傅把玉石观音放在张铁军的衣服里，她想让那块玉石观音代表她永远留在张铁军的身边，保佑他的灵魂安然升天，但后来李师傅把玉石观音还给了安心，因为张母记恨安心，不允许这样做；安心、杨瑞商量结婚，安心想把玉石观音作为信物送给杨瑞，出于玉石代表着母亲对安心的心愿和平安期待，杨瑞没收下；小说最后，杨瑞从潘队长手中接过安心留给他的玉石观音，看到大慈大悲的玉石观音，杨瑞的身心有了一种觉醒般的感动，在杨瑞看来，玉石观音象征着安心，她代表了他心目中最理想的母性，代表了母性宏大的慈祥和悲悯。回北京后，他每晚都把玉石观音端端正正地摆在身边空着的枕头上，象征着安心与他同床而眠。影片对玉石观音的设置相比于小说有了很大的变化。玉石观音是张铁军送给安心的，他寄希望于观音菩萨能保佑安心，同时，影片没忘了“幽默”，张铁军说观音的脸同安心有点相像；在影片后段，安心、杨瑞准备返回北京，回去的前夜他们在旅馆帮孩子洗澡，杨瑞看到安心佩戴在脖子上的张铁军送给她的玉石观音，于是，二人之间有了一段对话：——“铁军说得没错，观音确实跟你长得有点儿像”——“观音是人在苦难中想象出来的，也不一定真的存在”——“既然苦难是真实的，我们只能希望观音不是虚构的”。片尾，潘队长把玉石观音交给了在医院疗伤的杨瑞，杨瑞出于对安心的爱恋不相信她已经死了，潘队长说：“有一天，你活到我这个年纪就明白了，有些人来到这个世上是白来一趟，过眼云烟，可有些人你永远忘不了，忘不了就是活着，对爱情我是不懂，可是我懂得希望。”杨瑞受到激励，伤好后，他走进寺院，电影画面瞬间定格在和安心长得有点相像的观音的脸。在和朝圣者不期而遇的路上，杨瑞怀着希望走向未来。在此，制片者似乎想通过这样的刻意设置而祈望影片的思索富于宗教和文化意味并能达到哲理的深度，如是，那它借助于影像媒介而带给观众的冲击力相对于小说来说就大得多了。然而，笔者看这部影片时却没有这样的感受，相反，甚至觉得它过于牵强，主要原因在于笔者无法使自己在安心形象与玉石观音之间产生丰富而切实的联想。笔者认为，这与影片显露出来的对安心形象的塑造过于薄弱的局限密切相关。这，就关涉我们要谈到的小说文本与影片之间的第三个方面的重大差异了。第三，影片对作为安心及其情感成长铺垫的现实和人生磨砺历程的叙述较之于小说文本严重缺乏。笔者这样持论，并没有赞美小说的意思，只是揭示出影片与小说文本存在差异这一事实。影片和小说都叙述到三年的警校生活对安心成长的磨炼，它培养了一种氛围，那就是渴望战斗，那个氛围就像是一个巨大的“场”，人在其中，就必然被它吸引，被它左右，在它的轨道里旋转，它的引力能让你不由自主地改变自己。除此之外，色彩各异的日常现实境遇又何尝不是一个又一个的生活“场”？它们共同完成着人物性格质素的塑造。相对于小说，影片尽管通过自白以画外音的方式强化了安心“我是警察，我是妻子，我是妈妈”的身份感，但它抹去了张铁军母亲的强硬而又不合情理的态度（她出于自己立场的考虑，不让一个妻子参加丈夫的追悼会）对于安心成长的激发，没有了安心为帮助杨瑞打官司而四处奔波的身影的图像展示，没有了安心和杨瑞曾经聊起过的关于崇高的话题……显然，它们对影片总体立意中的安心形象的塑造是必不可少的。如果说在上述第一个方面的差异中影片由于其容量限制和立意转换的双重关系而淡化杨瑞这条线的叙述策略还是可以理解也是可行的话，那在这里的薄弱性处理却使得安心这一青年女性形象及其情感的成长缺失了必要的丰厚的现实依据。第四，关于安心与毛杰两人间若干问题的处理而带来的小说与影片之间叙述的差异。小说叙写安心离开杨瑞重新回到南德，牺牲在一次战斗中，她找到了自己理想的归宿，小说也因此适当地提升了安心这一形象的崇高意味；影片则让安心死于毛杰的枪下，这确实增强了悲剧冲突，也有了看点，但是影片对安心之死的全景图像展示（这包含她临死之前的相关言行）却无疑冲淡了安心这一形象的塑造，其面貌被商业色彩所浸染。小说第 27 章写到安心在热闹而又惊心动魄的泼水节上看见杀人犯毛杰，影片却让安心与“魅力青年”毛杰在泼水节那天第一次相遇，这种浪漫化的改写也是隐藏着商业动机的。赵薇、谢霆锋这两位在青年人群中人气指数颇高的明星担纲主演更是助长了影片《玉观音》浓厚的商业气息。

导演许鞍华女士并不讳言其影片的商业性追求。在 2003 年 12 月 30 日于广州举行的影片新闻发布会上，对于自己采用畅销小说做剧本、年轻偶像做主演的策略，她承认，《玉观音》是她最具商业味道的电影。她的想法是：如果有两个选择，一个是观众喜欢看的，一个是故事抽象复杂、观众不喜欢看的，在她都同样喜欢的前提下，她会选择前者，因为一个导演要有观众的心态，电影不能吸引观众就没有意义。她强调，她不是对商业妥协而是兼顾。面对社会一般文化状况和公众审美趣味，许导演的选择不是没有道理的，因为我们毕竟不能要求她坚持精英艺术理念。但是，这一商业性选择与在影片中对安心形象的深度揭示会构成直接的冲突吗？笔者的回答是否定的，在影片中这两者完全可以统一起来加以处理。在一定程度上，女性的成长与其情感的成长是如影随形的，而情感的成长自然脱离不了其面临的现实生活境遇。当影片致力于描绘中国女性的渴望及挣扎求变的心理时，其基本着眼点自然在于主人公现实境遇的展开，并借此完成对其形象的深度揭示。但正如前面说到的，由于影片对安心及其情感成长的必要而丰富的现实依据的叙述的缺失，在《玉观音》中，观众是很难看到安心形象与玉石观音的契合性的。

《玉观音》从小说到电影的差异变奏，让青春、女性与情感的成长相对地失重了。需要指出的是，笔者的这一看法并不包含对《玉观音》小说文本的具体评价，而只是想说明，较之于小说，影片的主人公形象与主题刻画显得轻淡了。影片挖去了小说文本中安心形象的部分内核，让其无力支撑起片名和影片立意所内在要求于它的对于安心及其情感成长的深度叙事的完满诉求。青春、女性与情感成长的失重，在很大程度上，也许就是影片制作被商业包装的代价。当你双眼接触到已经被抽离了其宗教文化意味而成了孤零零的、煽情的电影广告宣传用词的“拔除众生痛苦，是为‘悲’，给众生以欢乐，是为‘慈’，冰清玉洁，慈悲为怀，撒播幸福，爱在心间，是为‘玉观音’”这段话时，你不能不理智地把它看成一个商业陷阱。如果以此来看待中国影片的前景，期望既有浓厚艺术韵味和深度蕴含揭示而又不排斥商业色彩的成熟的情感电影的大规模制作的出现，似乎还有很长的路途要走。但愿在现实生活中，青春、女性与情感的成长比影片《玉观音》来得更为清晰和坚实有力。

第三节　浪漫、感伤与娱乐
——当代影视中的青春图景三题

青春影视是当代青春审美文化的基本形态之一，它以影像的方式展现当代青年人的生活状态、价值理想和精神追求。青春是美丽的、青春是浪漫的、青春是狂喜的……青春也是苦涩的、迷茫的、坎坷的，甚至是剧痛的……青春在每个人的记忆中是那么的令人难忘而又记忆犹新。青春，是人生的青年时代，指人十五六岁到30岁左右的阶段，是人生中的一段美好时光。

在这个时期，青年的人格尚未定型，爱情观、人生价值观还在形成阶段，经济没有完全独立，还没有融入主流的成人社会之中，处于社会的边缘地位。荣格认为青年阶段是人生的“二元阶段”，青年人对于入侵自己的陌生东西有一种反抗，构成“反抗/接受”的二元格局，使青年阶段充满着矛盾[①]。因此，青年总是具有冲动、冒险、激进、反叛传统与现实、理想主义甚至具有一种潜在的颠覆性和危险性的文化特征。当代青春影视用影像记录着这些特征，浪漫、感伤与娱乐，构成了三种基本的青春图景。

一、浪漫的青春

在青春的小河里，爱情就像一朵浪花，美妙而又令人憧憬。温馨、浪漫的爱情是每个青年的梦想和渴求。青春时期，青年之间对异性的心理需求表现得非常突出。他们从心理上产生了对异性的朦胧情感，渴望与异性有更多的接触和交流，并希望与异性结为朋友。青年，初涉社会，他们单纯而又充满着幻想，他们的情感显得纯洁、浪漫而又值得记忆。由著名导演唐辉执导，在 2004 年上映的《夏日里的春天》可谓是当代一部充满纯真青春气息的爱情喜剧，似夏日里的一股春风吹进了我们的视野。它讲述的是在青春爱情的驿站上，发生的一段真实的情感故事。三个美术学院四年级学生，高原、司徒南、彦真，品学兼优，受同学喜爱。春天，在加拿大念 MBA，毕业之后回国修美术课程；在校内与高原、司徒南等三人遇上，成为欢喜冤家。渐渐地，春天喜欢上高原，高原却倾情于与自己青梅竹马、在报社任职记者的妙歌。由于二人在成长过程中情同兄妹，当高原向妙歌表示爱意的时候，妙歌却无法燃起内心的爱火，相反在不羁的司徒南的热烈追求下她的心扉却打开了。春天和高原这对欢喜冤家，因为一架水晶飞机开始对号入座，互相认同对方，展开云雾般的爱情；自卑的彦真暗恋着春天，并且经常为春天付出，希望能打动春天的芳心。大学毕业后，高原创办自己的工作室；彦真进入一家著名的广告公司工作；司徒南继承了一家面临倒闭的百货商场，在女强人沈明的协助下生意渐有起色。因为工作繁忙，司徒南冷落了妙歌，妙歌误会司徒南移情别恋，与沈明谈恋爱。失落的妙歌只有向高原倾诉，春天眼见高原对妙歌的关心胜过自己，于是疏远高原，令后者苦恼万分。某日，春天发

① 姚文放：《从摇滚乐的文化特质看青年文化》，《社会科学》，1999 年第 2 期，第 51 页。

觉司徒南患了绝症，并且人间蒸发，于是和高原、妙歌四处找寻司徒南的下落，终于在一个美丽的小渔村找到司徒南，两对恋人重新对号入座，在晚霞中相拥……

高原与春天、司徒南与妙歌、彦真与珍珠，三对年轻人，童话般的浪漫青春之恋。面对爱情，他们有过困惑、迷茫和伤感。在人生最孤独、最沮丧、最失意、最需要关心的时候，他们总能感受到彼此的温暖，高原因广告宣传册业务被骗而失意时，春天暗中相助和默默地关心；司徒南的饭卡事件被学校查出并有可能被学校开除时，高原为给司徒南筹罚款，低价卖了电脑和自行车；彦真的设计方案遭到否定，心灰意冷被雨淋病时，珍珠请假去照顾他……他们就是这样彼此关心、彼此珍爱着对方。他们凭着对爱的执着、对爱的信念，最终走到了一起。他们谁也离不开谁，谁也不曾忘记谁，是爱把他们紧紧相连。爱是那么的伤感而又甜蜜，爱是那么的纯真而又浪漫，它就像青春的童话，又是我们当代生活的现实。剧中的插曲《赤道与北极》更让我们感受到童话般的纯真爱情就存在于我们最真实的生活之中，它让我们相信生活就是童话，生活就是奇迹：love you and love me/从不曾忘记/和你在一起的甜蜜/love you and love me/从不曾怀疑/你是我永远的唯一/可是忽然仿佛丢了你/my love/我冷得无法呼吸/可是忽然仿佛回不去/像是只迷途在北极的鱼/I miss you now/where are you going/想念曾经最温暖的海底/I need you now/where are you going/想让赤道温暖最寒冷的北极/love you and love me/如果你还有感应/请指引我游向你/love you and love me/但大海无边无际/我还能不能重回到你的怀里。

二、感伤的青春

青春并非总是那么的浪漫、那么的充满着诗意。在青年的成长历程中，也伴随着许多尴尬、忧愁、感伤和困惑。中国新生代电影导演以真诚的情怀关注着当下青年的生存和生命，书写着自己真实的个人体验和生命感悟。在他们的青春叙事中，青春焦虑、青春迷茫、青春畸形形成了叙述的主题。这类电影有《苏州河》《十七岁的单车》《孔雀》《红颜》，以及贾樟柯的“青春三部曲”《站台》《小武》《逍遥游》等，这些电影都关乎当代青年的爱情、梦想和成长，关乎他们在当下的无奈和忧伤，这也是对无限美好的青春童话的颠覆。

《小武》，原名叫作《靳小勇的哥们，胡梅梅的靠山，梁长有的儿子——小武》。这个名字很长，囊括了小武所有的关系网，友情、爱情与亲情。小武是个惯偷，他戴着粗黑框眼镜，寡言，不怎么笑，头时刻歪斜着，舌头总是顶着腮帮。影片以长镜头的方式记录着小武在当下的生存状态和人生际遇。他从别人的口中得知，小勇——以前的哥们，现在是名声显赫的民营企业家——要结婚了，但没有通知他，小武心里感到非常的不悦。曾经最好的哥们，最好的友情不在了，但小武还是没有忘记曾经的许诺，也就是在小勇结婚时送他礼钱。尽管他心里明白小勇已经不把他当朋友了，然而他依然执着，想要兑现自己的承诺，在他的心目中友情似乎是人生的最高价值，但他的礼钱被认为很“脏”而退了回来。他沮丧、痛苦和懊恼，现实是如此的残酷，一切都在变，小勇也在变。失意的小武来到歌厅消解愁苦，在这里他认识了三陪女胡梅梅，同是天涯沦落人的伤感，共同的人生境遇，很快拉近了他们的距离，他们开始了一段伤感的恋情。爱情的力量似乎是巨大的，它可以改变一个人的命运，与胡梅梅的爱情使小武终于感觉到人活着还有意义，人生原来也会有这般的美好。小武的人生开始充满快乐和欢笑，但谁也无法左右现实，谁也无法与命运相抗衡，身为惯偷的小武注定与胡梅梅是不可能在一起的。胡梅梅不辞而别，也许是自愿，也许更多的是对现实的无奈。小武又陷入痛苦和孤单之中。他回到了父母亲人身边，但大家无法接受他，小武被赶出了家门。他冲着养育自己的父母大声喊着“我再也不回来了”，充满着心酸、无奈、痛楚和无助。小武又回到了小镇的街上闲逛，继续行窃，最终在一次行窃时被抓获。在众人的围观中，别人在凝视着小武，小武也在凝视着别人，似乎他的生命、他的存在与否与这个世界没有任何关系，对于他来说一切都变得没有意义，这个世界的美丽离他是那么的遥远。

小武是孤独的，他与小勇的哥们友情破裂了，与胡梅梅的爱情也不复存在，亲人又把他拒之门外。他感觉到人生活在世俗社会中飘零的感伤和无奈，没有归宿，没有关心，没有爱护，没有亲情、友情，也没有爱情。正像影片中胡梅梅唱的歌曲《心雨》：总在那些飘雨的日子，深深地把你想起，我的心是六月的情，沥沥下着细雨……

小武的青春是那么的灰暗、那么的伤感，他又是那么的无奈、那么的彷徨。他在看望生病的胡梅梅时，胡梅梅一边哭泣，一边唱着王菲的《天空》，这歌声是对他们命运的最深沉的表达，仰望着青春的天空，希望不再挂满潮湿的眼泪：我的天空/为何挂满湿的泪/我的天空/为何总灰的脸/飘流在世界的另一边/任寂寞侵犯/一遍一遍/天空/划着长长的思念/……/你的天空/可有悬着想的云/你的天空/可会有冷的月/放逐在世界的另一边/任寂寞占据/一夜一夜/天空/藏着深深的思念/我们天空/何时才能成一片/我们天空/何时能相连/等待在世界的各一边/任寂寞嬉笑/一年一年/天空/叠着层层的思念/但愿天空/不再挂满湿的泪/但愿天空/不再涂上灰的脸/……

三、娱乐的青春

在当代的青春（戏剧）影视中，娱乐是其不可缺少的时尚元素。其实，日常生活娱乐化也是基于人性的一种需要，这在青年人的生活中表现得尤为明显。可以认为，娱乐性、孩童化定义了当代青春审美文化的本质，也就是“关于电子形象的前理智的狂欢化的感触游戏”[①]，“无厘头”喜剧影视文化的兴起就是这一娱乐文化的表征。“无厘头”是指作为社会个体，其人无目的、无中心意图，言行令人难以理解，日常生活中粗俗随意，乱发牢骚，莫名其妙，但也不是完全没有道理。

周星驰是“无厘头”文化的创始者和集大成者，他主演的《逃学威龙》《少林足球》《大话西游》等都是这方面的经典之作。其主要人物，无论是《逃学威龙》里的周星星、《少林足球》里的五师兄星驰，还是《大话西游》里的“情圣”至尊宝，都具有平民化、现实化、虚拟化、反权威、反既成形象的特点。剧情往往通过反讽、自嘲、夸张等手法以嬉戏、调侃、玩世不恭、偏离社会正统的方式直接揭示现实价值、观念、行为的荒诞性，从而触及事物的本质。它倾向于解构人性的弱点，挑战传统观念，将人性的庸俗、好色、贪财、享乐、逃避责任等弱点赤裸裸地展现给观众[②]。这样也就策略性地把爱情、责任、崇高、理想、正义、善恶等概念和观念放在喜剧与玩笑中使其既成的意义趋于崩溃。如果说忧郁、绝望、恐惧、悲剧属于现代主义的基调，那么“无厘头”式的游戏、狂欢、喜剧则充满后现代主义的色彩，在游戏、狂欢中颠覆一切、消解一切。

---

① 余虹：《审美文化导论》，高等教育出版社，2006 年，第 297 页。

② 文秋林：《“无厘头”文化与青年时尚行为研究》，《山东省青年管理干部学院学报》，2005 年第 3 期，第 22 页。

在喜剧《少林足球》第一幕，一张支票和一个射失的点球的场景设置，充分暴露了人性在诱惑面前的贪婪，在金钱、利益面前，属于人的崇高和正义都显得毫无意义。在一场“星辉队”与“寰宇队”全国足球联赛总决赛中，两队在规定的时间内战成2∶2，15分钟之后，将会以点球决出胜负。就在此时，在球场更衣室的一角，由储物柜组成的狭长走廊内发生了这样一幕：

> 20岁的“星辉队”主将明锋接过队友强雄手上的一张支票后看也不看一眼，便把它猛力地掷回瑟缩在旁的强雄身上。
>
> “这是什么意思呀？是要我踢假球呀？”明锋怒骂。
>
> 强雄俯身拾回支票，低头说：“不是，不是，我是中间人，我只不过受人所托……”
>
> “你是耍我，还是要害我呀，你别以为我倒下你就可以爬上去呀，你想都不要想呀，你给我看清楚呀……”，明锋一手拉着强雄的头发，把他的头拉向自己赤裸的上身，肚皮前那“黄金右脚”四个大字的纹身：“……黄金右脚，是我，不是你呀！你想超过我，想都不要想呀！”
>
> 说着，“砰”的一声，明锋一手把强雄推向他背后的储物柜。
>
> “不会，不会，我想都不敢想呀！我最近手头紧，想抽点佣金而已，你千万别告诉别人。”强雄几乎要跪地求饶。
>
> “你这个败类，连狗都不如！”①

素有“黄金右脚”之称的明锋，显得正义凛然，毫不贪婪。但是，事情就是这样富有戏剧性，就在强雄欲走之时，明锋却把他叫住，然后慢慢地走向他，一手抢去他手上的支票。20万元！在当时对于一个顶尖球员来说绝对是天文数字。在利诱面前，一本正经、义正词严、装腔作势的正义、崇高、责任显得是那么的滑稽、可笑和不堪一击。

“无厘头电影就是将一切文化形象都变成娱乐的对象，并且以毫无保留的游戏态度‘搞笑’。”②《大话西游》中一段关于爱情的经典自白集中而明显地反映出无厘头电影的这一文化特征：

---

① 王瑞智、李宇晖：《少林足球完全手册》，天津社会科学院出版社，2001年，第31页。

② 余虹：《审美文化导论》，高等教育出版社，2006年，第298页。

> 你应该这么做，我也应该死。曾经有一份真诚的爱情放在我面前，我没有珍惜，等我失去的时候我才后悔莫及，人世间最痛苦的事莫过于此。你的剑在我的咽喉上割下去吧！不用再犹豫了！如果上天能够给我一个再来一次的机会，我会对那个女孩子说三个字：我爱你。如果非要在这份爱上加上一个期限，我希望是……一万年！

这段爱情自白，经过至尊宝具有讽刺意味的表演，而被完全置换为搞笑的元素。第一，在至尊宝为了逃避紫霞的追杀时，他以夸张的表演向紫霞表白，通过虚伪、做作的搞笑反讽爱情的谎言；第二，在降伏自己的观世音面前，至尊宝又郑重其事地说出这段爱情的自白，作为献给观音菩萨的遗书；第三，紫霞为爱而死，面对这一悲剧，我们并没有看到至尊宝留下一万年的眷恋，相反，电影的结局是至尊宝与观众一起观看夕阳武士和邂逅的女人的即兴恋情，“这个结局不是将爱的永恒忠贞而是将爱的无常游戏留在观众的记忆中”①，似乎在至尊宝的心灵深处没有一点关于为他付出生命的紫霞的回忆。这嘲笑了那个一万年的爱情，也嘲笑了爱情本身，娱乐中更见一份沉重与酸楚。

第四节　中国基础教育与青少年成长问题反思②
——以《虎妈猫爸》和《小别离》而论

文学艺术源于生活，高于生活，以当下的社会热点问题为表现对象是当前影视剧创作的主流模式之一。可以说，教育的发展一直是社会、学校、教师和家长关注的问题之一。随着“学区房”“升学率”“留学热”等教育现象的不断升温，越来越多的文学作品、影视作品开始关注当下中国教育的面貌与生态。“教育的目的应当是向人传送生命的气息。”③教育应当给人的内心带来一种力量，它可以让每个人成为他想成为而且应该成为的自己。人的成长、发展离不开教育，学校教育、家庭教育与个人成长间有着密不可分的

① 余虹：《审美文化导论》，高等教育出版社，2006 年，第 299 页。

② 本节的初稿撰写者为熊关曼，詹艾斌修订完成。

③ [印]泰戈尔：《泰戈尔谈教育》，白开元编译，商务印书馆，2010 年，第 257 页。

关联。随着精神文明建设的不断推进，教育问题已成为社会发展最重要的问题。2015 年和 2016 年先后出现了《虎妈猫爸》和《小别离》两部教育题材类的“现象级”电视剧，引发了收视热潮与强烈的社会反响。

这两部电视剧分别以幼儿时期和少年时期学生的学习、生活为切入点，客观、深入地展现了以孩子为中心的家长、教师及学校的教育观，从不同侧面反映了中国基础教育的现状及相关问题。《虎妈猫爸》讲述的是北京的一对小康家庭的夫妻因在孩子教育问题上的观念分歧而引发的一系列家庭矛盾、情感冲突的故事。该电视剧从现实生活出发，聚焦当下的“择校难”“学区房”“隔代教育”“幼儿心理健康”“中西教育理念”等热点话题，引发了观众和学者的广泛热议。一个孩子的身后，往往还承载着一个家庭、祖孙三代和社会竞争带来的众多压力和爱护，这是当今社会的幼儿及青少年成长过程中的常态。剧中涉及的人物、事件都有现实生活里很多“80 后”夫妻、家庭的影子，其不仅是一部单纯的教育剧，也是一本让家长和孩子共同成长的教育书。《小别离》则讲述了北京的三组家庭、三个孩子在面临中考带来的升学压力而引起的各个层面的社会问题。剧中拥有不同的经济条件的三组家庭，是当今中国社会无数家庭的缩影，虽然境遇不同，但他们同样都要面对孩子教育、职场竞争、亲子关系等多重压力。三个孩子在“升学”和“留学”间的选择，客观反映了当今社会“留学热”的教育现象。三个处在青春期的少年与朋友及父母在经历了矛盾、冲突的痛苦过程后，在真切地体验了西方教育与留学生活后，最终回归亲情的温暖。该电视剧通过三组家庭的选择与哀欢，生动地谱写了一幅当下城市生活的众生相，成为一面映照亲子关系、家庭生活等世间万象之镜。两部电视剧从家长与孩子的生活反映了当今教育面貌中几个共同的现象与问题，亲子问题、家庭教育、中西方教育以及心理健康教育都成为其衍生话题。在这些问题中，我们可以确切地看到中国基础教育与青少年成长之间的矛盾和冲撞。

一、家庭教育观念的错位

中国的传统文化中，家庭是生活中不变的核心话题。随着时代的变迁，家庭教育总是有着不尽相同的烙印，传统的家庭教育模式在社会的转型和变革中受到冲击。在经济的不断发展和生活水平的日趋提高中，我国家庭教育的现状开始被广泛关注，很多父母开始意识到“如何教育孩子”其实是一个需要学习的问题。在社会对家庭教育的不规范导向下，尤其是在基础教育阶段的青少年家庭中，存在着家庭教育观念错位甚至是缺失的现象。以家庭生活为核心的电视剧《虎妈猫爸》和《小别离》就是我国当前小学到初中阶段的家庭教育问题的一次集中体现。

《虎妈猫爸》，一个孩子，两代家长。不同的教育理念给茜茜的成长带来困惑，茜茜的成长被几种完全不同的家庭教育理念所包围：奶奶的隔代教育，一味地宠溺孙女，只想把孙女培养成高贵的小公主；"虎妈"式的精英教育，在女儿成才方面具有强烈的渴望，对茜茜学习和生活问题上采取严厉甚至是苛刻的态度，为孩子能接受好的教育宁愿牺牲其余的一切；"猫爸"式教育主张快乐至上，希望茜茜开心地生活，甚至可以带着孩子用"假日记"去欺骗妈妈。在这个家庭里，每个家长都有认定的教育理念，每一种教育方式和表现都有其出发点，父母亲都是希望孩子能更好，可是他们各自的教育方式都应该有所取舍。每个孩子的性格和特点都具有一定的差异性，只有适合孩子的性格和特点的教育思想才能对孩子的成长和成才有一定的价值。在孩子的成长过程中，"虎妈"式的一味管教和"猫爸"式的欺骗与放纵都是有失偏颇的，应当针对孩子们的个性因材施教，让孩子在成长中更多地感受到家庭的温暖和幸福。在中国的基础教育阶段，很多父母的家庭教育观念的错位，导致了亲子关系的破裂和家庭矛盾的出现，父母的焦虑和孩子的逆反不利于青少年的成长。一个温暖家庭在大风大浪中的平凡日子，是每个人所追求的。因此，中国的家庭教育需要回归人性本源，回归陪伴、信任与尊重，让孩子在平凡的生活中，自由自在地成长为不平凡的个体。

《小别离》，三个青春期的叛逆少年与陷入中年危机的三对父母在各自的家庭教育观念阵营中抗衡。张小宇看似玩世不恭的个性是家庭教育缺失的典型，父亲的忙于事业、母亲的去世缺位，使得张小宇在身心发展的关键阶段缺乏了父母的关爱，所以屡屡犯错，学习成绩不好。家，是一个屋檐下的一撇一捺，再多的财富与权力也代替不了年幼时父母陪着玩耍的那些时光，那些与父母朝夕相伴的日子都会深深铭刻在孩子的性情之中。方朵朵的家庭是社会上众多中产阶级家庭的代表，是独生子女时代双职工家庭的缩影。父母的文化层次是比较高的，因此在教育上也懂得劳逸结合的重要性。然而，即使是这样一个文化家庭，在面对巨大的中考压力时，父母依然变成了"虎妈猫爸"的影子。朵朵妈妈一味地追求分数，报辅导班、请家教，只要能提高孩子的成绩，都愿意不辞辛苦；而朵朵爸爸则希望孩子有自己更多的选择和想法，去做她愿意做的事情。由此，我们看到，在今天的社会大转型阶段，人们的家庭教育观念还是存在着很大的差异。应该说，我国的家庭教育已经进入一个过渡期，随着大数据时代的到来，家长们从家庭教育理论匮乏发展为家庭教育理论泛滥，信息时代让每对父母都有机会接触不计其数的家庭教育观念。除了全面发展孩子德智体美劳的素质教育之外，诸如挫折教育、胆量教育、生存教育等新型家庭教育理念走进了千家万户。很多家庭生搬硬套地运用这些理念，改变教育孩子的方式，却不知道自己的孩子究竟适合什么，更不知道这样做到底是为了什么。在很多家庭中，教育只是一种工具，而真正的价值和意义却被父母们忽略了。由于缺乏系统的教育学、心理学知识，这些新型家庭教育并未发挥真正的作用。“虎妈”企图用各种培训班拼凑出一个全面发展的茜茜，朵朵妈妈只需要朵朵有一个足以走向重点中学、重点大学的分数。父母们往往将自己的思想和理想嫁接到孩子们的身上，却忽略了他们应当有自己的人生。培训班和高分或许能拼凑出一个能力出众的孩子，却不一定能培养出一个内心充盈而强大的人。

二、中西方教育应在冲撞中磨合

由于种种复杂的历史和现实因素，中国和西方国家在漫长的社会和教育发展历程中，逐渐形成了诸多迥然不同的教育观，从而使中西方教育呈现出种种不同走向的理论和实践特征。教育所赖以生存和发展的社会状况是不同的，因此中西方教育观的差异不断得以强化，基本上沿着不同的路向发展与丰富。继20世纪80年代的留学热之后，近年来又掀起一股低学龄的留学热。几十年前，只有条件好的家庭才会送孩子出国留学；然而在当今社会，特别是一线大城市，很多普通家庭的孩子也开始出国留学。随着西方教育思想的不断渗入，中国本土教育受到冲撞，社会上的中西方教育观念呈现抑此扬彼的尴尬现状。

《虎妈猫爸》和《小别离》两部电视剧不约而同地谈及了中西方教育的问题。《虎妈猫爸》中的唐琳是留学归来的“教育家”，带来一系列开放的西方教育理念，更是参与到了茜茜的成长中去。她所主张的是“幸福至上”的教育原则，认为对于孩子的成长而言，成功是不重要的，快乐才是最重要的。她从美国带回来的教育理念和以“虎妈”为代表的中国式传统的应试教育理念是截然相反的。《小别离》如同一架显微镜，深入三个家庭，通过探讨要不要让孩子小小年纪就出国留学这一问题，折射出了当今社会普遍存在的教育焦虑。当三个孩子面对繁重的课业压力、升学压力时，家长和孩子们开始在升学和留学之间艰难地选择。小宇由于成绩的落后不得不选择留学，朵朵为了留学拼命地参加托福考试甚至父女一同欺骗妈妈，琴琴的家庭经济相对拮据，但依然不惜以牺牲亲情的方式送琴琴出国留学。但是，中西方的教育究竟孰好孰坏，谁更适合中国的孩子，两部影视剧到最后都没有给出明确的答案。《虎妈猫爸》中的唐琳虽然主张孩子的成长应该幸福至上，可是她依然处理不好自己与女儿和家庭的关系。随着新剧情的展开，各种教育理念下孩子的成长现状以及虎妈猫爸不断学习与完善着的教育观，都在展示着“孩子教育”的种种可能。剧中，当女儿遭受各种教育理念的“轰炸”而不堪重负之时，“虎妈”也逐渐放下了自己对虎式教育的死板坚持，学会了尊重孩子、选择更适宜的教育方法；而“猫爸”也积极求变、主动学习，爱心满满地维护着一家老小间的亲密关系；当“狼爸”与唐琳为中西方教育之战争得不可开交时，坐在一旁观战的“虎妈”也越来越清晰地感受到：“做一个好妈妈比任何教育专家都管用”。《小别离》中的朵朵如愿以偿地出国留学，可在经历了这段留学生涯之后，她做出了回国读书的决定。只有亲身体验过中国教育与美国教育的差异之后，才能知道怎样的教育才是最适合自己的。两部电视剧没有告诉我们中西方教育到底谁更胜一筹，但其实中西方教育并没有严格意义上的好坏，只有适合个体生长的才是最合适的教育。教育要因人而异，每个孩子都是独一无二的。在中国的传统思想和教育观念的土壤之中，西方教育应当与中国教育在冲撞之后相互磨合，取长补短，才能不断地适应21世纪的中国基础教育的发展和青少年的成长。

关于中西方教育的碰撞，就不得不提2011年轰动世界的畅销书《虎妈战歌》。作者是美籍华裔蔡美儿，是美国知名学者。这部书讲述了一个中国式母亲如何严苛地教育两个女儿的故事，在世界上引起了很大反响，大家的目光都集中到中美的教育观及文化传统的差异问题上。在对蔡美儿教育方式的批评和中西教育观的探讨中，一言以蔽之，最主要的矛盾就是在教育孩子的过程中，最重要的是孩子的幸福还是成功？中国的传统文化中自古以来就是主张“学而优则仕”的成功教育，随着社会竞争越来越激烈，很多父母想方设法地把孩子送到国外留学。然而，在留学移民热潮下，细微悲欢，弥漫着时代的气息和价值指向，每个“小别离”的背后，都藏着“大别离”。小人物一次次身不由己地告别与返顾，折射出当下许多家庭在精神、传统以及记忆层面的别离及焦虑。无论是《虎妈战歌》《虎妈猫爸》还是《小别离》，所引发的中西方教育理论和实践的争论与冲突一时都不会消失，而这场没有硝烟的战争也无法分出胜负。只有在中西方的教育观和价值取向不断磨合的过程中，才能最大限度地减少青少年成长过程中由于文化与教育的差异带来的冲撞和困惑。

面对当下的留学热潮，教师和家长都应当理性、全面、辩证地对待中西方教育的冲撞现象。正如费孝通所言，各美其美，美人之美，美美与共，天下大同。教育是育人的行业，对待千变万化差异的个体，以及迥异的传统文化价值观，冲撞与争论不仅不应该被拒绝，反而应该被拥抱。只有在冲撞中互相磨合，我国的基础教育才能更健康地发展。

三、青少年心理健康教育的生命指向

近年来，由于社会急剧变革、生活节奏加快、竞争日趋激烈，青少年学生面临的问题和困惑大量增加，中小学生的心理问题日趋严重。重视青少年的心理健康，增强其社会适应力已成为21世纪以来教育的重要特征。21世纪是以知识经济为主要特征的时代，世界范围内的经济竞争和科技竞争日趋激烈。而经济和科技的竞争，归根到底是人才的竞争，是教育的竞争。教育工作的重心不再是教给学生固有的知识，而是转向塑造学生健全的人格。健康的心理素质和良好的心理品质是一个人全面、和谐发展的基础，是一个人取得成功的前提和保证。在青少年的成长过程中，心理健康教育应当具有生命指向。教育的本质在于促进生命的完善，教育的真谛是既要教给青少年在社会中生存的基本知识、技能，更要引导他们去认识、理解存在的意义和价值。不但要使他们知道“何以为生”，而且要使他们懂得“为何而生”，并进而寻求存在的价值向度，建立起人所特有的“意义世界”和精神家园。教育是一种培养人的活动，是一种充满人性化的事业。它应当引导青少年在学习的过程中，不仅学会学习，更重要的是形成积极的情感、态度和价值观，懂得去尊重生命、珍惜生命、体验生命、欣赏生命、完善生命。

《虎妈猫爸》和《小别离》两部电视剧，都涉及了青少年的心理健康问题。《虎妈猫爸》中的茜茜在家庭教育长期的不合与矛盾的压力下，意识到父母感情出现危机，又由于姥爷的旁敲侧击，承受不了各方面带来的压力，在短期内得了儿童自闭症，不愿意和任何人说话，心理出现了巨大的成长阴影。无独有偶，《小别离》中的朵朵面临巨大的升学压力，在学习成绩出现波动的情况下又加之母亲的严格施压，不得不“离家出走”，甚至还得了儿童抑郁症。剧情中表现出来的虽然只是两个孩子，但是在现实生活中由于学习和生活的压力，使得青少年出现心理健康问题的案例比比皆是。由此，对青少年心理发展的正确引导也成为基础教育中必不可少的内容。国内外大量研究表明，父母的教育方式对青少年心理健康发展具有深远影响。青少年时期是人一生中最重要的时期，良好的心理发展是一个人终生心理健康的基础。从青少年的心理健康发展需求而言，“虎妈”式的教育方式并不合适，但这并不意味着同意完全放任自由的教育方式，每个孩子都有属于自己的个性和情况，合适的教育方法才是最好的。而在孩子的成长过程中，最关键的就是要根据教育的规律，根据孩子的身心发展特点进行教育。在孩子发展的不同阶段，对孩子的性别、个性，采取“因材施教”的教育方式。在教育过程中，重视青少年的心理健康教育，指向生命的塑造。

我国当前正处在全方位的社会转型之中，经济的快速发展，使文化和社会都相应地发生震荡。人们的理想、信念、价值观、人生观都因为震荡而产生变化。而理想、信念的局部缺失，导致心理尚不成熟、行为不够完善、缺乏人生与社会经验的青少年不知所措、无所适从。又加之大众传媒的兴起和多样，社会中出现了多重价值观，增加了他们选择的难度，为青少年的心理发展埋下隐患。所以，这就需要在教育上对青少年的心理健康发展进行引导，从而完善我国基础教育体系中的心理健康教育。从当前世界范围内的心理健康教育现状来看，心理健康教育在发达国家已经非常普及，但是在中国的基础教育阶段有的地方却是较为缺失的，面对当前青少年心理问题日趋严重的严峻现实，我国的基础教育领域应该进一步提高对心理健康教育工作的认识，广泛地开展青少年心理健康教育，使青少年在其成长过程中能够充满关爱和温暖。总而言之，教育应当是指向人的，教育的起点是人的生命，教育展开必须遵循生命发展的内在规律。因此，教育应当促进孩子的身心健康发展，遵循生命生长的内在特性与规律，遵循生命自我展开的逻辑，并不断调适自身以符合孩子生命生长的内在运行逻辑。不论是家庭教育还是学校教育，甚至是社会教育，父母、教师和教育者都应当尊重生命的成长。每个孩子都有其独特的生命价值，每个生命都有其选择生长的方式。正如杜威所言："教育即生长，除它自身之外并没有别的目的。"[1]从生长的角度来看，生命不仅是个体身心发展状况的静态表征，更是个体身心的发展变化。心理的健康发展才能让青少年在个人选择和社会认同上有正确的认识。只有指向生命的心理健康教育才能让青少年和教育一同获得生长。

《虎妈猫爸》和《小别离》通过讲述现代社会竞争中几组家庭的柴米油盐和悲欢离合，体现出当下教育中关于家庭教育、中西方教育和心理健康教育出现的问题与矛盾。两部电视剧触及了社会家庭和精神审美中的敏感地带，表现了能够引发大众共鸣的日常生活，塑造出一个个在生活重压之下的孩子和一双双在爱护孩子与渴求成功之间徘徊的父母，以极具个性化的人物塑造和故事情节，浓缩了"80 后""90 后"几代人身上的普遍共性。世间所有的爱皆为团聚，只有父母的爱是指向别离。所有的教育都是为了一个新生命能够获得自身的价值和意义。面对中国基础教育中出现的种种现状和问题，父母、学校和社会都需要和孩子一起，在教育中共同成长。

① [美]约翰·杜威：《民主主义与教育》，王承绪译，人民教育出版社，2001 年，第 158 页。

第七章　当代文化现象批评

当下时代，文化现象迭出，让人颇有应接不暇之感。在某种意义上，尤为值得关注的是作为一种亚文化的青春文化，日益成为一种事实上的主流文化形态。当然，在主导性的价值倾向上，它无疑是一种大众文化。近年来，笔者在这个方面多有观察和思考，本章呈现的是其中的一部分工作。

第一节　当代青春语言的文化意蕴

语言，是社会生活中人们重要的交际手段；正是通过使用语言，人们才实现了思想的交流、感情的传递。时代文化的变迁，社会生活的变化，都会或多或少地在语言这一文化镜像中得到反映。青春语言是一种以语言应用形态存在的青春审美文化现象，这种话语洋溢着青春的气息，表达了当下青年特有的生活方式与审美趣味。他们以一种不合传统、特立独行的方式书写着自己的审美青春和价值理想。显然，当代青年是青春话语的主要创造者和实践者，这一群体的性格特征在青春语言中有着充分的显现；而且，青春语言的文化内涵也构成和塑造着青春话语独特的风格。本节即旨在对当代青春语言的文化意蕴问题做一简要探讨。

一、青春语言：快乐的价值理念

当代青年，生长在一个物质丰富、文化多元、信息发达的环境中，他们的价值观多元而新潮，易于接受新鲜事物，叛逆性突出。崇尚快乐、追求快乐的生活方式是他们的人生理想，在日常生活中，展示着一种为快乐而生活的价值追求。他们积极、乐观地面对人生而不必承担过多、过重的责任与负担。在这样的价值理念下，他们所使用的语言满含诙谐和情趣。如利用语音谐音、词汇变化等方式创造了许多新的语言形式。

以“占地面积或体积”来代表一个人的“胖瘦”；用“汉堡”说一个人“憨厚呆傻”，因为“汉堡”与“憨厚”音近；“他呀，纯粹是碗稀饭，什么都不懂”，这里的“稀饭”，是说一个人傻乎乎的；用“美眉”“美丽的眉毛”，身体的一部分，称谓“美丽的女孩”，生动、形象；“粉丝”（fans），意为狂热爱好者、狂热仰慕者，指称传统的歌迷、球迷、影迷等词的含义；等等。这些语言立意新奇，富于表现力，为生活增添了许多乐趣。另外，文字谐音也经常出现在网络语言中，通过谐音表达调侃、幽默的意味。

在网络语言中，还有一种数字谐音的语言形式。用数字来代替汉字，简洁而又幽默地表达思想感情和传达特定的语言意义。如“7758”意为“亲亲我吧”；“1573”表示“一网情深”；“5201314”即“我爱你一生一世”。也有比较复杂的，如“5843344521”表示“我发誓生生世世我爱你”。还有一些具有“世界语”的意味：“121”表示“想要和你单独谈谈”（取意英语 one to one）等。

青春语言的快乐本质也体现在其语言孩童化、幼稚化的心理诉求上。孩童化、幼稚化是当代青春语言显著的文化特征。在一些词语的发音和运用上，青年人常常加以修饰和夸张，语气富有孩童化的情趣色彩。有论者就这样指出：“受到港台电视剧对白、传媒主持人（尤其是电台所谓时尚、青春类节目主持人）发音的影响，使当代青年的表达沾染了浓郁的港台腔。随着喜剧影片《大话西游》的火爆走红，将周星驰式的‘星仔腔’造就得俯拾即是。‘有冇搞错！’这句带有明显粤语色彩的感叹句已成青年人的嘴边一句话。”[①]“哇，你好了不起哟！”发音嗲声嗲气，颇有孩童化意味，再伴以调侃、夸张的语气，是青年人时常表达情趣的话语。再如词汇方面，将“吃饭”说成“吃饭饭”等也是如此。

二、青春语言：自由与个性的张扬

20 世纪 50 年代至 70 年代，革命话语是中国主流的意识形态话语，出

① 朱强：《言说：青年社会互动的一种特殊符号》，《青年研究》，2001 年第 6 期，第 13 页。

现了日常生活政治化、革命化的倾向。进入20世纪80年代，中国出现了从政治本位向新经济活动的转向，社会进入了一个新型的文化时代。东西方的各种文化思潮、价值理念相交织，前现代、现代、后现代因子并存，一个价值取向多元化的时代已经来临。在这个时期，西方文化、日韩文化、港台文化日渐深度影响中国内地。青春语言正是这一时代变化的印证，是青年人格在社会空间的一种直接显现，它记录着当下青年特有的足迹。追求个性与自由是当下青年的理想，从其语言运用中我们可以明确地看到这一青春价值诉求。

电视选秀节目的标语口号诸如“想唱就唱”“有型就要SHOW”“我要秀自己，有什么不可以”等表达了青年个性张扬的特质，意在打破束缚、追求自由精神，是青年大胆追求自我、实现自我的心灵写照。时下，青年中最常用的“酷”字，也表达了他们对流行生活方式的仰慕；“酷”，代表着一种风格、一种时尚，“一种他人所不具有的气质，一种独特的帅！在青少年的眼里，酷是挑战、勇气、能力和卓尔不群的个性。”[①]。因此，“酷”成了当代青年彰显个性与自由的最好表现。

三、青春语言：一种时尚符号

时尚，可以说是人们日常生活中使用最频繁的词之一。“任何类型的商品在消费定位上都少不了加上‘时尚’的标签，无论是诞生时尚的时装领域，还是新近流行起来的移动通信市场，甚至包括休闲式的餐饮场合，只要出现产品消费的地方，‘时尚’往往就是如影随形的附属物。”[②]“时尚”，在动词意义上是“时间”+“崇尚”的缩略，在名词意义上是“一时之习尚”的缩略，在英语中对应的词汇是“fashion”，在法语和德语中都拼写为“mode”。对这一概念的分析，目前有代表性的观点分为两类。一是侧重于形式，认为时尚是一种流行的行为模式。“一般是指在特定时期内由少数人率先实验，而后渐渐得到多数大众崇尚、效仿的生活与文化样式，既包括在该时期内被广泛使用的语言方式、礼仪风格以及相关的行为表现和思维惯式，也包括该时期的物象系统内部占有较高地位的物

① 朱强：《言说：青年社会互动的一种特殊符号》，《青年研究》，2001年第6期，第18页。
② 余虹：《审美文化导论》，高等教育出版社，2006年，第258页。

象式样和事物格式”[①]。二是侧重于时尚所包含的文化内涵、审美取向、价值身份。着重点在时尚的内容和价值观。如美国社会学家 H. 布鲁默认为：“时尚是一种流行的或被接受的风格，被认为是高等的做法，以及在某些领域具有比较高等的价值。”[①]德国的齐奥尔格·齐美尔也说：“时尚只不过是我们众多寻求将社会一致化倾向与个性差异性意欲相结合的生命形式中的一个显著的例子而已。”[②]因此，“时尚是社会变动的一种表现形式，时尚不仅表现为一种物质样式、一种行为方式，更包含着一种意义，一种文化”[③]。从这样的分析中可以看出，时尚的本质更在于其文化的意蕴而不是其外表和功效。正如费斯克所说：“功能与文化几乎毫无干系，因为文化关注的是意义、快感、身份认同，而不是功效。”[④]因此，我们对时尚的解读不能仅仅停留在其表象，而应透视其深层的文化意蕴。在我们的精神生活中，“一方面，对普遍性的追求会对我们有所引导，另一方面，我们也需要抓住特殊性；普遍性为我们的精神带来安宁，而特殊性带来动感”[⑤]。时尚就存在于这种普遍性与特殊性的结合之中，是在“一致和个人化这两种相反力量之间产生的张力运动的结果”[⑥]。实质上，正是这种对动感、对特殊性的追求，才构成时尚的真正本质。对于特殊性、个人化的矢志不渝的追求，使得时尚在形式上永远表现为对于“新”“新奇”的持续渴求。青春语言的产生也正是源于青年对新鲜、新异、新奇的诉求，因此，青春语言时常和前卫、另类、酷等时髦元素结合在一起，在特定时期被一些社会群体（主要是青年）模仿和追逐。

青春语言中这种时尚内涵满足了青年求新、求异的文化心理。由此深入，如果将青春语言放置在更为广泛的历史、文化背景中来透视，我们就会发现其不同寻常的意义符号特征和其隐藏的文化身份、文化权力。

---

① [美]H. 布鲁默：《时尚》，《社会学季刊》，1969 年第 10 期，第 286 页。

② 罗钢、王中枕：《消费文化读本》，中国社会科学出版社，2003 年，第 243 页。

③ 陈剑生：《时尚符号与大众生活风格》，《深圳大学学报》（人文社会科学版），2002 年第 5 期，第 65 页。

④ [美]约翰·费斯克：《理解大众文化》，王晓珏等译，中央编译出版社，2001 年，第 5 页。

⑤ 罗钢、王中枕：《消费文化读本》，中国社会科学出版社，2003 年，第 241-242 页。

⑥ 罗钢、王中枕：《消费文化读本》，中国社会科学出版社，2003 年，第 268 页。

四、青春语言：身份识别与文化权力

身份指一个人的社会地位定位及其群体归属，它可以通过人的服饰、语言、休闲方式、生活态度和社会交往等诸多层面表现出来。20 世纪 80 年代之前，人们时兴穿的是中山装、绿色的军服和解放鞋，因为这代表着一种无产者、革命者的身份，是革命者政治权力的象征。20世纪80年代尤其是20世纪90 年代之后，中国进入新经济时代，市场经济体制的确立使人们的价值观念产生了巨大的变化，中国传统文化融入了更多的西方文化和现代文化的因子，人们的穿着也展现出了多元化的形式，各种款式、各种色彩的个性化服饰成了人们追逐的时尚。在这个时代，你可以有自己的个性、有自己的选择，但你必须有钱，有经济能力，因此，当代制约着人们穿着的因素除了个人的审美取向外，更多的是一种经济能力，在时装的背后隐藏着一种经济权力关系。

语言不仅是一种言说与交流的工具，也是一种身份和权力的象征。在中国封建社会，“朕”“寡人”只能是最高统治者才可使用的语言，代表着皇权与威严，代表着一种贵族身份、一种阶级权力。“阶级”“斗争”“万岁”“领袖”“语录”等是特定年代的缩影，它记录了一个时代的特征，隐藏着一种厚重的政治权力关系，这些词语是无产阶级革命者身份和权力的象征。然而，当下随着新的经济体制的转型和新的价值观念的确立，人们在解构以往政治权力关系的同时也在建构一种新的经济权力和文化权力关系。

“语言，尤其是刻意转换而成的特殊的语词编码体系，已成为青年交际的亚文化群落的符号表征，是构成不同类型的青年区隔的规定性属性特征。”[①]当代青年，正是通过青春语言这一符号体系，获得了一种区别于其他社会成员的文化身份和一种群体归属与社会定位。“酷、秀、哇靠、哇噻、帅呆了、玉米、凉粉、美眉、bye-bye、fans”等港台语汇，英语单词，网络语言成了青年的一种身份标志，一种文化层次、文化品位的象征。如果一个年轻人在其群体中不会使用这些语言或对这些语言所指不知所云，那么他就会感到莫名的窘迫和另类了。

当代青年正是拥有了这种文化身份，才成了青春语言的主要创造者和实

① 朱强：《言说：青年社会互动的一种特殊符号》，《青年研究》，2001 年第 6 期，第 16 页。

践者；他们实践和“消费”这种青春语言也就是在引领着一种时尚文化，同时，也表明了自我的一种文化权力。

第二节　“快女”歌曲的文学叙事及其美育价值[①]

在人的一生中，青春岁月是一段美丽韶光。究其根本是基于人的需要，青春必然地充盈着爱情，爱情也洋溢着青春。青春与爱情往往一体化地存在于人们的生活之中，所以，它们也就自然而然地成为歌曲的主要叙事对象。当然，正因为青春与爱情是如此相伴相随，故而，当代文化尤其是当代大众审美文化也就必然浸染着青春式的爱情与爱情式的青春色调。在这个方面，作为一种大众文化形态、青春审美文化形态的 2011 年度“快乐女声”[②]中的诸多歌曲有着充分的体现，它们作为特别的语言与文学、文化构成，催生和实现当代青年人与外界的思想沟通和情感交流。在这里，我们力图对“快女”全国十强的部分歌曲进行简要审视，剖析其内在文学、文化叙事的青春主题与爱情主题，进而在此基础上对其美育价值做出必要的探讨与揭示。无疑，这对于我们在当下共同关注的青年人的成长是具有现实意义的，而且，我们还可以颇为直接地由此文学式地把握青年人的语言、情感与审美世界。

一、青春色调：“快女”歌曲的文学叙事之一

当一个人的身体结构在生理上趋于成熟、定型，心理上自我意识和个体人格开始形成并初步确立，我们会说，他步入了“青春”。“青春”，是一个人从儿童走向成人的过渡时期。也正是在这样一个时期，其作为独立的社会个体由于青春特质而带来的确定性与不确定性的矛盾也显豁地存在着。这个时期个体开始同时作为生物和社会的双重独立主体进入世界生

① 本节的初稿撰写者为欧阳小婷，詹艾斌修订完成。本节标题中的“快女”即“快乐女声”，也用来称呼参与“快乐女声”比赛的选手。

② “快乐女声”的前身是湖南卫视 2004 年推出 2005 年影响广泛的“超级女声”；2009 年，“超级女声”被更名为“快乐女声”，以呼应湖南卫视一系列娱乐节目的“快乐中国”主题；2011 年的“快乐女声”是近几年的最后一次。无可置疑，“快乐女声”是一种颇为值得关注的当代文化现象。

活并形成渐趋明朗的自我意识。这里的自我意识包括生物的自我意识（性别自我意识）和社会自我意识（人格自我意识）。这种青春期自我意识的生物性与社会性的混合组成及其向未来的开放性的表达与书写就是我们所说的“青春”主题。

（一）追逐梦想的青春

青春是人生的一个阶段，在这个美丽的阶段里，青年人充满着对自身未来的美好想象，也对自己的人生图景做着多种可能性的建构，并为之付出实际的努力。在这个追逐梦想的过程中，青年总是心怀梦想的力量，勇敢地向前追逐。在 2011 年度“快乐女声”主题曲《武装》当中，我们感受着激荡的旋律所带来的青年人对梦想的执着追求，她们坚定着“梦的方向”，义无反顾地选择“就算我被遗忘，也要唱到最后一场”。其实，我们从 2011 年度“快乐女声”中脱颖而出的冠军段林希演唱的《追梦的孩子》里仿佛就看到了一个倔强地追求梦想的形象；亚军洪辰演唱的《蜗牛》也给我们展现了通过“一步步往上爬”而抵达到自己心中那“小小的天，有大大的梦想”的坚定的追梦之旅；季军刘忻演唱的《老男孩》则唱出了自己的心声，“虽然梦想遥不可及”，但在“如同奔流的江河的青春”里说出了一句“我有过梦想”；“快女”四强的苏妙玲以一首《想唱就唱》让我们意识到青春的血液里流动着“神奇的营养是梦想”，它让青春的生命得以“飞得更高”；在《海阔天空》中，“快女”九强喻佳丽唱出了“从没放弃过心中的理想”，美丽的理想只有像“快女”十强陆翊的《最初的梦想》里说的，“实现了真的渴望，才能够算到过了天堂”。

当代作家史铁生在《灵魂的事》一书的“私人大事排行榜”篇目中曾经写过这么一段文字：“因此梦想成为第三件大事。……人的优势只有梦想了。有了梦想，人才可以在无限的时空与未知的威慑下，使信心得着源泉，使未来抱住希望，使刻板的一天二十四小时有其变化万千的可能。简而言之，它有无限的未知，我有无限的知欲；它有无限的阻障，我有无限地跨越阻障的向往；它是命定之规限，我是舍命之狂徒。这就是可尊可敬的梦想，是梦想可以欢笑的理由。”[①]在这样的文字里我们可以感受到，是永远实现着的梦想把我们有限的生命引向无限的可能。人的梦想是值得肯定的，在一定

① 史铁生：《灵魂的事》，天津教育出版社，2010 年，第 43-44 页。

程度上，青春的梦想也是需要我们来呵护的。

（二）渴望自由与个性的青春

精神分析学家布洛斯曾形容青春期为“第二次断乳期”，人在青春期成长过程中都在经历着一番自我确认、自我定位的痛苦煎熬。在“快女”歌曲里，这种追求自我、渴望自由与个性的青春价值诉求得到了充分的展现。洪辰的《做我自己》唱道：“自信让我实现所有一切全部都改变，我不再去想别人怎么看，我就是喜欢自己很勇敢……现在我只想做我自己，真的很愉快……就做你自己就会很 All Right”，这种“做我自己”迎接着《破晓》，“快把所有规则都丢掉，海平面画出一道属于我的符号……全世界都为我尖叫”。苏妙玲的《想唱就唱》也为自由个性的青春添上了厚重的色彩，“想唱就唱要唱得响亮，就算没有人为我鼓掌，至少我还能够，勇敢地自我欣赏”，就像“快女”六强李斯丹妮唱的那首《我最摇摆》，“没有人比我帅……可是我最有风采”。

这些歌曲充分反映了青年一代自我意识的觉醒及其独立自主的富于叛逆的性格的形成，这种对自我身份的确认是自觉的，也是这个多元文化时代的青年人特有的理想。身份指一个人的社会地位定位及其群体归属，它可以通过人的服饰、语言、休闲方式、生活态度和社会交往等诸多层面表现出来。青年人确认自我身份，也是对自身社会立场与价值取向的定位。当然，在这个过程中，我们必须有效地避免青年人过于以“自我”为中心的思想观念的形成，使之思考问题与体验人生和世界的方式不带有过多的个人感受。2011 年度“快乐女声”作为一种颇具影响的青春娱乐的文化现象，呼唤着社会各界对青年人的思维方式与生活方式予以关注。这是问题的一个方面，问题的另一个方面是，在肯定青年人自我意识觉醒的同时，也应该引导其更多关注外部的现实状态，这样才能更好地把他们在成长过程中形成的强烈的自我表现欲望以及对自由生活的单纯向往融入真正有意义的富于质感的现实生活。

（三）充满孤独、忧伤与困惑的青春

在烂漫的青春世界里，总是带着一种淡淡的忧伤。青春的色彩是那么的斑斓，却也时有一种灰暗的色调。段林希演唱的《是否我真的一无所有》中有一种孤独的追问：“过去未来都像一场梦境，痛苦和美丽留给孤独的自己，未知的旋律又响起，是否我真的一无所有。”还有那《寂寞让我如此美丽》里忧伤的旋律，“今夜无人的角落，寂寞让我如此美丽，黑夜的星辰也灿烂得有一些些的玄虚，辗转的心碎，落泪的乞求，我容易憔悴在梦里，丢失了钥匙的我，游荡在风中，人们不会记得那是谁”，而在洪辰的《我是一只小小鸟》中，“幸福是否只是一种传说，我永远都找不到”，困惑的小鸟在寻觅着那枝解开生命谜团的橄榄枝。

“快女”歌手出生于20世纪80年代，她们像许多80年代出生的孩子一样大都是独生子女。正处于青春阶段的她们，对生活充满了困惑，她们渴望得到关心、理解。然而，在现实中，她们却又不大与家长、老师、朋友沟通，觉得很难在他们那里得到理解，她们抒发着内心忧伤的情感，渴求得到一种认同，更渴望有一份心灵的慰藉。这些忧伤的曲调，在无形之中引发了成千上万青年人的共鸣。然而，无限制地放大这种青春式的孤独与困惑却也是不可取的。人在不同的阶段都会有困惑，而形成困惑的根源往往在于自身核心价值观的模糊。一个人的青春阶段尤其是大学阶段基本上没有生存和生活的压力，父母是他们的终极依靠，这种较少独立面对生活的处境让他们很容易产生幻化的忧伤，而事实上他们并没有真正地体认过生活。他们倾向于对自身世界的关注，而相对缺乏关注外在世界的视野，他们内心更多的是敏感，一触即碎，缺乏一种自我解救的精神力量，以至于把自身更多的青春时光停留在对于自我困惑的迷醉之中。“快乐女声”作为一个大众化的青春娱乐节目，不应也不能让这样的青春困惑得以无节制地张扬。我们需要的是唤醒和温暖青年人的内心，打开他们青春生命的格局，让他们充分地意识到，生命理应有一种冲破困惑之后获得的高度，而这恰恰是“快女”歌曲在青春叙事中所缺乏的。

二、爱情况味：“快女”歌曲的文学叙事之二

爱情是一种至真至纯的人类情感，是人与人之间的强烈的依恋、亲近和向往。在人生的各个阶段，这一情感恒久地存在着。当然，处于不同人生阶段的人对于它的感触和体悟也存在明显差异。相对而言，青春男女对于它的触摸更为强烈，体味也更为敏感而外露。

（一）惆怅里期待的爱情

青春的一个重要特征，便是对爱情有了朦胧的意识。爱情叙事，在2011年度的“快女”歌曲中是一道特别的风景。刘忻选唱的《羞答答的玫瑰静悄悄地开》里，“清风的手呀试探她的等待，我在暗暗犹豫该不该将她轻轻地摘……爱情的手呀抚过她的等待，我在暗暗惆怅竟不曾将她轻轻地摘”，这在很大程度上展现了青年人在彷徨中惆怅、在惆怅中期待爱情的心理状态。尤其是段林希演唱的那首《突然想爱你》，“爱到极度疯狂，爱到无法想象”，在这里，我们可以明确地感受到一颗期待爱情的热烈的心。一颗心在期盼着另一颗心的靠近，“等你爱我，哪怕只有一次也就足够”。苏妙玲的《遇见》这样唱道，“我等的人，他在多远的未来……我排着队，拿着爱的号码牌”，也似乎在诉说着爱情的梦想。在“快女”九强喻佳丽“你到底爱不爱我”的追问中，希望见到如“快女”十强陆翊《下个，路口，见》里描述的那个心中的唯一。

“我的心 love love love，每个女孩都在期待完美的爱情”，“快女”八强付梦妮演唱的 *Love love love*，进一步揭示了爱情主题的永恒性。在每个青年人的心里，都寻求对另一颗心的敞开，渴望着心灵间的呼唤与应答，在茫茫人海中尝试着告白与对话。在社会关系中，有着千万种的价值审视与评判，人与人之间存在着一定意义上的隔膜，但每个人的《狂野之城》都在渴望，“我的心只等你再去探射”。

（二）无奈里跋涉的爱情

两情相悦是人生渴望和追求的，但是在爱情的旅途中却也充满着无奈。段林希的《你怎么舍得让我难过》，“为你付出那么多，你却没有感动过”，苏妙玲的《心恋》，“怎奈他的身旁有个她”，《迟到》，“我的心中早已有个她，她比你先到”，都体现出青年人单方面爱恋的失落与无奈。

显然，在现实生活中，青年人忧伤的一个重要因素是爱情理想受挫。他们心里无疑有着苦闷的情愫，但更重要的是，他们要学会自己慢慢长大，要懂得只有经历了艰辛的跋涉才能更好地认识自己，或者从他者的角度认识自己，这样才能收获真正意义上的爱情，实现心灵的契合无间。

（三）执着里珍惜的爱情

相爱也许是人生最美丽的一道风景，活出自己的同时，彼此也互相珍惜。“一路上有你，苦一点也愿意”；“如果全世界我也可以放弃，至少还有你值得我去珍惜”；“人生几何，能够得到知己，失去生命的力量，也不可惜”；“让我们生生死死在一起，永不分离”。“快女”五强杨洋演绎的经典歌曲《美丽的神话》说道，“万世沧桑唯有爱是永远的神话……悲欢岁月唯有爱是永远的神话”，唱出了充满真爱的心灵的呼唤；而“快女”七强王艺洁演唱的一曲老歌《牵手》更是激发和牵动了青年人对爱情的执着：

因为爱着你的爱/因为梦着你的梦/所以悲伤着你的悲伤/幸福着你的幸福/因为路过你的路/因为苦过你的苦/所以快乐着你的快乐/追逐着你的追逐/因为誓言不敢听/因为承诺不敢信/所以放心着你的沉默/去说服明天的命运/没有风雨躲得过/没有坎坷不必走/所以安心地牵你的手/不去想该不该回头/也许牵了手的手/前程不一定好走/也许有了伴的路/今生还要更忙碌/所以牵了手的手/来生还要一起走/所以有了伴的路/没有岁月可回头……

爱情，像友谊、思想、艺术和自然的美等一样，它是人类永远追求着、始终保持的东西①。“对你爱爱爱不完，相爱原本总是这么难”，爱情，是值得人类歌唱的，尤其是呼唤人性中对真爱的追求。真爱唱响了人内心纯美的感情世界，而这也正是我们当下这个感性高于理性的消费时代所呼唤的。

（四）感伤里离散的爱情

有一天，或许在你荒漠的内心开出了一朵“爱情”之花，可是爱情的果实却不是那么轻易可以收获的。“快女”歌曲中的爱情叙事，其中的一个主题，就是带着一些感伤，原本美好的爱情，转眼却成为彼此过去生命里的一段回忆。段林希演唱的《一场游戏一场梦》中说道，“那只是一场游戏一场梦，虽然你影子还出现我眼里，在我的歌声中早已没有你，那只是一场游戏

① 赵汀阳：《论可能生活》（第2版），中国人民大学出版社，2010年，第9页。

一场梦，不要把残缺的爱留在这里……说什么此情永不渝，说什么我爱你，如今依然没有你，我还是我自己”，这是一种关于爱情感伤的叙述，由于种种原因，爱情已然不再，但我们还是需要独立地面对属于自己的人生。刘忻的《心酸》这样唱道：“我们曾相爱，想到就心酸……青春兵荒马乱，我们潦草地离散，我曾拥有你……真叫我心酸”，即使心酸，也改变不了离散的潦草。《星期六深夜》中说，“星期六深夜，我想起了你，没什么特别，只是回忆，你让我自由，我很感激……星期六深夜永远不会有任何人，能代替你”，一切的美好就像被海风吹散，爱幻化在流逝的空气中。

起初走在一起的两个人，最后，还是离散了。是因为相爱得不够才让爱情流失了，抑或是其他什么玄妙的因素？也许人生是一个复杂的过程，在这个过程中，我们自身在经历着变化，我们周遭的环境也在更迭，然而无论怎样，唯一不变的是，起初走在一起的两颗心，是因为相爱才在一起，这无疑是对人类神圣爱情的一种信念。

三、“快女”青春、爱情歌曲的美育价值

在 2011 年度“快乐女声”的青春、爱情叙事歌曲中，我们感受到了浓重的文学审美色彩。它往往是一首诗，浸染着年轻人强烈而饱满的情感；也往往是一幅画，画中洋溢着的是青春的生活及其未来的可能。其青春是多色调的，其爱情也是多样化的；在此，青春与爱情显豁地拥有了一种艺术化的意味。或许，这也是一种文学叙事的韵致。由是，我们可以以之作为观照当代青春审美文化的一个基本的出发点；当然，更为根本的是，也正如前文笔者局部地做到的，我们需要也应该从中深入地掘进至当下青年人的思想、情感与审美趣味的深处，明确合理地引领方向，促成年轻一代的健康成长与自由全面发展。这一进程必须是坚实的、有力量的，它是内驱的，是从情感、精神、趣味等着手的，其在根本上表现为一种美育方式，指向的是人的生命形态的塑造与构成。

论述至此，我们需要对审美教育在人的塑造方面的重要性及其对于人的生成性价值进行一些必要的言说与把握。100 多年前，基于对中国社会的整体性判断及其发展的期望，尤其是对于解除国民精神教育贫困的期待，蔡元培

先生提出“以美育代宗教”[①]的主张。十余年前，曾繁仁先生也这样指出：审美教育是一个关系到未来人类素质和生存质量的重大课题[②]。毋庸置疑，美育是一个大问题，在当下的中国，美育理应受到更多的关注。

“人是教育的产物”，这是德国古典哲学家康德晚年提出的一个重要命题，其中充分反映出他的基本的教育思想和对于人的认识。在他看来，人的最高目的是成为道德—文化的人，他的重要的美学命题“美是道德的象征”就内在地包含着这一思想，这样，如何改造人的自然本能或使人的生命摆脱其原初状态或固有的野蛮状态就成为康德所认为的哲学最需要做的启蒙工作。席勒对康德很是敬佩，他毫不掩饰地说，其最为重要的美学文献《审美教育书简》“大多是以康德的原则为依据”的，然而，针对以上命题，他又走出了康德。席勒提出，“人是审美教育的产物”，因为在他看来，只有美的观念才能使人成为一个整体、成为一个完整的人，成为一个具有自由生命的人，它无疑比“道德—文化的人”更为处于人的存在的一种理想状态和应然状态，它是对社会个体在现实生存中的扭曲和异化状态的解除与对抗[③]。当我们在今天能够充分、完整地体会和理解席勒美学的精神实质时，也就自然会确认审美教育在人的培育中的卓越价值。

美育是一种精神教育，更直接表现为一种情感教育。2011 年度“快乐女声”十强歌曲以青春和爱情为主题意向的文学叙事具有颇为明朗的美育价值。其一，通过青春与爱情的文学叙事，“快女”歌曲给人以一种生命的激荡与丰盈之感。人的生命，尤其是年轻人的生命状态，经常性地处于一种激越、运动的过程之中，这是生命力的勃发，是青春的朝气，它驱使人更多地领略内在生命与外在世界的风景，由是，个体也走向丰富，走向饱满与充溢。其二，在生命激荡与丰盈的体味之中，着眼于青春与爱情文学叙事的“快女”歌曲更多地表现为一种召唤，其召唤或诉求的是理想与希冀。其实，这是当代青春审美文化的一个显著的特质。青春无疑是理想的，青春也必须拥有理想。在理想与希冀之光的感召和引领之下，社会个体也就自然地叩问和实践着生命的无限可能。人的生命进程确实是有限的，然而，人也正

---

① 1917年4月8日，时任北京大学校长的蔡元培先生在北京神州学会做了题为“以美育代宗教说”的演讲，同年8、9月间，该演说词先后刊载于《新青年》第3卷第6号与《学艺》杂志第1卷第2号上。

② 参见曾繁仁《审美教育：一个关系到未来人类素质和生存质量的重大课题》一文，载《山东大学学报》（哲学社会科学版），2002 年第6期，第8-10页。

③ 刘士林：《审美教育迫切的当代意义》，《中国教育报》，2005 年4月21日，第7版。

是在有限的生命进程中追寻着无限。追求无限，是青春哲学的命题中应有之义，也是青春生命的真实写照。以此来看，“快女”歌曲的情感与精神力量无疑是值得肯定的，也是巨大的。其三，在青春与爱情的文学叙事中，“快女”歌曲传达出的理想与希冀最根本的指向是对于自由尤其是青春生命精神自由的向往与体验。在这个方面，它是倔强的，也是一往无前的。或许，这也是一种青春生命的主体性的体现。我们明白，现实世界往往存在着诸多必然，对于个体的生命而言，也就不可避免地受到许许多多的牵制与规范，这对正处于昂扬进发状态中的青春生命来说无疑是一种桎梏，它需要释放，需要精神力的激发，从而驰骋在自由的旷野之地。可以想象，身处这样的一种生命状态，人是灵动的，也是一种幸福和美丽的极致。

然而，辩证地看，事物的另一面是，2011 年度“快乐女声”的青春、爱情叙事歌曲大多还表现为一种孤立式的个体感伤、呻吟、游离、呐喊与喧闹，其价值立场和身份认同较为明显地缺乏社会化力量的更多支撑，从而，也就缺少一种真正的内质。其实，这也是青春个体的精神特征，是一种特有个体和文化形态的精神印记。因此，对于这一审美文化形态的批判性审视与引导也就成为必要。以此而论，我们一方面需要充分肯定通过颇具文学叙事韵致的“快女”歌曲这一青春审美文化形态进行审美教育的有效性，另一方面也必须清醒地意识到其美育价值的限度。

第三节　商品化：“快乐女声”现象的核心文化逻辑[①]
——以 2011 年度“快女”文化现象为考察中心

在当前大众文化生产极度扩张的语境下，检视几年前的“快乐女声”现象是颇有必要的；从中，我们或许可以获得对于当代大众文化包括大众审美文化的某些根本性的认识。早在 2003 年，湖南电视台娱乐频道就推出了“超级男声”一档选秀节目，但是影响不是很大，而在 2004 年推出的尤其是 2005 年举办的“超级女声”则影响不凡。“超女”的成功“上市”，让真人秀节目在社会上引起轩然大波，各种评论声纷至沓来。之后，湖南卫视在 2009 年将“超级女声”改名为“快乐女声”，以呼应湖南卫视一系列娱乐节目的

① 本节的初稿撰写者为姜昱珂，詹艾斌修订完成。

“快乐中国”主题。2011年“快乐女声”的举办依旧打出七年前“想唱就唱”的口号，但这种旨在突出消除距离感、人人皆能参与的口号已然不新颖，“选秀已死”的假想在各大媒体涌现。从海选到全国总决赛，湖南卫视似乎已经向世人证明“选秀不死”“音乐不死”“想唱不死”。且从总决赛舞台的扩大，现场观众人山人海的态势等方面看来，“快乐女声”的舞台背后似乎有了越来越多的关注者。

在研究中，2011年度“快乐女声”全国总决赛第一场（12进11）比赛开始直播前的一段宣传视频引起了笔者的关注。湖南卫视的制作团队直面“选秀已死”的传闻，以欲扬先抑的手法来强调“真难想象还有什么能像选秀那样让人心满意足”。“让人心满意足”显然并非传统美学意义上所说的精神超越或审美品位的提升，然而，这却是“快女”制作团队对其节目效果的自我确认。当然，通过“想象”一说来证明“选秀不死”的确难以站住脚，而节目制作人之一的龙丹妮所说一番话似乎成了整段视频中最有力量的观点：“你觉得音乐会死么？你觉得人们不想唱歌了么？所以音乐还在，我们也在。”乍闻，观众势必会产生赞同之感，但如果我们理性地分析则会发现其逻辑上的漏洞。首先，音乐是在人类文明发展进程中生成的一门艺术，承载着人类对自身及其外在世界的情感与价值判断，其作为一种纯艺术形式永远不会消失。然而，音乐中的多种范式却也在这一进程中遭受着不同程度的消隐、重构甚至是破坏，这与人类外部生活的不断变化紧密相关。其次，“快乐女声”的“声”字揭示了该选秀节目是依托音乐的表现形式而存在的，但它不能单纯地等同于音乐本身。“在一种意义上，我们可以说音乐是现代主义的界定性艺术，它致力于绝对的自足性，不为表现、表达的愿望所动，不为其他艺术形式发生联系的欲望所动。”①“快女”是以音乐为依托的女性展示平台，靠选手对音乐的表现吸引大众获取利润，这种以传播、营利为目的的音乐已然失去了作为纯艺术的独立精神。因此，我们需要认识到的是，“音乐不死”不能直接等同于“选秀不死”。那么，到底是何种逻辑在支撑着选秀、支撑着“快乐女声”的生存与发展呢？在此，我们有必要对“快女”尤其是2011年度“快女”现象的内在文化逻辑进行探讨和批判。

美国哲学家弗·詹明信在其研究中力图“透过某种主导型文化逻辑或者

① [英]史蒂文·康纳：《后现代主义文化——当代理论导引》，严忠志译，商务印书馆，2002年，第233页。

支配性价值规范的概念”来对“后现代主义与现代主义之间的真正差异做出评估”[①]，用总体化的方式得出后现代主义文化的基本特征。事实上，所谓“文化逻辑”和“主导形式”本质上是一种“支配性价值规范的观念”，也就是说在对“快乐女声”的文化逻辑的研究中须把握生产者一直秉持的某种思维方式和这种思维方式的文化表征，通过整体做出批判。在对詹明信所阐述的后现代主义文化特征进行整体把握的基础上，本节拟对 2011 年度“快乐女声”节目运作的“商业化”、观众“主体零散化”等方面的文化表征进行探讨，以期挖掘出“快女”文化生产的核心文化逻辑。

一、经济利益诉求与娱乐消费

表面看来，“快乐女声”是一个紧密依赖艺术而成长的文化节目，而事实上，在湖南广播电视台将“快乐女声”定位为“文化品牌”时，就已经确定了该节目的根本诉求在于经济利益而非纯艺术展现。

后现代主义（post-modernism）作为一种文化表征在此体现得十分明显，其文化逻辑表现为“空前的文化扩张”[②]，詹明信认为，它源于资本极度扩张的社会状况。这里的“资本极度扩张”并非政治语境下的概念，而是倾向于对社会经济状况的界定。“快乐女声”作为市场经济的产儿，其生产者则以利益最大化为其终极追求，文化的内核逐渐消失，最终走向文化逻辑被资本逻辑所取代的境况，而成为詹明信所说的资本极度扩张经济状况下的文化现象。

改革开放之后，人们的生活水平逐步提高，精神文化的多层次需求日益显露出来，大众文化应时发展。而此时的欧美大众文化市场相对较成熟，低成本的文化节目以多元的形式风靡世界。在全球化的推动下，西方大众文化样式以极其迅速的态势进入第三世界的文化领域。目前，我国的大众文化产业为谋取快速的成长趋向于模仿欧美文化市场及其模式，《快乐女声》的前身《超级女声》就是以《美国偶像》为蓝本设计而成的，极强的平民参与性将选秀类节目推向了高潮。在激烈的竞争中，收视率逐步

① [美]詹明信：《晚期资本主义的文化逻辑》，张旭东编，陈清侨等译，生活·读书·新知三联书店，1997 年，第 432 页。

② 王岳川、尚水编：《后现代主义文化与美学》，北京大学出版社，1992 年，第 25 页。

成为衡量节目好坏的重要尺标及节目展现其自身价值的凭据。由此，“快乐女声”节目的生存必定植根于不断扩大生产以获得最大的剩余价值这一经济发展规则。生产无疑与消费相联系，那么，选秀的消费何在？在于人们对节目的关注，及其上、下游产业链的带动①。下面，我们从受众角度对此尽可能做一些深度讨论。

在生产过程中，音乐艺术本身的纯艺术性面临挑战，但不置可否的是音乐的美一定是伴随音乐而存在的——不论这种美是进行了何种加工或附加了多少非自然元素，只是它存在的方式和内涵发生了根本的改变。詹明信在分析当代西方社会的美感生产与经济生产之间的关系时指出：“美感的生产已经完全被吸纳在商品生产的总体过程之中，……在社会生产关系中，美的生产也就愈来愈受到经济结构的种种规范而必须改变其基本的社会文化角色与功能。”② “快乐女声”所承担的社会功能主要是娱乐大众，被生产的美也顺应这种功能而成为俘获消费大众（以年轻人为主）的利器，以期赚取巨额利润。可见，商业化的美感抛弃了传统美学的根本精神，毅然转身成为赢取利润的无形商品。

2011 年度“快乐女声”的生产者显然已经认识到以一驭万只是墨守成规的代名词，靠音乐单枪匹马难以博得更多消费者的芳心。受众在接受过程中依托感官被刺激的程度而对节目做出判断，七年的选秀活动势必会在受众的心里留下一丝厌倦或者是审美疲劳。为了牢牢抓住消费群体，为了在年复一年的选秀中突围、获取新生，生产者便打出创新、革新的旗号安排着“意想不到的挑战”以挑动观众的感官神经，企图通过这样的方式阻止选秀走向末路。每一个字无不扯动着受众的神经。巨大的秀场显现出生产者高额的投入，象征“高档次”的竞赛规格；千人的投票似乎代表了民主，话语权利的转向；微博评审即将带来的热辣评判无疑成为中心舞台上激烈角逐之外的又一场唇枪舌剑。这些消费代码的拼凑给“快女”贴上了诸多增值标签，同时也意味着它将更肆虐地扩张，追求更多数量的受众为其文化投资买单。然而，附加标签只能提升其附加值，只有设计出与观众的需要相契合的选秀文本才能寻求新的“畅销”之路。所以，2011 年度的“快女”不仅在节目形式

---

① 董伟：《社科院“文化蓝皮书”解读：“超女”贡献社会经济至少数十亿》，《中国青年报》，2006 年 1 月 12 日，第 2 版。

② [美]詹明信：《晚期资本主义的文化逻辑》，张旭东编，陈清侨等译，生活·读书·新知三联书店，1997 年，第 429 页。

上尝试了一些创新，而且在其音乐选秀性质的天平上亦有所倾斜。

随着真人秀节目的明确定位，2011 年度“快女”制作团队不断在音乐的本质之外埋下更多的消费种子。由于大众对音乐欣赏水平有限，即便是对通俗歌曲的演绎，依然只有少数人能从专业角度对其做出评价。相反，选手个人的性格表现则很容易被大众所辨识，从近年来各种“粉丝”团体的出现可以看出，他们对选手的喜爱并不一定取决于选手的演唱功力，而更多的是源于选手的个人经历和情感能在某些状态下让受众与其发生情绪共振。现代科技的进步让选秀比赛不再局限于当下的舞台场域，在 2011 年度“快女”全国总决赛中，多条 VCR 将舞台之外的选手带入比赛过程中，这不仅可以扩充舞台表现的空间，丰富选手的情绪表现渠道，还可以将音乐选秀节目原本以技艺为中心的原则悄然转化为以“真人”为中心，而这一切的根本目的则在于吸引观众[①]。这样一来，音乐选秀节目的天平将大众从对音乐的欣赏与评价中“解救”出来，而加大对“真人”表现的消费的倾斜，走向纯娱乐性消费。这种倾斜是有时代原因的。一段时期以来，东西方的文化出现巨大变革，变革的产生不单单是因为艺术家（或者说文化输出者）对文化受众的改变，还源于文化接受者心理需求的改变。“在东西方文化冲突的表象下，潜伏的是一种对传统信念和精神价值的危机感”[②]，这种危机感使得受众对新事物有着强烈的渴求欲望。对应这种欲望，各类消费品在大众传媒的精心设计下应运而生。于是，观众对这些消费产品非但没有排斥，反而表现出极度的热衷。

但是，历经多年的选秀是否已经疲软，失去了其广大的受众团体呢？答案是否定的，这类节目的主要受众是青少年，而播出周期与受众换代周期可以保持基本一致，也就是说即使 2011 年度“快女”失去了一批已经“长大”的观众，但它同时又会收获一批“年轻”的新观众。不同年龄层的受众都会拥有专属于自己以及自己时代的大众文化产品[③]，同样，不同的大众文化产品也可以生产出属于或者专属于自己的受众。在新的受众享受着“快女”所带来的似乎是全新的美感之时，他们并不知道这种美感正是为他们所创造的，目的在于让他们欣然接受或者倍受刺激。我们已然明白，这些“美感”不再

① 参见《清华大学尹鸿教授：欧美娱乐节目新观念与新模式》，载人民网，2007 年 6 月 11 日，http://media. people.com.cn/GB/22114/85575/85576/5851490.html。

② 王岳川：《后现代主义文化与价值反思》，《文艺研究》，1993 年第 2 期，第 44 页。

③ 叶烨、刘学：《大众文化产品的古典诗词传播能力及传播性状考查》，《江西师范大学学报》（哲学社会科学版），2012 年第 5 期，第 65 页。

拥有丰富的内核，而是转变为经济利益服务的空洞的符号或者说“代码”，然而，一个耐人寻味的事实是，受众在热衷于观看节目或者追逐自己偶像的过程中并不知道自己已经沦为这些代码的支付者和消费者，显然，这在社会个体特别是青年人的成长过程中是一个尤为值得重视的重大问题。

二、主体零散化与商品化运行模式的极致彰显

当受众沉浸于全民狂欢时就已注定他们不可能进入审美的“乌托邦式的感应模式”①的状态之中了，取而代之的是浅层感官的极度敏感和对崭新世界的好奇。观众的期待在此刻灌满胸膛，他们屏住呼吸，等待着尖叫、宣泄的那一刻。可以说，人在失去理性的同时其主体性也逐步消亡，这意味着主体“零散化”状况的出现。王岳川在《后现代主义文化逻辑》一文中论述主体“零散化”时这样说道：

> 后现代人在紧张的工作后，体力消耗得干干净净，人完全垮了，这是一个非我的“耗尽”（burnout）状态。这使那种现代主义多余人的焦虑没有了立身之地，剩下的是后现代似的自我身心肢解式的彻底零散化。在这种后现代主义的“耗尽”里，人体验的不是完整的世界和自我，相反，体验的是一个变了形的外部世界，和一个类似“吸毒”一般幻游旅行的“非我”。人没有了自己的存在，人是一个已经非中心化了的主体：无法感知自己与现实的切实联系，无法将此刻和历史乃至未来相依存，无法使自己统一起来，这是一个没有中心的自我，一个没有任何身份的自我。②

由此，我们可以得知，一部分当代都市人体验的是一种在都市生活压力之下强烈却又不可靠的虚拟幻象，他们已经丢失了自身的内在精神，无法对事物做出判断，只是在解放、宣泄时依凭感官和幻觉在迷蒙中获取外部世界的信号，沉浸在巨大冲击力和眩晕力的旋涡中，感受形而下的欢愉。压抑和奔忙让

① [美]詹明信：《晚期资本主义的文化逻辑》，张旭东编，陈清侨等译，生活·读书·新知三联书店，1997年，第435页。

② 王岳川、尚水编：《后现代主义文化与美学》，北京大学出版社，1992年，“代序”第28页。

那种在“崇高位置上以一种体验模式或情绪样态笼罩一切的状态”[①]消失不见，受众无须沉静下来对美进行感知，无须以高深的知识文化结构进行审美判断，更无须将自己织入历史之中感受厚重的人文意义。在主体零散化的同时，他们触碰到了于真实世界中无法体会的“轻”，且正是因为缺少主体的自我认识，也就更不可能察觉到“轻”背后的恐慌和危机。外界那种信号刺激就像强大的离心力，带着他们旋转、远离原有的中心，最后支离破碎。

应该说，主体消失之后，文化输出者对受众的迎合也就变得更加容易。例如，历届“快女”均会播出海选的真实场景，这让观众的审丑动机和虚拟的介入与参与感得到充分满足；而在 2011 年，这种迎合就表现得更为突出甚至露骨：播出“女声学院”选手们的日常生活镜头，从而满足观众的窥视欲；邀请“草根意见领袖”（微博评审团）参评，辛辣评语的背后，他们的另一重身份是自己微博粉丝的传声筒，象征微博粉丝话语权的实现；草根明星返乡可以让同乡生出自豪感，拉近距离，从而获得一种“代替性满足”[②]；在全国总决赛时设置“选手互投 PK 赛”，满足观众窥探友谊与背叛的动机；设置小考最后一名与车轮战最后一名的“换位 PK”则迎合了受众追求刺激体验的需要；让在场观众投票决定选手的去留则让他们感受到了自己至高无上的决定权。

人在失去内在精神、沦为零散化的主体之后，走向浅层也就成为必然，只要当外界某一与其相契合的信号出现，他们就会像磁铁一样吸附在信号的周围，主体被离心力不断抽离则导致这种情况的恶性循环。所以，生产者只需要创造出具有异质性的影像，不断更新刺激信号，就可以俘获众多猎奇的目光。在这种情况下，“快女”的生产者弃社会效益语境下的提高受众审美趣味这一诉求于不顾而不断迎合受众的多种浅层需要，以追求更多的商业利益就成为一种基本的选择，也是他们的根本性价值定位。

2011 年度的“快女”在节目设计与运行方面，所有内容均以受众的接受趣味及其能力为出发点，并回归到对受众关注度的长久占有之上，将观众奉为上帝，也把这看成节目的生命所在。最终，导致了其文化现象极度商品化，而节目本身则成为商业美感的生产主体。与此同时，受众的主体零散化使他们失去

① 蒋荣昌：《消费社会的文学文本》，四川大学出版社，2004 年，第 48 页。

② 中国传媒大学传播心理研究所研究小组：《流行娱乐节目收视心理研究——以“超级女声”的实证分析为例》，《中国广播电视学刊》，2007 年第 2 期，第 63 页。

理性判断力和审美能力，仅剩下对节目或选手的本能的追逐，使得商品化运行规则在竞争中如鱼得水，这也进一步迎合了“快女”商品化运行模式的可行性。可以说，2011 年度“快女”文化逻辑的核心是“商品化”。

在这一逻辑的运行动力下，整个节目的设计与运营上呈现出一种表层的、无深度感的空洞，所有的内容均浮至现象之上，现象中包含着商品化的美感，刺激着千百万双早已“物化”①的眼睛，只为给他们带去新奇与消费的欲望。其实，这也是当下泛审美时代的一种基本的审美表现形式，它暗合了当下日常生活审美化的总体流向，只是，我们需要明确地认识到，尽管这是社会的一种进步，但如同当代德国美学家韦尔施所指出的，这实质上是一种浅表层次的审美，它一方面与当下一般世界状况中人们的享乐主义生活方式及其价值观相关，另一方面也作为消费社会的一种经济策略而被运用，大都服务于经济目的②。如此来看，我们说，“快乐女声”尤其是 2011 年度的“快女”现象的核心文化逻辑是商品化或者说其支配性价值规范在于商品化就是一个无须再做过多论证却又颇具力量的基本结论了。由是，对于“快乐女声”文化现象，我们需要具有、保持和增进一种足够清醒的批判性态度，以优化受众的公共文化生活空间并提升其品质，从而积极寻求和推动大众文化在当下的良性生长、健康发展。很显然，这也是我们在当下检视“快乐女声”文化现象时理应形成的一种根本性立场。

第四节　“快乐女声”中的青春摇滚批判③

“快乐女声”开办之后颇受大众关注，历届“超女”“快女”，如李宇春、周笔畅、张靓颖、安又琪、江映蓉等在中国内地歌坛均拥有庞大的粉丝群。很显然，“快乐女声”构成了一种特殊的大众文化现象，其中体现出的特殊文化问题和审美倾向问题是应该引起相应的重视的。在这里，我们拟从对 2011 年度“快乐女声”全国总决赛“五进四”比赛中的摇滚歌曲的解读出发，对其彰显出的青春摇滚姿态以及相应的价值立场进行必要的当下批判性

① [美]詹明信：《晚期资本主义的文化逻辑》，张旭东编，陈清侨等译，生活·读书·新知三联书店，1997 年，第 440 页。

② [德]沃尔夫冈·韦尔施：《重构美学》，陆扬、张岩冰译，上海译文出版社，2002 年，第 1-4 页。

③ 本节的初稿撰写者为伍文珺，詹艾斌修订完成。

评价。

中国内地摇滚已然走过了30年，其间历经了发轫、辉煌、瓶颈和低迷几个阶段。摇滚作为一种音乐形式在发轫之初就已注定与青春紧密相连，正如理查德·戈尔德斯坦（Richard Goldstein）在《摇滚之诗》中所表达的，摇滚最重要的特点就是对青春活力的肆无忌惮的挥霍。作为一种通常被描述为反传统的工具、反抗主流意识形态、商业建制以及文化霸权的音乐，摇滚乐对青年的影响无疑是巨大的。它是属于青春的、属于年青一代的。在2011年的"快乐女声"中，亦有摇滚的身影，这主要体现在"五进四"比赛的摇滚专场中。那么，"五进四"的青春摇滚到底本色如何？其与真正的摇滚精神是否存在距离？我们究竟应该怎样对之进行合理的评价呢？

一、全国五强的"青春摇滚"歌曲及其歌词呈现

2011年"快乐女声"总决赛第八场也就是"五进四"比赛的主题为"向摇滚致敬"，口号为"青春微力量，摇滚向前冲"。节目彰显青春摇滚力量的用意显而易见，在比赛中亦有硬性规定，在第一轮"一对四"换位PK战中"快女"五强选手必须演唱摇滚歌曲，并且请来超载乐队吉他手李延亮、团结湖乐队吉他手龙隆、轮回乐队吉他手赵卫、唐朝乐队吉他手陈磊、子曰乐队吉他手汶麟等摇滚乐的"前辈"助阵演唱。

第一轮比赛中，刘忻、段林希、洪辰、苏妙玲、杨洋演唱的曲目分别为改编版的《灰姑娘》《飞得更高》《爱情三十六计》《Amani》《我愿意》。颇有意味的是，这五首歌中《灰姑娘》《飞得更高》《Amani》的原唱均为中国摇滚乐的代表人物，郑钧、汪峰和Beyond乐队——尽管郑钧和汪峰后期的音乐总被人诟病为堕落的伪摇滚，《爱情三十六计》与《我愿意》的原唱则是以演唱抒情歌曲而闻名的蔡依林和王菲。

当然，鉴定一首歌曲是不是摇滚，什么人唱的并不那么重要，重要的是这首歌本身是否能让人感动并充满力量。不能单纯地因为一首歌是流行的而否认它是摇滚音乐。正如崔健在《自由风格》一书中所说的，摇滚乐本身应该说是流行音乐的一种，它是与商业结合的产物，同时也是有影响的文化现象。从文化上讲，它属于大众文化；从音乐上说，它直接、简单而又有强烈的情感表现。同时值得注意的是，摇滚乐虽然属于流行音乐，但并非等同于流行音乐。摇滚乐和一般的流行音乐相比有其自身的特点。"摇滚"（rock）

一词本意是岩石，关于它的起源，较为大众普遍接受的说法是由于西方资本主义文明的腐朽，人们对现实不满却又无法宣泄，于是摇滚乐应运而生——这是 20 世纪 50 年代的事了，下文将简要论述。相比于西方，中国内地直至 1986 年崔健推出中国首张摇滚专辑《一无所有》后，才迎来了属于它的摇滚时代。崔健在《一无所有》中唱道："我曾经问个不休，你何时跟我走"，这把 20 世纪 80 年代向 90 年代转型的过程中年青一代的痛苦、失落、迷惘而又无奈的精神状态反映得淋漓尽致[①]。值得注意的是，中国早期摇滚乐尽管在形式上是模仿西方摇滚乐的，但其精神气质却已颇具摇滚乐的反叛性和独立性，而这正是我们在摇滚音乐问题上相对明确的共识性判断。

在摇滚乐中，歌词就是诗，就是音乐最终要表达的思想和情感。比起技巧，摇滚乐更注重的是参与，它是一种大众文化活动；而这，也是摇滚乐区别于其他音乐种类的一个重要特征。摇滚歌手们通过许多名目不同的符号系统来与听众交流，而音乐只是其中之一，它甚至可能还不是主要的一种音乐形式。一个有力的证据就是，摇滚乐更多的是被赋予文化意义而非音乐意义。因此，我们说，如果有一个理解摇滚乐的思想意志和文化意义的便捷方式存在，那就是分析它的歌词。

在"五进四"的比赛中，"快女"刘忻演唱的改编版的《灰姑娘》是偏向民谣风格的摇滚歌曲，抒写的是男子对女子的思恋之情："怎么会迷上你，我在问自己，我什么都能放弃，居然今天难离去。你并不美丽，但是你可爱至极。哎呀灰姑娘，我的灰姑娘。我总在伤你的心，我总是很残忍，我让你别当真，因为我不敢相信。"这一改编版本和郑钧的版本相比，多了一份女性的柔媚和俏皮，同时，改变了原来曲目中葫芦丝的背景配乐，置换成了重金属（heavy metal）的贝斯，再配以强烈的鼓点。这样，原曲中悠扬婉转的对女子的低吟浅唱变成了改编后的感情激烈的演绎。类似的情况也出现在"快女"洪辰和杨洋的身上，她们把原来的情歌变成了具有"rock"感觉的歌曲。歌词基本和原来的一致，但是在其剪裁、配乐还有鼓点的节奏上做出了改变。这样的改造使得原有歌曲所拥有的强烈女性特质，诸如可爱、甜美、感性等，表现出了某种新的主题，从而使之变成一种更有力量的表达和诉求。洪辰在《爱情三十六计》里唱道："爱是一种奇妙的东西，会让人突然不能呼吸。我需要一个人找个地方静一静，决

① 张武宜：《当摇滚遇上文化创意产业》，《艺术评论》，2011 年第 1 期，第 76 页。

定究竟什么该放弃。是谁开始先出招没什么大不了，见招拆招才重要，敢爱就不要跑。爱情三十六计就像一场游戏，我要自己掌握遥控器。爱情三十六计要随时保持魅力，才能得分不被判出局。爱情三十六计就像一场游戏，你要自己掌握遥控器，爱情三十六计要随时保持魅力，才能得分不被判出局。”整个歌词彰显出一种女性独立自主掌握爱情、不被他人左右的独立精神，表现了一种对爱情主动出击的态度，一反之前描写男女情感的歌曲中女性的柔弱姿态，以智力和理智去对待自己的感情。一向以甜美歌喉示人的杨洋，在“五进四”比赛中挑战摇滚歌曲，既有评委蔡国庆对其的“惊艳”之说，也有评委伍洲彤当场指出的缺点：摇滚是一种精神而不是肢体语言。崔健也说过，摇滚乐的魅力是由好的音乐技术，好的来自身体的力量，好的歌词内容构成的。显然，身体力量并不等同于肢体语言。对此，同为评委的胡海泉说得非常直白：“摇滚不仅仅是用尽全力地歌唱，更是发自肺腑的态度。”对于摇滚乐来说，音乐本身传达的态度、信念以及力量是非常重要的。段林希演唱的是汪峰的《飞得更高》，她的版本唱道：“这谜样的生活锋利如刀，一次次将我重伤。我知道我要的那种幸福，就在那片更高的天空。我要飞得更高飞得更高。狂风一样舞蹈挣脱怀抱，我要飞得更高，飞得更高。翅膀卷起风暴心生呼啸，飞得更高，飞得更高，飞得更高。”其实，汪峰这首歌本身就表达了一种“哀而不伤”的情感，即使遇到挫折也要努力向上的奋发的态度，赞美了生命的期待和希望，而段林希的演绎也更有一种生命的热烈充盈在其中。苏妙玲选择的是Beyond乐队的歌曲*Amani*，传承着Beyond乐队热爱和平的精神特质，一遍遍地向上天呼告歌者对于和平的热望。

二、“快女”演唱曲目中的摇滚自由风格

崔健认为，摇滚乐给人的感觉可以概括为三“自”，即“自信”（别忘掉自己）、“自然”（别勉强自己）、“自由”（解放你自己）。诚如崔健所言，摇滚乐本身就意味着“自由”——冲破思维禁锢的自由、表演形式的自由和自我表达的自由。并且，摇滚乐本身也包含了多种音乐种类，在摇滚的风格选择上有很大的自由。每一个追求和支持摇滚精神的人，都代表了一种独立和自主的做人方式。好的摇滚乐不是让一百个人唱一种风格，而是在一百个人有一百种选择和演绎之余，又互相尊重，实现自由。自由是一种态

度，自由是一种生活，自由是对必然的占有，自由也就成了人们的根本诉求。摇滚乐最根本的内在精髓即表现于此。

“快女”演唱曲目中的摇滚自由风格首先体现为冲破思维禁锢的自由。如前所述，“快女”们在演唱歌曲的选择上是多样的，这本身就体现出了一种自由精神。与此同时，还表现为对原唱歌曲的改编，对曲子节奏、韵律、配乐的改变，等等。最典型的代表是洪辰演唱的《爱情三十六计》，她把一首带有女生甜美可爱、轻松活泼的小情歌变成了一首极具力量和女性独立自主意识的摇滚歌曲。同样地，杨洋用加快的鼓点、贝斯把王菲脍炙人口的《我愿意》这首如泣如诉、深情款款的抒情慢歌刻意地变成了一首表达强烈情感的歌曲。由婉约而至激烈，其情感的变化和表达可见一斑，尽管演唱得不甚成功。这种冲破思维的禁锢，不唯歌曲原意为是，而自我演绎歌曲的个性风格，就是摇滚的自由精神之所在。

同时，“快女”演唱曲目中的摇滚自由风格还体现为主题表达的自由。既有对爱情思恋的表达，如刘忻的《灰姑娘》和杨洋的《我愿意》，也有对女性独立意识的表达，如洪辰的《爱情三十六计》，还有对生命不息、奋斗不止的热望，如段林希的《飞得更高》，以及对世界和平的呼唤，如苏妙玲的 *Amani*。

然而，在“五进四”的“快女”比赛中，演唱曲目风格的趋同现象也是不能不加以重视的。无论是《灰姑娘》《爱情三十六计》《我愿意》，还是《飞得更高》和 *Amani*，都是一味地把节奏加快，带着重金属的气息，而其他摇滚风格、摇滚形式却并未出现在“五进四”的舞台上，风格单一；我们不得不说，这其实在某种意义上也是对摇滚自由精神的反讽。而且，真人秀这种现场比赛，加之以“命题作文”的考查方式，不可谓不残酷激烈。娱乐节目存在着种种商业性的考量，选手们是否真的能借助音乐自由地表达自我，她们演唱的是否就是其真心想表达的，我们不得而知，但它至少是一个问题。

三、摇滚的反抗与决绝

对摇滚的反抗与决绝特质的认定需要简要回顾一下摇滚乐的产生背景。摇滚乐的正式产生是在 20 世纪 50 年代中期，但是这个名词却在 50 年代初期就已经出现。1951 年，克利夫兰电台唱片节目主持人艾伦·弗里德（Alan

Freed）从一首布鲁斯歌曲《我们要去摇，我们要去滚》中创造出了“摇滚乐”这个名词。1955年，电影《黑板丛林》（*Blackboard Jungle*）的上映给摇滚乐的产生带来了巨大的影响。它讲述的是一群学生造反的故事。一位中学教师面对这群学生唱起了一首歌，这首歌就是影片的插曲《昼夜摇滚》（*Rock Around the Clock*），它在青少年中引起了极大的轰动。1955年7月，《昼夜摇滚》在波普排行榜上获得第一名，这标志着摇滚时代的到来，其演唱者比尔·哈利也因此成为青少年崇拜的第一个摇滚乐偶像。

摇滚乐不仅仅是一种音乐流派，更是一种思考方式，一种生活态度。在产生之初，摇滚乐充满着对社会生活历史以及人的生命本身的反思，其诞生与美国黑人的不幸命运联系在一起，表达了黑人在政治上的自觉反抗，而且是决绝的。摇滚乐的这一“反抗”内质，无疑也造就了中国摇滚乐内在的或者说是潜在的反抗性。与西方摇滚乐人相比，中国摇滚乐人更像是一群理想主义者，他们企图在现实生活中进行新的精神构建，表现出对自由理想的诉求与渴望。可以说，中国虽然缺乏摇滚乐的演出，但并不缺乏摇滚文化，而且摇滚文化已然成为当代中国都市青少年文化的主要表现形式之一。就像崔健所说的，“我的摇滚乐所表达的是一种社会所需要的思考，一种认识。在你一切完美的时候，和在你最不顺、最萧条无助的时候，这个社会总是需要人理智地看待它，这种看待是一种黑色的。它诚实地说出其中的问题，让你觉得这个社会很有意思，帮你有所发现，但并不是为了逗你笑就胳肢你或说些虚伪的话”[①]。这样看来，摇滚作为反抗与决绝，也是一种对现实的反映，甚至带有超现实的某些意味。其中包括思想上理性与深度的追求、感官上独特经验的强化以及批判立场上的针锋相对。

摇滚乐手一方面，具有艺术家的特质，他是敏锐的，比常人更早、更强烈地感受到时代的病痛和希望，因此往往被看作时代的感官、测试仪、先知或发言人；另一方面，艺术家真正追求的还是自我表达，是艺术上的完美，因此本质上他又是独立于和超越于时代的。这就注定了摇滚乐骨子里就带着决绝。举具体的摇滚乐人来说，如崔健，周国平是这样评价的：崔健常常被人们视为具有一种对于现实的不妥协的反抗立场，但反抗本身其实并不能构成一种立场。一切为反抗而反抗的立场只能沦为一种姿态，或者一种观念的演绎。任何有意义的反抗总是有所坚持的，是对某种价值的肯定、捍卫和追

① 崔健：《飞跃摇滚的“孤岛”》，《文汇报》，2006年11月15日，第7版。

求。在崔健那里，这种价值就是真实的人生。对现实的反抗，对真实人生的追求，可以看成是以崔健为代表的一代摇滚乐人的特质之一[①]。这在崔健的作品《不是我不明白》中可以清晰地看出来。他唱道：

> 过去我不知什么是宽阔胸怀/过去我不知世界有很多奇怪/过去我幻想的未来可不是现在/现在才似乎清楚什么是未来/噢……/过去的所作所为我分不清好坏/过去的光阴流逝我记不清年代/我曾经认为简单的事情现在全不明白/我忽然感到眼前的世界并非我所在/二十多年来我好像只学会了忍耐/难怪姑娘们总是说我不实实在在/我强打起精神，从睡梦中醒来/可醒来才知这个世界变化真叫快/噢……/放眼看那座座高楼如同那稻麦/看眼前是人的海洋和交通的堵塞/我左看右看前看后看还是看不过来/这个这个那个那个越看越奇怪/过去我不知什么是宽阔胸怀/过去我不知世界有很多奇怪/过去我幻想的未来可不是现在/现在才似乎清楚什么是未来/噢……/不是我不明白，这世界变化快。

其中有反抗，有与整个社会的疏离感，有对真实的顽强追求，也有对某些社会现实的决绝。

四、“快乐女声”的摇滚歌曲离真正的摇滚精神有多远

摇滚精神无疑是多元化的，它能够呈现艺术自由自在的特点，能够呈现生命的真实和艺术的真实，能够反映出社会个体的生存状态与精神状态。有人说，摇滚的精神是自由；有人说，摇滚的精神更多的是泄愤；有人说，摇滚的精神就是一种个人心中所认为的音乐形式；有人说，摇滚的精神是自我的爆发和体现；有人说，摇滚的精神是对音乐语言的创造；有人说，摇滚的精神是一种独立的主张，一种对事物、对生活独特的见解，一种对真诚的追求，一种用疯狂与极端的方式对麻木社会的强烈讽刺；有人说，摇滚的精神是一种生活态度，一种生命信仰；有人说，真正的摇滚音乐是内心的毫无掩

---

① 崔健、周国平：《自由风格》，湖南人民出版社，2013 年，第 29-37 页。

饰，积极向上，永不妥协；有人说，摇滚的精神是对现实的反叛和决绝态度；还有人说，摇滚的精神是怀疑、反思与希望，是满怀人文精神和艺术气质的音乐。或许，在摇滚精神的界定上，我们还能够持续地列举下去。但在笔者看来，真正的摇滚精神是独立思考的能力，对现实的思索、反抗与批判态度，对现实生活积极介入的勇气和力量，以及给听者带来的永不放弃的精神与感动。

在摇滚乐日渐低迷的当下中国，对于真正的摇滚精神的追求更加迫切。正如张颐武在其《摇滚的生命：追寻自由——写在〈怒放〉之前》一文中所说的那样，摇滚仍在，摇滚的精神仍在，摇滚对于自由精神的追逐，对于精神的更高目标的渴望，对于自我的探寻仍然是今天的年轻人需要面对的。今天的社会既需要力争上游，也需要对于社会的价值和趋向进行新的探寻和思考[①]。

无论承认与否，2011 年度“快乐女声”总决赛在“五进四”的比赛中加入摇滚这一元素，对中国摇滚乐的大众传播是极有益处的；因为，一个简单的道理是，中国摇滚乐要发展，就必须走出自我设置的牢笼，向大众靠拢。

当然，我们也需要注意到，“快女”们的摇滚水准是不太让人满意的，但这显然也并不是说研究其青春式摇滚在当下就没有价值和意义。事情的真实面向是，恰恰是因为其不尽完美甚至有失水准，才有了我们在这里进行深入探讨的必要。

确实，相比于崔健、窦唯、张楚、何勇、痛苦的信仰等摇滚乐手和乐队，“快乐女声”的青春摇滚显得有点小儿科了。或许是因为女性的性别特质，或许是因为还过于年轻，她们对于摇滚精神的发掘是远远不够的。不论是刘忻的《灰姑娘》、洪辰的《爱情三十六计》，还是杨洋的《我愿意》都逃脱不了情感的圈子，落入就爱情而谈爱情的俗套，而缺乏对现实的思考与批判。苏妙玲选对了 *Amani* 这么一首意蕴深远的歌，其对歌曲的演绎只是中规中矩，但要说体现了什么力量和内在的感动却也是没有的。段林希的《飞得更高》保持了生命的热力和期待，然而除此之外，我们依然难说它还具有什么。这些曲目本身或者是经“快女”们的演绎，无一例外地脱离了拒斥、反抗、呐喊、批判与决绝，它们还是真正的摇滚吗？崔健认为，摇滚乐原本的特性就确定了它是一种具有愤怒和批判精神的音乐

① 张颐武：《摇滚的生命：追寻自由——写在〈怒放〉之前》，《中关村》，2010 年第 9 期，第 86 页。

形态，如果用快乐的方式去做摇滚的话，那就变成颂歌了。当然，我们并不认为，做摇滚就要愤怒。实际上，摇滚乐是自由的，但无论如何，我们还是需要去积极地追求和确认摇滚的精神内核，唯此，摇滚才不“死”，未来才常“在”！

第五节 法兰克福学派的大众文化批判

一、法兰克福学派大众文化批判立场的确立

法兰克福学派第一代理论家处在一个从总体上说是由“工业社会”向“后工业社会”挺进的时代[①]。在这样一个时代，一切都商品化了，商品观念成为一种现代社会的意识形态。文化产品的商品化，从一个角度深刻表明了西方社会的文化价值危机。现代社会文化呈商品化趋势的问题必然地进入法兰克福学派的研究视野。20 世纪 40 年代，法兰克福学派理论家在流亡美国期间，进行了一系列的旅美文化批评。他们发现当时的美国有一个既非法西斯主义的却又具有操纵性的发达的流行文化网络。于是，他们开展了对大众文化的批判性研究。在法兰克福学派看来，所谓大众文化是指借助大众传播媒介而流行于大众社会中的通俗文化，如流行音乐、通俗小说、艺术广告等。它潜在地操纵着社会大众的思想和心理，以一种貌似温和的形式培植大众的支持统治和维护现状的顺从意识。法兰克福学派理论家称之为巩固现存制度和秩序的“社会水泥”。这种大众文化是工业时代才具有的；不妨说，它的出现在一定意义上是西方文明自我逆变与现代西方社会工具理性膨胀双重作用的结果。法兰克福学派理论家把晚期资本主义时代的大众文化总称为“文化工业”。或者说，以“文化工业”概念取代了“大众文化”范畴，用它来主要指称凭借现代科技手段大规模地进行复制和传播文化产品的娱乐工业体系。霍克海默和阿道尔诺认为，晚期资本主义条件下的文化工业已经同整个资本主义的政治、经济连为一体；从而，资本主义在经济、政治上的统治与其在文化上的统治达成了一致。晚期资本主义社会的社会结构在整体性的联系之中。在他们看来，文化工业走向了反启蒙，它的出现标志着人们步入了

① Daniel Bell, *The Coming of Post-Industrial Society*, Basic Books, Inc., 1973.

大众欺骗的文化和社会阶段[①]。因此，必须对之进行批判。

二、法兰克福学派大众文化批判的多向性

如果把大众文化大致地纳入一个从出现、生产到消费这样一个动态的过程来考察，我们注意到，法兰克福学派主要是从以下五个方面展开大众文化批判的。其一，大众文化的兴起改变了人类文化活动的性质。大众文化的兴起及其流行是以下述几个方面的语境变化为条件的：大众消费趣味产生并且决定着特定历史阶段社会的主导精神需要，这可视之为大众文化兴起的首要前提；在此基础上，现存社会意识营构出普遍的大众化人格；文化生产卷入社会经济法则的运行之中，经济法则成为文化生产的“杠杆”；科技发展适应了文化大批量生产和即时传播、消费的大众化要求。这样，大众文化就消解了古典文化的仪式品格并颠覆了古典文化对人类终极问题的持恒性探究倾向以及其中所体现出来的意义；通过大众，它潜在地扩张自己的话语权力，从而成为一种时尚。法兰克福学派理论家注意到，资本对人们的统治已采取这样一种时尚的、闲暇的文化形式表现出来，它已经渗透到劳动者的业余时间，这样的文化活动只是劳作的延长，人们追求它只是“为了从机械劳动中解脱出来”，以便恢复精力再次应付机械劳动。就这样，文化活动失去了精神享受的性质，“快乐变成了厌烦”[②]。其二，阿道尔诺指出：美国流行音乐除了只是有限地重复着熟知的主题范围之外，作为形式的流行音乐节奏的结构也被严格地加以规范，而只有最小限度的变化才被允许，但其实这也只是为了隐瞒实质上的千篇一律[③]。因而，大众文化生产有一种标准化、齐一化的特点。“现代群众文化”（大众文化）的特征，在今天“已被置于一个中心指导之下，而且从整体中业已构筑了一个封闭体系。”[④]文化创造成了一种复制过程。文化工业取消了文艺作品的“反叛性”，文艺作品的自主精神荡然无存。在文化工业中，人们为了实现个性而诉诸的努力最终被模仿代替了。

---

① [德]马克斯·霍克海默、西奥多·阿道尔诺：《启蒙辩证法——哲学断片》，渠敬东、曹卫东译，上海人民出版社，2003 年，第 134-186 页。

② [德]马克斯·霍克海默、西奥多·阿道尔诺：《启蒙辩证法——哲学断片》，渠敬东、曹卫东译，上海人民出版社，2003 年，第 153 页。

③ 王鲁湘等编译：《西方学者眼中的西方现代美学》，北京大学出版社，1987 年，第 256-257 页。

④ [加]本·阿格尔：《西方马克思主义概论》，慎之等译，中国人民大学出版社，1991 年，第 216 页。

这种完全同化于现实商业逻辑的“文化工业”已经陷入“他律”的罗网，成为丧失了内在生命的干瘪的教化工具。其三，与大众文化生产的标准化、齐一化从而泯灭了文化个性的特征紧密相关的是大众文化排斥了个体文化，这就导致包括文化生产者和消费者在内的个人主体性的衰落。大众文化挤压人的个性。在文化工业中，个性就是一种幻象。在现代西方，关于文化的论争曾经围绕着个体文化与大众文化相对立的主题来进行，一些讨论者认为这两种文化形态是尖锐冲突的①。法兰克福学派理论家认识到，现代社会个体文化被大众文化无情地排斥以至于销声匿迹同样是启蒙走向反面的结果。“启蒙精神在技术工具方面的发展，伴随着一个失却人性的过程。”②大众文化生产乃至消费的一体化倾向是同人的主体性的衰落乃至个性的丧失联系在一起的。其四，现代西方社会是一个高度成熟的商业社会，商品化原则支配着社会的一切生产分配系统、社会权力结构乃至人们的思想观念。由是，法兰克福学派理论家认为，在资本主义商品制度的前提下，文化艺术已同商业密切融合在一起，被价值规律所统摄，具有共同的商品形式和特性。“文化工业引以自豪的是，它凭借自己的力量，把先前笨拙的艺术转换成为消费领域以内的东西，并使其成为一项原则，文化工业抛弃了艺术原来那种粗鲁而又天真的特征，把艺术提升为一种商品类型。”③马尔库塞更是明确地说：“资产阶级的艺术作品都是商品；它们也许甚至是作为上市销售的商品而被创作出来的。”④由于文化商品的偶像崇拜现象的出现，大众文化具有了商品拜物教特性。本雅明就在自己的著作里直接提出了大众文化的商品拜物教性质的问题。在《巴黎，十九世纪的都城》中，他用“拱门街”一词来指称把艺术用来服务于商业的、使文化产品的使用价值转化为抽象的崇拜价值的巴黎文化市场⑤。阿道尔诺则提出了“音乐拜物教”的概念。他认为，“音乐拜物教”是一个出现于经济学的范畴，它源于由交换价值而不是使用价值所统治的社会商品性质，表现为现代音乐生活已经被商品形式所统治⑥。其五，大众文化

① [法]路易·多洛：《个体文化与大众文化》，黄建华译，上海人民出版社，1987 年，第 11 页。

② Max Horkheimer, *Eclipse of Reason*, Oxford University Press, 1974, p. 5.

③ [德]马克斯·霍克海默、西奥多·阿道尔诺：《启蒙辩证法——哲学断片》，渠敬东、曹卫东译，上海人民出版社，2003 年，第 151 页。

④ 王鲁湘等编译：《西方学者眼中的西方现代美学》，北京大学出版社，1987 年，第 287 页。

⑤ [德]瓦尔特·本雅明：《发达资本主义时代的抒情诗人——论波德莱尔》，张旭东、魏文生译，生活·读书·新知三联书店，1989 年，第 175-191 页。

⑥ 欧力同、张伟：《法兰克福学派研究》，重庆出版社，1990 年，第 287 页。

消费是一种虚假需求，它体现出了一种所谓的“民主性”；而实际上，大众文化是一种潜在的支配和操纵的社会性力量，具有强制性，“一个人只要有了闲暇时间，就不得不接受文化制造商提供给他的产品”①。马丁·杰伊指出：“法兰克福学派反对大众文化，不是因为它是民主的，而恰恰是因为它不民主。他们持论，‘大众’文化的观念是意识形态的，文化工业支配着一种非自然的、异化的、假的文化而不是真实的东西，高雅文化和粗俗文化之间原有的区别在大众文化‘风格化的野蛮主义’中全部消除了。”②理论家们看到，工商业与文化结合的大众文化产品隐含着一种剥夺个人自主意识的压抑性的操纵逻辑，而这种操纵逻辑的默默运行，实与德国法西斯通过意识形态宣传对大众施加集权控制有着本质的相像。在这种强制性力量的控制之下，人们被支配，从而缺少选择，不能对话。法兰克福学派理论家深刻地揭示了大众文化的这一性质。正如本·阿格尔指出的：“法兰克福学派留给我们的是对以虚假需求、工具理性和日益衰落的个人等概念为基础的支配的批判。”③阿道尔诺持论，马克思的辩证法应当成为否定的，揭露和批判对人的支配，在现代西方社会，最适用的反对支配的革命抵抗方法就是批判的否定的哲学④。

法兰克福学派一些理论家对大众文化持一种决然的否定立场。本雅明则有些不同，他是矛盾的，也是慎重的。在对大众文化进行批判性研究的过程中，他又对技术发展带来的美学变革表示赞赏；因而，我们看到，他对大众文化持一种保留态度。在《机械复制时代的艺术作品》一文中，他创造性地使用了“韵味”（aura）这一重要概念。在本雅明的用语中，韵味是指艺术品的原作、真迹所具有的独特魅力，是观赏作品时欣赏者由作品的魅力而感受到的特有气息、氛围和意味，它由艺术作品独一无二的特性所造成。他指出，韵味经验开始是由最早的艺术作品因为执行其仪式职能而产生的，“与其韵味有关的艺术品的存在，从来就不能完全

---

① [德]马克斯·霍克海默、西奥多·阿道尔诺：《启蒙辩证法——哲学断片》，渠敬东、曹卫东译，上海人民出版社，2003 年，第 139 页。

② Martin Jay, *The Dialectical Imagination: A History of the Frankfurt School and the Institute of Social Research* (1923-1950), Little, Brown and Company, 1973, p. 216.

③ [加]本·阿格尔：《西方马克思主义概论》，慎之等译，中国人民大学出版社，1991 年，第 237 页。

④ Theodor W. Adorno, *Negative Dialectics*, Routledge and Kegan Paul Ltd., 1973, p. 27.

与其仪式的功能分开”[①]。而这也就是对由文艺复兴所开创的“对美的非宗教崇拜”的自由艺术传统的反映。韵味经验显然不适合当代大众的消费需要。本雅明认为，产生韵味经验的艺术传统留下了这样一个社会后果：“文化的历史增加了积累在人类脊背上财富的重量。但是文化的历史并没有提供一种用以摆脱这一重担以便能够掌握它的力量。”[②]于是，他开始了对机械复制时代艺术作品的思索。本雅明认为，艺术作品的机械复制表现出了一些新的东西，在历史过程中，它断断续续地取得了进步，机械复制在世界历史上第一次将作品从它对于仪式的寄生依附中解放出来。当然，艺术作品的大量被复制伴随着其韵味经验的消失，“在机械复制时代萎谢的东西是艺术作品的韵味”[③]；但随之而起的是原来只能被少数人观赏的艺术品变成了人人都可随时随地观赏得到的东西，这样，在一定的意义上就使被复制的艺术品恢复了活力。从而，艺术作品的全部功能就不再像早期艺术那样“建立在仪式的基础之上，而开始建立在另一种实践—政治的基础之上了”[④]。在本雅明看来，这无疑是一种艺术史上的伟大解放。如果仅据此而断定本雅明的思想认识出现了对大众文化判断的失误，显然是一种片面的看法；因为，它没有注意到本雅明思想的丰富性以及这一丰富性之中所蕴含的矛盾。事实上，在对机械复制时代的艺术作品表示首肯的同时，本雅明也深刻认识到了它的根本缺陷，“即使是艺术作品的最完美的复制物，也会缺少一种成分：它的时空存在，它在其偶然问世的地点的唯一无二的存在。艺术作品的这种唯一无二的存在决定了它的历史，在它存在的全部时间里，它都是历史的主旋律”[⑤]。这一缺陷导致了艺术作品韵味的瓦解。应该认识到，本雅明对艺术作品的韵味既表示坚持而又对由于现代技术发展带来的美学变革（它最终导致艺术作品韵味的消失）表示赞赏的矛盾决定着他对大众文化的基本态度，从根本上说，这种矛盾与他对发达资本主义时代的爱恨交织的双重情感有着密切的关联。

① 陆梅林选编：《西方马克思主义美学文选》，漓江出版社，1988年，第246页。
② 王鲁湘等编译：《西方学者眼中的西方现代美学》，北京大学出版社，1987年，第234页。
③ 陆梅林选编：《西方马克思主义美学文选》，漓江出版社，1988年，第243页。
④ 陆梅林选编：《西方马克思主义美学文选》，漓江出版社，1988年，第248页。
⑤ 陆梅林选编：《西方马克思主义美学文选》，漓江出版社，1988年，第241页。

三、法兰克福学派大众文化批判的启示

大众文化是流行文化。“哲学的真正功能”就“在于它对流行的东西进行批判”[①]。法兰克福学派对大众文化的批判，使我们清醒地认识到，大众文化的盛行包含着对历史人文理性的摧毁；它在摧毁历史人文理性的同时，又呈现着自我的一己状态下的理性。霍克海默和阿道尔诺在《启蒙辩证法》中就认为：自启蒙时代以来的200年，艺术日益向科学趋同，它越来越沦为理性的工具。从思想文化史来考察，历史文化的非理性主义，在 19 世纪的意志哲学以及广泛的现代主义艺术思潮中表现得淋漓尽致；而在此之后，它不可避免地没落了。非理性主义的历史文化已经逆变为在工具、科技理性统治下的理性化的大众文化，它排斥个人的包括意志冲动在内的非理性因素，一切都是技术理念下的符码的平面化操作，是工具理性的结果。于是，在文化领域，产生了西方文化的又一形态的理性主义——“第二理性主义”，它涵盖了工具物质理性的全部内容。这是一种别样的理性主义，即有别于传统意义上的以人文理性为主导的“第一理性主义”；相对于“第一理性主义”，它已经黯然失色了。这种从非理性主义到别样的理性主义的转换与生成，集中体现了历史进程中人类的意志及其文化选择的更迭。在这一狭隘的意义上，我们说，大众文化是人类意志及其文化选择在历史长河中更迭的产物。

文化和意识形态问题是法兰克福学派研究的中心。他们重视“意识革命”“精神革命”，扩而言之，是要进行“人的革命”。正由于有这样的思想前提，法兰克福学派理论家在他们的对大众文化的激烈批判中推出了隆重的西方马克思主义人学命题。他们洞察到现代人类“精神场”的巨大亏空，而在文明废墟之上做出文化拯救的努力。它是主观的，我们甚至可以认为这体现出一种理性过后的浪漫主义。他们深刻地洞察到，大众文化在现代西方社会中从很大程度上说就是资产阶级的肯定文化，它并不真正维护大众的利益。出于对大众文化批判的需要，阿道尔诺表现出了对现代艺术的极度偏爱，他渴望现代艺术繁荣局面的出现；马尔库塞也对美学形式发出了深情的呼唤以推翻流行的意识、普通的经验，他要颠覆大众美学。但是，现实社会不可能存在他们期望中的艺术得以产生而必须具备的文化土壤，因此，这必然具有一种悲剧意义。他们有一种找不到现实批判主体的悲凉心情，而只能

① [德]马克斯·霍克海默：《批判理论》，李小兵等译，重庆出版社，1989 年，第 250 页。

把自己思想的传递托付给“想象中的证人”[①]。然而，法兰克福学派理论家的悲壮努力也表现出了他们在人道主义旗帜下对现代西方文化进行主观调整的愿望，即以想象中的真正意义上的“人”的文化对抗发达资本主义时代的“非人”的文化。

我们需要明白，法兰克福学派对大众文化的批判，同时实现了社会批判的功能。在法兰克福学派中，奠定批判理论基础的是霍克海默。在《传统理论与批判理论》一文中，霍克海默正式提出了社会“批判理论”。他认为，批判理论是对马克思著作所开创的批判传统的继承，但马克思主义经历了从批判性到科学性的转移，为恢复马克思主义作为批判理论的本质，他把马克思主义，也把自己的理论称为“批判理论”。霍克海默持论，批判理论是一种以社会本身为研究对象的人类活动，它产生于社会结构，但它的目的却是对之进行批判[②]。该学派理论家往往把他们的社会批判理论直接看成一种意识形态批判学说。马尔库塞的社会批判著作《单向度的人》的副标题即是“发达工业社会意识形态研究”；哈贝马斯更明确指出，批判的社会理论“采取意识形态批判的形式”[③]。这样，我们可以说：法兰克福学派的大众文化批判的根本指向是社会批判，或者说大众文化批判只是一个中介——从潜在的思想文化领域到以理论形式表现出来的总体社会批判的一个中介，它在本质上是以社会批判为目的的，因而，它注重文化分析的社会性维度。由此，我们赞同乔治·斯坦纳的看法。他认为，法兰克福学派追随马克思主义美学批评传统上的第二条线索，这条线索源自恩格斯所开创的传统。恩格斯评价艺术时较少根据创造者的政治意图，而更着重其内在的社会意义[④]。

正像有的论者所指出的，法兰克福学派对大众文化的批判，反映出了现代资本主义文化领域的消极腐败的某些方面；从一定的角度上说，它体现出了理论家们对由于文化产品的商品化而加剧的现代西方文化价值危机的深刻反思[⑤]。然而，法兰克福学派对大众文化的批判的意义显然并不局限于西方文化领域。今天，文化的大众化已成为一种世界化趋势。在中国，社会主义市

① 李遥、耿刘从：《马尔库塞美学思想论》，《北京社会科学》，1988 年第 1 期，第 116-124 页。

② [德]马克斯·霍克海默：《批判理论》，李小兵等译，重庆出版社，1989 年，第 198 页。

③ 欧力同、张伟：《法兰克福学派研究》，重庆出版社，1990 年，第 262 页。

④ Martin Jay, *The Dialectical Imagination: A History of the Frankfurt School and the Institute of Social Research* (1923-1950), Little, Brown and Company, 1973, p. 173.

⑤ 欧力同、张伟：《法兰克福学派研究》，重庆出版社，1990 年，第 290 页。

场经济体制已经逐步确立，一般社会状况出现了重大的变化；在这一前提之下，文化产品的商品化问题也日益突出了。由此，法兰克福学派对大众文化的批判给我们以足够的启示，它对我们思考现实文化问题和合理地规范文化的价值取向的意义是不言而喻的。

附　录

感 受 旷 野

一

他从童年和少年时代的记忆中走来。

他还依稀记得儿时斑驳的稚嫩；他明白，这稚嫩是一份真，也是一份率直和自然。爷爷是他的首要启蒙者。妈妈说，在他出生后不到6个月，爷爷就来到了他身边。从那时起，他开始在爷爷并没有长满老茧的双手中走过了一个个晨昏和一道道原野的田埂。爷爷是一个在当地颇有名气的知识分子，那时正处于病养期。或许是孙儿四人的次第出生带来了无限的期盼与欢愉，爷爷的病一天一天地好了起来。现在，在他绵长的怀想思绪中已经慢慢淡去了爷爷躬身引导和温情呵护的痕印，但他试图捕捉，——捕捉那种言不尽意的邈远而又馨香的回忆。在他开始大学生活后的第一个夏天，爷爷带着慈爱、学识和对于人世间的感悟走了。以一生的沧桑作为支撑，爷爷走得很从容。承继着爷爷留下的以毕生奋斗、抗争而铸就的精神遗产，他深深地感受到生命的厚重及其意义的悠远与博大。每年他都会去祭奠爷爷，当他每次走进爷爷躺着的那片树林——据说那是一片圣地，他都有一种身处旷野的感觉。他原本就是旷野的儿子。

他在乡村中长大。他一直觉得出生于乡村对于自己是一种幸运。现在的他在塑造自身的人格时仍然蒙惠着乡村的恩泽，血管里流淌着的也依旧是散发着原野芳香而又质朴的血液；无疑地，那是生命对于他的丰厚馈赠。乡村的雾霭有时很浓，当你沉浸于其中时，你可以尽情地想象，想象着自己身处旷野而无限膨胀起来的欲望化作一缕轻烟连着雾霭消隐之后的落日的悲壮。他忘不了乡民憨厚得可爱而有时又不乏愚鲁的品性以及他们偶尔也会皓月当歌的粗犷和浪漫情怀。他记得溪水边江南妹子和着水声甜甜的笑，记得波光荡漾中她们脸上洋溢着的醉人的晕红与羞涩。平时，少妇们会敞开胸襟露出她们圆嫩而又结实的乳房哺喂自己的孩子，那对于儿时的他分明是一种诱惑；显然，那时他并不懂得生命和孕育生命的意义。也许，他产生了一种出于清纯本能的震惊；他诧异于生命成长的神奇。他忘不了田间小憩时老农们悠闲而朴实的对于未来的憧憬，他们与祖辈一道用坚韧、乐观、沉稳、勤劳和强悍走过了中国几千年的文明史。他还记得毛泽东主席去世时爷爷给他佩戴上了一个黑袖，因为他用一个与大人们无法抗衡的小手臂似乎写就了一个时代的印记。

他从童年和少年时代的记忆中走来。

他从旷野中走来。在那里，他可以感受到沈从文在“希腊小庙”里供奉着的“优美、健康、自然”而又无限舒展的人性，可以与亘古的山峰对话，可以于恬淡中面向内心那了无喧嚣的世界，抒发奔涌而又至真的旷野情怀。他会宽慰地笑，因为那里没有黑暗，尽管有时会有一种痛苦，甚至一种风暴；但他想，暴风雨肆虐之后的天空不是更为明晰吗？他会更加坚定而轻松地选择，因为他能够在感受旷野的瞬间完整地体验着永恒。罗尔斯在《正义论》中如是说：“永恒的观点不是一个从世界之外的某个地方产生的观点，也不是一个超越的存在物的观点；毋宁说它是世界之内的有理性的人们能够接受的某种思想和情感形式。一旦人们接受了这种思想和情感形式，无论他们属于哪一代人，他们就能够把所有个人的观点融为一体，就能够达到那些调节性的原则。每一个人在其依赖这些原则而生活的过程中都肯定着这些原则，并且是根据他自己的观点肯定着它们。心灵的纯洁，如果一个人能得到它的话，也许将看清这一切，并且将根据这种观点把一切做得轻松自如①。”是的，在感受旷野中体验永恒是纯洁心灵的一种需要，当然，也是心灵的一种满足与自洽。

他从旷野中走来，他渴望回到漂泊他乡时依然魂牵梦绕的旷野中去。他无法拒绝这种欲求；因为，那是生命的呼声，又有谁能拒绝他自己的生命意志呢？

二

你曾经告诉身边亲近的人，你把人以及人的存在与发展作为自己探讨问

① 约翰·罗尔斯：《正义论》，何怀宏译，中国社会科学出版社，1988年，第574-575页。

题的原点。你坚持着20世纪80年代中国思想界的一种看法：人是马克思学说的一个出发点。就这样，你把自我置身和“纠缠”于执着的人的思考与设计之中。为此，你对自己生命的色彩产生了绚烂的期待：拒斥灰色的沮丧、黄色的色情、黑色的暴力与阴暗而去拥抱白色的纯洁、绿色倾泻的生命活力以及红色的爱情的热烈。

你没忘记鲁迅的警诫，你是而且只不过是一个“历史中间物”。因而，你于激越中也保持着一份清醒，在迎着理想展翅飞翔时也感受到现实的滞重。你知道，你是一个现实中的人；活在当下，是你不可回避的被选择的必然。

然而，你还在沉重中抗争，以类似于鲁迅当年反抗绝望般的勇烈和气概继承着康德以终生的努力坚决地捍卫了的启蒙的成果——“必须永远有公开运用自己理性的自由”。你并不否认，在一定意义上你是一个康德主义者。当然，强调这一点，并不表明你对理性的能力一直深信不疑。你倔强地运用自己的理性在被选择中去选择着自身的生成；同时，你还觉得在这种自主的选择中你没有理由不去关注他人的痛苦与欢乐。因为，你受震撼于“人是目的”这一旷古的伦理学命题；你明白，它包蕴着“自身的完善”和“他人的幸福”这双重的内涵与要求，其由前者而有了“合道德性”，由后者而有了“合法性”。

这一切都根源于你对人及其未来生成的思索。你知道，我们生活在这个世界上，每个人都被打上了生活的烙印；然而，这烙印同时也就意味着一种局限。人们无一例外地在这种局限中生存与发展，在这种局限中追寻着自己所向往的幸福。

在克服局限的艰难路途中，你是审慎而孤独的。你力图摒弃自我中心的虚妄，抛却对于膨胀的主体的形而上学设置。你在追寻整体和宏大的意义时，也习惯了在有限和偶然中体味生命敞亮的可能。你在伸张着自己，带着一丝野性和被这野性所包裹着的一层谦卑。海德格尔在《关于人道主义的信札》中认为：人，无论是单个或群体，他从来都不是简单地或原初地作为具体主体与世界并列。他不是一种其本质存在于主体—客体关系中的意向指向客体的（认识论的）主体。相反，人在本质上是首先存在于存在的开放性中，这种开放性是一片旷野，它包括了主—客关系能呈现于其中的“中间”（in-between）地带。是的，人的存在，注定要面对蛮芜与空寂，而其意义更体现于人们在克服这种蛮芜、空寂的过程中对自身生命价值的营构或者说对生命发展的可能性的开掘。灿烂的生命之花在旷野中生长、绽放。年轻的卡尔·马克思说，自由与自觉是人类的特性。你问：人的自由与自觉是一种现实的存在吗？相对于动物而言，人的自由与自觉在社会历史中生成。然而，在现实的逼迫中，你更清醒地看到人们争取自由与自觉的艰辛，以及夹杂在其中的并不少有的把自我作为一个与世界并列的主体的迷醉与狂妄。弗莱德·R. 多尔迈的评价是深有见地的：“《关于人道主义的信札》用心并不是窒息人的发展或压抑独立的判断，而是将人从极度的自我纠缠中，从自我中心论与形而上学主体论的束缚中拯救出来”。自由与自觉是在开放的旷野中不断生成的人的发展的可能性。

你凭借这样的对于人的现实存在的反思及其未来的期望，把自身的生命之光导向广袤的宇宙，祈盼宇宙会很宽容地同你践履心灵之约。你的思索表明了你的智慧，智慧带给你生命的痛苦甚至是偶尔的人生意义感受的贫困。然而，你还是需要这种智慧；因为你在生活着，继续地生活需要智慧。你渴望在感受开放着的旷野中智慧地寻觅生命价值的伸张，那是你对于自己的生命之流的无限祈愿。“敬畏生命”，——阿尔贝特·史怀泽如此忠告可以自行选择的人们。你懂得并力图扩充这一理论的深远意蕴；由此，你会欣然地触摸到生活的质感。当流星雨从辽阔的夜空中滑过，照亮的是一片开放的旷野。

三

柏拉图著名的洞喻寓言说，人倘若没有理性之光的导引，那就只能在黑暗的洞穴里见到事物的不真实的、虚幻的阴影，并最终为它们所迷惑。只有当人受到理性之光的导引，坚定地走出洞穴，摆脱迷惑，才能认识真理，才能见到至高至亮的太阳。启蒙的思想遗产里也肯定着这种理性的自明性。然而，究竟是谁给予了理性这种权力？理性是怎样获得影响乃至决定人类命运的无上权威的？

千百年来，鲜有智者去问究自明的理性的合法性。在这方面，毕生反对思辨、提倡启示，反对理性、推崇信仰的舍斯托夫显然是一个卓越者。他认为，哲学不是一种加深睡眠到不醒程度的反思和解释，而是一种斗争，一种消解传统哲学、战胜理性自明的伟大斗争，也是一种为了唤醒人类采摘禁树之果的执迷不悟而回到生命之树的终极斗争。舍斯托夫不厌其烦而又充满激情地阐释陀思妥耶夫斯基和克尔凯郭尔的存在哲学的基本思想，目的是告诉人们，在人类精神生活的总进程中，想克服理性自明的思想是有其巨大的、无法估量的重要意义的，哪怕它是无人理睬的旷野呼告，也仍然是必需的、极其必要的，而不管它是否最终会取得胜利。“旷野呼告”源出于《圣经》。传说一个希伯来的先知向来自荒漠的犹太人发出号召，要他们削平山头，填平沟谷，以便为上帝开出一条路来，但是犹太人没有听从先知的号召，因此，先知的号召也就成为荒野上无人理睬的呼声。对舍斯托夫的这一从个体存在的绝望深渊中向上帝呼告的哲学观念与行为以及他对于理性的决绝态度，我们无意去评价它们的合理与否；我们所不能割舍的是其中凸显出来的坚定的信仰，所无条件肯定的是其如同战士般进行旷野呼告的勇敢与执着。在这个信仰逐渐“沦落”为找不到宾语也就是其宾语日益虚空的时代，我们更需要信仰。当然，我们不是信仰上帝，而是对在现实基础之上确立起来的人类理想的信仰。我们更要理解的是，与其说舍斯托夫是在对过去与现实中的人们生存蒙昧状况的哀叹，毋宁说他是以一己的哲学努力揭示在他看来的理性的虚妄并由此而对历史与人类的未来进步倾注深切的期望。沃尔特·本雅明在《启示种种》中评价克里的一幅题为《新天使》的画作时曾写到这么一段略显阴沉而又意蕴深远的话：

> 画的是一位天使，看样子正要离开他凝视良久的某样东西。他两眼发直，嘴巴洞开，翅膀展起。这便是人们对历史之天使的描绘。他的脸对着过去。在我们所见的一连串事件的地方，他唯独看到一场灾难，不断地在残骸上堆放残骸并将它抛到他跟前。天使想待在此地，唤醒死者，把粉碎的东西再连缀成整体。但风暴正从天堂袭来；暴风雨如此猛烈地掀动他的翅膀，使得天使无法将其收拢。这场风暴势不可挡，驱策他进入将来进入他所背对的地方，而他面前这堆残骸正在冲天增长。这场风暴就是我们所谓的进步。

既然进步是如此的惊心动魄而又代价惨重，我们又有什么理由不去珍视深切关注历史与人类未来前途的舍斯托夫们的旷野呼告？感受旷野，聆听旷野呼告，也就多了一份对于历史与人类进步的关切与期待。

四

内心情感的积淀与爆发源于对自然、对社会、对生命的感悟、认知和体验。旷野不仅只是一种自然，它更是一种生命存在的形式。感受着旷野的恣肆、开放与凝重，也就是在舒展生命沉郁的壮烈与狂放的昂扬，也就是把对于人、对于社会历史思索的执着书写在个体选择的生命年轮里。

现在是过去的一段情节，而未来是对于现在的一种想象。我们虔诚地相信：人生是一种过程……

阿妈在路上生了他
现在他做了阿爸
还是在路上

后　记

从1998年文艺学专业硕士毕业算起，我的学术研究之路已经走过20个年头了，因身体原因，中间经历了一段波折时期。实事求是地说，成绩不大，因而，回味起来自然也就少了几分慰藉，但也能够确认，自己从未放弃，而是一直处于探索、选择、聚焦的过程之中。可以提及的一点是，从特定的角度而言，个人的这一探索、选择、聚焦的过程与20世纪90年代以来中国人文学术的发展是不无关联的。

经过较长时期的摸索，我确立了基本的研究领域和方向，其中最根本的无疑是从事文艺学研究。而在文艺学研究中，对于我来说，有两个关键词，即“基础理论”与“当代问题”。换言之，在文艺学领域，我主要关注的是文学基础理论与当代文学理论、文学批评理论与当代文学批评、文艺美学原理与当代审美文化问题。

应该说，近10年来，相比之下，我在文学批评理论与当代文学批评问题上着力颇多，这与20世纪90年代后的中国文学与文化批评状况是存在一定的内在勾连的。2015年结项的国家社会科学基金项目的研究对象为新时期以来的文学批评问题。这本小书体现的是一段时间以来我在批评实践与批评理论研究方面所取得的一点心得，也是一道“踪迹”——个人批评活动所留下的可察觉、可描述的行迹。如前所论，它总体表现为，一是批评实践，二是批评理论研究。而在批评实践中，其一是文学文本与文学现象批评，其二是当代艺术与文化评价。我把它统称为“批评的维度”。很显然，这样的批评维度抑或说研究维度的确立，是一种自觉的个人选择。

前方的路很是艰辛，当然也存在因勇于探索而内生的无穷乐趣。我想，继续走下去，无论收获有多大，路或许将更为开阔，那盏灯也会一直亮着。

二〇一八年二月，戊戌年春节前夕